高等院校环境类系列教材

U0876389

环境科学信息资源检索

（第二版）

卜欣欣　编著

中国环境出版社·北京

序

随着我国环境保护事业的发展与可持续发展战略的推进，环境科学教育与科研欣欣向荣，环境科学学科作为国家重点学科，步入空前的发展空间。有关环境科学研究的文献信息也在短时间内迅速激增，展示了国内外环境科学教育和研究工作者的丰硕成果。这些海量文献信息的涌现为我国环境科学教育科研事业的进一步拓展提供了有力的资源支持，同时，也产生了如何从知识汪洋中高效快速地查找到所需文献资源这样一个迫切问题。

笔者从事环境科学文献信息教育工作十余年，早在1997年便在南开大学环境科学与工程学院面向本科生开设了环境科学文献检索课，其后又开设了硕士研究生课程，收到了很好的教学效果。多年来，密切关注环境科学学科信息资源体系的发展，结合学科态势与互联网、信息技术的发展，不断积累更新，改进和提升本科、研究生环境科学信息资源检索与利用教学内容、手段和方法，提升教学效果。

2005年，与中国环境科学出版社编辑共同商讨，笔者编写了《环境科学信息资源检索》一书，教材出版后受到各高校环境科学院系师生和相关研究院所工作者的欢迎。几年间，各高校也纷纷开设环境科学信息检索课程。然而几年来，无论环境科学学科还是环境科学信息源与信息技术都有了飞跃发展，鉴于此，我们重新修订了这本教材，在教材内容上大幅度更新，耗时一年有余终于定稿，期间相关信息源频繁变化调整，整理和著述工作虽辛苦，却乐此不疲，可谓应了“活到老学到老”这句信息时代名言。

笔者由衷希望，此次修订版能够继续有效地帮助广大环境科学教学、科研工作者和学生掌握专业信息检索的门径，提高学习和科研工作效率，更好地为学科发展服务。

作为当前全国第一本环境科学信息检索领域的著作，本书的特点是：

（1）内容丰富新颖，涵盖了环境科学领域各类型文献信息资源，充分展示了最新的信息技术与网络资源现状，力求以发展的视角追踪环境科学学科信息；

（2）理论与应用并重，具有综合性和探索性，充分考虑到环境科学作为一门交叉性强的学科而带来的文献资源跨学科分布问题；

（3）简洁易懂，生动直观，符合读者的阅读习惯。

希望本书的出版能够进一步推动高校环境科学信息检索教育的普及，对有关的教学科研人员、学生、环境保护管理者以及环保志愿者有所裨益，更希望有更多的有志之士投身到环境保护教学和科研事业，为我国早日迈入和谐社会而共同努力。

感谢南开大学环境科学与工程学院院长及各位领导的支持，感谢南开大学图书馆同行在日常工作中的协助。更要感谢无数图书馆界、环境科学界国内外同行所做的大量的、繁复而艰苦的信息搜集和网站建设工作，他们开拓并丰富了环境科学网络信息资源，没有他们的无私奉献，便不可能有本书的问世。

由于时间仓促，本书难免存在不足之处，恳请广大读者不吝批评、指正。

卜欣欣

2011 年 9 月于南开园

目　录

第一章 绪 论

21 世纪知识信息以前所未有的速度急剧增加,“眼球经济”借助互联网盛行,在这样的背景下,如何从浩瀚无际的信息海洋中快速、准确、全面地获取对自己有价值的信息资源,已成为每一个现代人所必须掌握的技能。特别是,人类文明与科技的进步一方面使我们的生活更加丰富多样,另一方面伴随人口增长、消费增加以及科技进步所带来的各种各样的生态环境问题也越来越突出。治理和预防这些生态环境问题更需要我们了解和熟悉获取相关文献信息的有效方法。

第一节 信息素质

一、信息时代的要求

当今社会,信息的产生与利用达到了空前的高潮。知识以越来越快的速度更新淘汰,今天,知识半衰期只有 2 年左右,这意味着,今天我们在课堂中学到的新知识,三年后可能有一半已落伍。学习成为现代人的终身需要。在“信息时代”与学习型社会中,信息已经与物质、能源共同构成人类社会的三大支柱,不断学习就需要不断获取信息。古人云:“知此知彼,百战不殆”。今天,信息作为社会经济发展的一项重要战略资源,在社会经济发展、科研活动、日常生活中发挥着日益重要的作用,谁首先掌握最新、最全面的信息,谁便能够在激烈的竞争中脱颖而出,立于不败之地。

信息社会尤其对高等教育和科学研究提出了更高的要求,掌握信息检索方法与技能便找到了通往信息资源的门径,使我们得以在尽可能短的时间内获取最有价值的信息,从而更加有效地借鉴前人的经验,为教学和科研的顺利开展保驾护航。

二、信息素质的要求

信息时代，知识和信息的产出量呈指数增长，同时知识更新周期却越来越短。在“知识大爆炸”时代，一个人拥有足够的知识固然是重要的，而获取知识的愿望和能力则更重要。良好的信息素质已经成为现代人的必备之技，而培养信息素质对于科研工作者和高校学生来说更是当务之急。

早在1974年，美国学者保罗・泽考斯基（Paul Zurkowski）提出了信息素质（information literacy）的概念：“利用大量的信息工具及主要信息源使问题得以解决的技术与技能”。1989年，美国图书馆协会下属的信息素质主席委员会提出“信息素质是信息社会人的生存能力之一”，“能够使人们知道何时需要信息、需要何种信息并能够有效地查询、评估和组织利用信息”，强调了信息素质对于个人、企业乃至社会的重要性。具有信息素质的人，必须具有一种能够充分认识到何时需要信息，并有能力有效地发现、检索、评价和利用所需要的信息，解决当前存在的问题的能力。

> To be information literate, a person must be able to recognize when information is needed and have the ability to locate, evaluate, and use effectively the needed information.
>
> ——ALA 1989

信息素质被定义为从各种信息源检索、评价和使用信息的能力，是信息社会劳动者必须掌握的终身技能。美国要求未来的公民是具有信息素质的公民，美国教育界明确提出要为信息社会培养具有信息素质的学生。从20世纪80年代末到90年代初，美国就开始对从幼儿园到12年级直至高等学校学生采取多种形式的信息素质教育，它已成为美国基础教育的重要组成部分。进入21世纪后，美国信息素质教育更是拓展到多种层次与深度。

20世纪90年代后期，人们对信息素质的认识更为深入和扩展。1999年，澳大利亚学者克里斯汀・苏珊・布鲁斯在所著《信息素养的七个层面》一书中提出，具备信息素质体现在人的工作能力上的七个由浅入深的层面：科技、资源、处理、控制、知识构建、知识延伸、智慧。其中科技层面就是我们通常理解的利用信息技术来获取信息并进行信息交流。而深度的智慧层面则体现在明智地使用信息，也就是信息道德意识修炼。可见，信息素质绝不只是现代信息技术的使用能力或信息检索能力，具备信息素质有助于个人开阔视野、通悟广阔领域的知识，提高综合、分析和创新的能力，而这正是当前创新意识、创新型人才必须具备的素质。

我国的信息素质教育起步较晚。1999 年 6 月国务院召开的“第三次全国教育工作会议”发布了《关于深化教育改革全面推进素质教育的决定》，指出要“重视培养学生收集处理信息的能力，获取新知识的能力”。信息素质教育作为素质教育的一个十分重要的组成部分，引起越来越广泛的关注。

随着对信息素质及其作用的进一步认识，信息素质被提升到创新能力素质的高度。创新的本质实际上是知识的重组、信息的延伸，而对现有知识信息的整合则是创新的源泉。社会需要创新型人才，这不仅要求大学生掌握信息获取能力；为了在激烈的信息时代生存，我们也必须具备良好的信息选择与吸收能力。

完整的信息素质教育包括信息意识、信息能力、信息观念与道德教育三个构成部分。信息意识指人们对信息重要性认识的自觉程度，捕捉信息的敏感程度，能从信息的角度出发来感受、理解和评论自然界、社会中的各种现象等；信息能力指掌握一定的方法和技巧，能准确、快捷获取、接收、组织及处理所需信息的能力。信息观念与道德指人们对信息的看法，对信息的态度以及对信息本质特征和价值的认识，以及相应的行为规范的总和。

第二节 环境科学学科的蓬勃发展

20 世纪 90 年代以来，随着全球环境问题愈演愈烈，人们越来越关注人类所赖以生存的生态环境，在这样的背景下，环境科学学科迅速发展壮大。相应地，有关环境保护和环境科学研究的文献信息也大量激增，不仅表现在环境科学与工程类期刊、图书等传统文献资源的品种、数量明显增加，同时各种环境类网络信息、数据库等更是层出不穷。毋庸置疑，这些海量文献信息的涌现反映了环境科学学科蓬勃发展的趋势，同时也对学科发展和技术实践起到越来越重要的支持作用。

作为一个交叉性很强的边缘学科，环境科学几乎涉及人类知识的所有方面，包括地理学、化学、生物学、数学、工程学、管理学、经济学、哲学、社会科学等。从 1998 年起，一些重点高校按照环境科学与工程一级学科的要求开始了学科建设。南开大学、同济大学、南京大学、北京大学等全国重点大学相继成立了环境科学与工程学院或环境学院。并且在很多高校，环境科学都被明确列为重点学科，得到优先扶持发展。

一、环境的定义

环境科学研究的环境（environment），是以人类为主体的外部世界总体，即人类赖以生存和发展所必需的、相适应的环境或物质条件的综合体。1989 年 12 月 6 日，我国公布了《中华人民共和国环境保护法》，其中第一章总则第二条对环境的内涵规定如下：环境是指影响人类生存和发展的各种天然的和经过人工改造的自然因素的总体，包括大气、水、海洋、土地、矿藏、森林、草原、野生生物、自然遗迹、人文遗迹、自然保护区、风景名胜区、城市和乡村等。

环境可以分为自然环境和人工环境两种。按照范围由远及近，可将环境分为聚落环境、地理环境、地质环境和宇宙环境。

二、环境问题的产生与发展

从广义上理解，任何由自然或人类引起的生态平衡破坏，最后直接或间接影响人类的生存和发展的一切客观存在的问题，都是环境问题。环境科学研究的环境问题主要是指由人类活动引起的环境问题，即人类在利用和改造自然界的过程中引起的环境质量的变化，以及这种变化对人类生产、生活、健康乃至生命的影响，这是从狭义的角度理解环境问题。

伴随着人类社会发展的历程，环境问题的产生和发展也经历了三个阶段。

1. 萌芽阶段——生态环境的早期破坏

包括从人类诞生到工业革命之前的漫长的历史时期。原始社会的生产力水平十分低下，人类活动以采集和狩猎为主，此时人类主要依赖自然环境，而很少对自然环境进行改造，因此人类造成的环境问题并不明显。到了奴隶社会、封建社会，出现耕作农业和养殖畜牧业，引起了较为严重的局部环境问题：大量砍伐树木、过度破坏草原，开始引起水土流失和土壤沙化、盐渍化。

2. 第一次高潮——近代城市环境问题

从工业革命时期到第一次发现“臭氧层空洞”这段时期，是城市环境问题突出、环境“公害”事件频发的时期。以蒸汽机的发明为标志的工业革命的到来，极大地提高了生产力，进而带动了人口在城市中的聚集；而城市化的发展又进一步加剧了环境的恶化——交通拥挤、城市供水不足、环境卫生状况恶劣、“三废”增多、环境污染日趋严重等。

到了 20 世纪，人类社会迅猛发展，人类对环境的开发利用也达到了前所未有的强度。这一时期发生了一系列震惊世界的环境“公害”事件，如比利时马斯河谷烟雾事件，美国多诺拉烟雾事件，伦敦烟雾事件，美国洛杉矶光化学烟雾事件，日本四日市哮喘事件、富山骨痛病事件、水俣病事件、米糠油事件等。1953—1973 年全世界发生“公害”事件 52 起，因“公害”而死亡的人数达到 14 万人。

在这个阶段，环境问题的特点是：工业污染转向城市污染和农业污染；点源污染转向面源污染；局部污染转向区域污染甚至全球性污染。环境污染的扩大化带来了世界第一次环境问题的高潮。1972 年人类环境大会召开标志着人类开始正视环境问题。

3. 第二次高潮——当代环境问题

这一阶段始于 1984 年英国科学家发现南极臭氧空洞。这个阶段的环境问题主要是全球性环境问题，包括酸雨问题、全球变暖和臭氧层破坏等问题。由于这个阶段的环境问题比起上一阶段更为严重，污染来源复杂，影响范围广，更带有突发性，治理难度大，所引起的经济损失巨大，因而构成了第二次全球环境问题的高潮，也成为世界各国政府和全人类关注的焦点。

可见，环境问题自古有之，并且随着人类社会的发展而发展。发展和环境问题是相伴而生的，只要有发展就不能避免环境问题的产生。环境问题的产生是一个与社会和经济相关的综合问题，要解决环境问题，就要从人类、环境、社会和经济等综合角度出发，找到一种既能实现发展又能保护好生态环境的途径，协调发展与环境保护的关系，实现人类社会的可持续发展。这必然离不开充分有效的信息支持。

三、环境科学学科分支

环境科学是基于社会科学、自然科学和技术科学而发展起来的一门综合性边缘学科，研究人类社会发展活动与环境演化规律之间相互作用关系，寻求人类社会与环境协同演化、持续发展途径与方法。自 20 世纪 70 年代兴起以来，这门年轻的学科正处于蓬勃发展的阶段。研究人与环境的关系不仅牵涉自然科学与工程技术科学的许多部门，而且还涉及经济学、社会学和法学等社会科学方面，需要充分运用地学、生物学、化学、物理学、医学、工程学、数学、计算科学以及社会学、经济学等多种学科的知识。由此，学科间的交叉渗透形成了许多新的分支学科，例如属于自然科学方面的环境地学、环境生物学、环境化学、环境物理学和环境医学；属于社会科学方面的环境法学、环境经济学和环境管理学等；属于工程科学方面的环境工程学等。

对环境科学的分科体系迄今尚未有一致的看法，一般认为环境科学由环境学、基础环境学和应用环境学三个基本学科组成。环境学是环境科学的核心，它着重于对环境科学基本理论和方法论的研究；基础环境学是环境科学发展过程中形成的基础学科，包括环境化学、环境社会学、环境物理学、环境数学、环境毒理学等；应用环境学是环境科学中实践应用的学科，包括环境经济学、环境工程学、环境法学、产业生态学等，见图 1-1。

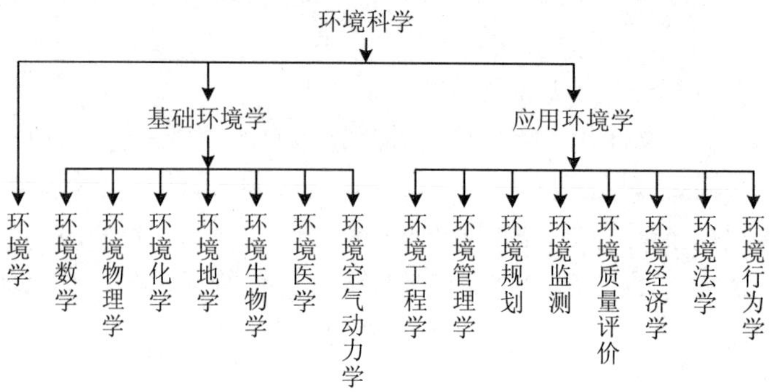

图 1-1　环境科学学科分支

来源：鞠美庭主编．环境学基础．北京：化学工业出版社，2004，16.

四、环境科学信息源印象

在我们身边，图书馆、书店、课堂、网络等到处充斥着环境科学文献信息，包括大家所熟悉的传统印刷版出版物如图书（教材、教学参考书、专著等）、期刊、学位论文、科技报告、会议论文、专利、标准、报纸等形式。互联网上的环境科学信息更是层出不穷、日新月异。

然而，一方面是空前迅猛的学科发展以及由此产生的更高级、更广泛、更精细的文献信息需求；另一方面却由于缺乏必要的专业信息检索技能教育，广大教学研究人员和学生面对浩瀚无序的信息海洋茫然不知所措，在查找利用本领域文献信息时常常徒然空返。

本书正是为了解决这个矛盾而编写出版的。简而言之，本书要解决 What 和 How 两大问题：What——了解掌握现有的信息源，即知道到什么地方去找自己需要的信息；How——用什么方法找，即如何获得信息。以帮助读者不断提高自学能力和科研能力，在充分了解环境科学信息源的基础上，掌握快速、准确地检索获得所需专业信息的技能和技巧。你要知道——为什么需要信息？什么时候需要何种信息？如何利用信息检索工具以及如何评价所获得的信息？

对于环境科学学习和研究而言，通过互联网而获取的信息主要包括各类学术型数据库（含中外文全文数据库、事实数据库和参考数据库）；散落于学术研究组织网站网页、博客、论坛的论文和研究报告、图片资料、软件等；也包括大量的专题检索工具如学科信息门户、专题资源导航等。其中尤以数据库信息源作用巨大。根据我们的信息需求，针对不同的信息源需要采用不同的检索策略和方法，才能准确、快速、高效地获取信息。

全书共分 12 章，全面覆盖了环境科学各类型文献信息资源的检索。

思考题

什么是信息素质？通过本章的学习，你是否树立起信息意识？

第二章

信息检索基础

经过第一章的介绍，我们了解了环境科学的学科背景，体会到信息资源和信息素养对于环境保护教学和科研的重要性。“工欲善其事，必先利其器”，掌握信息检索技巧同样需要首先熟悉信息源和信息检索基础知识、方法。本章将具体介绍各种信息类型和基本检索方法等，使读者迅速了解一般信息检索途径，为以后富有针对性地检索学习和实践打下理论基础。

第一节　文献信息基础知识

一、文献、信息和信息资源

1. 文献（Literature）

我国国家标准《文献著录总则》规定：“文献是记录有知识的一切载体”，即凡是用文字、图形、符号、音频、视频等载体记录的知识均可以称为文献。

由上述定义可以看出，文献具有三个基本属性，即文献的知识性、记录性和物质性。它具有存储知识、传递和交流信息的功能。

科技文献记录人们在长期的生产实践、科学研究中的知识和信息，是人类宝贵的财富。人们从科技文献中获取有关的科学信息和经验，同时也通过文献发布自己的成果。环境科学文献属于科技文献范畴，近些年来在科技文献中占有越来越重要的地位。

2. 信息（Information）

《辞海》里信息论的词条是这样定义的：“信息是指对消息接收者来说预先不知道的报道”，这里强调了信息的未知性。近代控制论创始人维纳（N. Wiener）在《控制论》一书中指出：“信息就是信息，不是物质，也不是能量。”这里他虽然没有给“信息”下一个明确的定义，但是却指出了“信息”是独立于物质和能量之外的一种客观存在。

60多年来，关于信息的定义一直众说纷纭。目前，来自不同学科角度的信息定义达百余种，这些定义从不同侧面反映了信息的某些属性。然而，信息定义的多样化并不妨碍人们认识它的重要性。事实上，信息普遍存在于自然界、人类社会以及人类思维领域中。当今社会，无处不在的信息更是人类生活必不可少的要素。它与物质和能量共同构成人类社会的三大支柱，成为人们决胜于激烈竞争的重要战略资源。

3. 信息资源（Information Resources）

利用专门的技术，对人类社会中存在的大量信息进行有序化加工而产生的资源集合，就是信息资源。环境科学信息资源涵盖了涉及环境科学的文献、知识、信息的所有方面。其中，学术文献信息资源是最常用、内容最丰富的一种信息资源。

二、文献与信息的类型

依据不同的划分标准，可以将文献信息分为多种类型。

（一）按载体划分——已有的文献信息存在形式

1. 印刷型

印刷型文献是以纸质材料为载体，以印刷为记录手段而形成的文献形式，是有着悠久历史的传统文献形式。例如常见的图书、期刊和报纸。其优点是符合人们的阅读习惯；缺点是体积大，不便于保存。

2. 缩微型

缩微型文献是以感光材料为载体，以照相为记录手段而形成的一种文献形式，包括缩微胶卷、缩微平片、缩微卡片等。缩微型文献的优点是体积小，便于收藏和保存，制作成本低，但阅读需要有较复杂的阅读设备来支持，查找使用不便。

3. 视听型

视听型文献又称声像文献，是以磁性和感光材料为载体记录声音、图像等信息的一种文献形式，包括磁带、录像带、幻灯片等。其优点是可动态反映知识信息，形象生动；缺点是需要借助设备才能使用。

4. 电子型

电子文献又称数字化文献，是以计算机处理技术为核心记录信息，借助磁盘、光盘、硬盘等电子化存储介质而传播的一种文献信息形式。电子型文献信息量大、检索灵活快捷、共享性好、使用方便。随着计算机与网络技术的发展和普及，电子型文献将越来越为人们所重视，其使用必将越来越广泛。其中既有品质较高的数据库资源，也包括互联网上无所不有的各类信息。

（二）按加工深度划分——揭示不同内容深度层次的信息资源

依据加工深度的不同，信息资源可分为四个等级，分别称为零次信息源、一次信息源、二次信息源和三次信息源。

1．零次信息源

即未公开的原始文献信息，或未正式出版的各种书信、手稿、记录、笔记、内部交流资料等，也包括由口头交谈获取的信息。

2．一次信息源

一次信息源是指首次公开的文献信息。一般是以作者本人在科研和生产活动中所取得的成果的基本素材而创作的，也常被称为原始文献。期刊论文、专利说明书、科技报告、会议论文、学位论文等都属于一次信息源。这些文献信息具有创新性、实用性和学术性等明显特征，有较高的参考利用价值。一次信息源是我们进行信息检索的最终目的——获取原始文献全文。

3．二次信息源

二次信息源是在一次信息源的基础上，按照一定的原则对一次信息源进行加工、整理、提炼、组织之后形成的系统化、条理化的工具性文献信息，以便于检索利用。其主要类型有目录、索引、题录和文摘等。二次信息源具有汇集性、检索性、报道性等特点，可以使读者大致了解一次信息源的内容并获得索取途径。二次信息源是重要的检索工具，它架起了通向一次信息源的桥梁。

4．三次信息源

三次信息源也称参考性信息源，是以二次信息源为线索，通过二次信息源查检一次信息源，然后选用一次、二次信息源的内容，进行归纳、综合、分析、研究而编写出来的文献信息。包括针对期刊论文的综述、评述、进展、动态等，以及独立成书的百科全书、年鉴、手册、科技辞典等。三次信息源是经过深度加工的检索工具，具有较高的综合性和参考性价值。在环境科学科研活动中，通过查阅三次信息源，可以了解基础知识与技术，了解和掌握某一领域的研究动态，在短时间内了解其研究历史、研究现状和发展趋势等。

总之，从零次信息源、一次信息源、二次信息源到三次信息源，是一个由分散到集中，逐渐系统化的过程，其中，对一次信息源的索求则往往是个逆向的过程。对环境科学信息资源检索与利用来说，一次信息源是主要的检索与利用对象，而二次、三次信息源是通往一次信息源的工具和手段。

（三）按内容公开程度划分——不同的获取渠道

按照内容公开程度的不同，文献可以分为白色文献、灰色文献和黑色文献。

1. 白色文献

白色文献是指一切正式出版并在社会上公开流通的文献，包括图书、报纸、期刊等。这类文献通过出版社、书店、邮局等正规渠道公开发行，向社会所有成员公开，其蕴含的信息人人均可利用。

2. 灰色文献

灰色文献是指非公开发行的内部文献或限制流通的文献。其范围包括社会非公开传播的内部刊物、内部技术报告、内部讲义、学位论文和会议资料等。这类文献出版量小、发行渠道复杂、流通范围有一定限制，不易收集，但是对于高等学校学习和科研工作往往极具价值。

3. 黑色文献

黑色文献包括两个方面：一是人们未破译或未辨识其中信息的文献，如考古发现的古老文字未经分析厘定的文献。二是处于保密状态或不愿公布其内容的文献，如未解密的政府文件、内部档案、个人日记、私人信件等。这类文献除作者及特定人员外，一般人极难获得和利用。

（四）按出版形式划分——常规的信息源类型

常用的信息源主要有以下几种类型：图书、期刊、专利文献、研究报告、会议论文、学位论文、标准文献、政府出版物、产品样本、报纸和网络新闻。在这十种文献信息类型中，尤以图书、期刊、会议论文、学位论文和专利文献是我们环境科学研究中经常需要参考借鉴的资源。不同信息源出版周期不同，揭示报道信息的深度也存在差异，因此在学习过程中，我们要根据具体的课题要求，来选择合适的信息源进行有效检索。

1. 图书（Book）

图书是指内容比较成熟、资料比较系统、有完整定型的装帧形式的出版物。科技图书是一种重要的科技文献源，它大多是对已发表的科技成果、生产技术知识和经验的概括论述，能提供某一领域较为全面、系统、成熟、可靠的知识信息，并经过作者的筛选、甄别、融会贯通，对读者了解某一学科领域的全貌和一般基础知识有较大帮助。科技图书的范围较广，主要包括：学术专著、参考工具书（指对某个专业范围做广泛系统研究的手册、年鉴、百科全书、辞典、字典等）、教科书等。因此，如果需要较全面、系统地获取某一专题的知识，参阅图书是行之有效的方法。但是因为图书，特别是参考工具书的出版周期长达1～5年，所以，只能反映一两年前的学科研究水平，适于获取经典的基础性知识。例如作为环境科学专业教材的《环境学基础》、《环境化学》、《环境工程》等；典型环境科学参考工具书如：《环境科学大辞典》、《中国环境年鉴》、《英汉环境科学与工程词汇》等。

2. 科技期刊（Journal/Magazine/Periodical）

期刊也称杂志，是指那些有统一固定的名称和版式，定期或不定期出版，汇集了多位著者论文的连续出版物，有流行杂志与科技期刊之分。科技期刊在科技情报来源方面占有重要地位，占整个科技信息来源的65%～70%。它与专利文献、科技图书三者被视为科技文献的三大支柱，也是科技查新工作利用率最高的文献源。科技期刊的特点是出版周期短，刊载速度快，数量大，内容较新颖、严谨丰富。期刊论文中多为科研动态的第一手材料，及时反映许多新的理论观点、研究成果及动向，是学者及研究人员专业信息的重要来源。国内出版的环境科学专业期刊逾百种，如著名的《中国环境科学》、《环境科学》等。国际上的相关刊物更是数不胜数。

随着电子化的进步，当前大多数印刷型科技期刊都同步发行电子版，出版商在互联网上一般仅免费提供其刊物的目次或摘要，只有订户才有权限浏览、下载全文。

3. 专利文献（Patent）

专利文献通常是指发明人或专利权人申请专利时，向专利局所呈交的一份详细说明发明的目的、构成及效果的书面技术文件，经专利局审查，公开出版或授权后的文献。专利信息数量庞大、具有实用性和可靠性，是集技术、法律和经济于一体的特种文献，具有明显知识产权特征。它是我们从事环境科学研究中非常有价值的一类学术信息资源，主要集中于生产工艺领域的节能减排设计等。本书第十章将专门介绍专利文献及其检索。

4. 科技报告（Science & Technical Report）

科技报告又称研究报告或技术报告，是科学技术工作者围绕某个课题研究所取得的成果的正式报告，或对某个课题研究过程中各阶段进展情况的实际记录。从报道的内容看，科技报告大多都涉及高、精、尖科学研究和技术设计及其阶段进展情况，客观地反映科研过程中的经验和教训，因此往往单独成册，控制发行，是一种典型的灰色文献。著名的美国政府四大报告已有网络版免费开放部分资源，其中大部分报告都与环境科学尖端技术相关，详细内容我们将在第十章展开讲述。

5. 科技会议文献（Conference Document/Conference Paper）

会议文献是指在各种科学技术会议上发表的论文、报告稿、讲演稿等与会议有关的文献。当前，社会上的会议文献数量激增，几乎可与期刊论文相媲美。由于会议文献传播信息及时，内容新颖，专业性强，质量较高，往往代表某一学科或专业领域内最新学术研究成果，基本上反映了该学科或专业的学术水平、研究动态和发展趋势。在环境科学研究的某些领域，甚至比期刊论文更具参考价值，是一类重要的信息源。会议文献因其发行渠道窄难以获取，本书第九章将介绍有关会议文献在线检索的途径。

6．标准文献（Standard Literature）

标准是人们进行科学研究、生产、技术交流及贸易往来需要共同遵守的技术依据和原则，属于三次文献。在环境保护和环境科学研究中，我们经常需要查询相关的环境标准，例如《地下水质量标准》等，来作为生产、施工、治理的依据。本书第十一章将介绍环境法规标准文献的检索方法。

7．学位论文（Dissertation/Thesis）

学位论文是高等院校和科研院所的研究生、本科生为获得学位资格（博士、硕士和学士）而撰写并经过答辩审查的学术性较强的研究论文。因其是在学习和研究中参考大量文献、进行科学研究的基础上完成的，内容系统专一、深入详细，有一定的独创性和较高的学术参考价值。同样是一种重要的灰色文献。本书第九章将介绍学位论文的检索和利用。

8．政府出版物（Government Publication）

政府出版物是指各国政府部门及其设立的专门机构所发表出版的文件，可分为行政性文件（如法令、方针政策、统计资料等）和科技文献（包括政府所属各部门的科技研究报告、科技成果公布、科普资料及技术政策文件等），其中科技文献占30%～40%。

政府出版物品种多、数量大、内容可靠，与其他信息源有一定重复。借助于政府出版物，可以了解某一国家的科技政策、经济政策等，而且对于了解其科技活动、科技成果等，有一定的参考作用。由各级政府部门制定的环境法律法规、质量标准即是典型政府出版物。

9．产品样本（Product Sample）

产品制造商介绍他们产品的文献，如产品说明书、产品目录等。特点是技术成熟可靠，装潢美观，图文并茂。对于技术人员进行选型和设计，以及引进国外仪器设备都有很大的参考价值。

10．报纸和网络新闻（Newspaper/Online News）

反应速度最快的信息公开形式莫过于报纸和网络新闻了，从全球气候异常到遥远地区突发的石油泄漏事故，只需要一天时间，我们就能从报纸、网络新闻、帖子、博客上觅得其踪，甚至追溯往史。这类信息源虽然反应迅速，但多为浅层报道甚至虚实难辨，对环境科学研究来说，往往较难借此获得科学权威的信息。

第二节 信息检索基础

一、信息检索的概念

1. 信息检索

广义的信息检索包括信息的存储和检索两方面的含义，指将信息按一定的方式组织、存储起来，并针对用户的需要查找所需信息的过程和技术，其全称为信息存储与检索（information storage and retrieval）。通常所说的信息检索是指狭义的概念，仅指检索，即从大量的信息中迅速、准确、全面地查找出特定信息的过程，即信息查询（information search）。

2. 类型

信息检索按存储和检索对象不同，可分为数据检索、事实检索和文献检索。数据检索（data retrieval）是以特定的数值型数据为检索对象，它包括各种统计数字、计算公式、图表、化学分子式等，如环境统计数字与图表。事实检索（fact retrieval）是以特定的事实为检索对象，如什么是生物修复，我国土壤污染生物修复技术现状等。文献检索（document retrieval）则是从大量的文献中将涉及某一特定课题的文献信息查找出来。其中文献检索是最主要的形式。

从技术手段上分，信息检索可分为手工检索和计算机检索。其中计算机检索在当今社会应用越来越广泛，它包括单机信息检索、光盘信息检索、联机信息检索、互联网络信息检索四个部分，有关互联网检索的信息源与检索方法正是本书的主要内容。

3. 意义与作用

毫不夸张地说，信息检索是科学研究工作中不可缺少的一个部分。信息检索犹如一把打开知识信息宝库的金钥匙，掌握信息检索技能和方法，便能够迅速准确地从信息海洋中获取所需文献信息，及时把握科技发展的动态和趋势，使学习和科研工作达到事半功倍的效果，提高工作效率。

二、检索工具

（一）检索工具的概念与结构

检索工具是指用于报道、存储和查找文献线索的工具，如各种常用的检索刊物、参考数据库等。检索工具属于二次信息源，是检索系统的核心。

手工检索工具一般由编辑说明、正文、辅助索引、附录四部分组成。

（1）编辑说明：为读者提供检索工具的使用说明，相当于数据库菜单的“帮助”功能。一般包括编制目的、收录范围、著录格式、编制方法、使用方法及使用注意事项等内容。

（2）文摘正文：检索工具的主体部分，也是检索结果所在处。是对收录文献的详细介绍，包括文摘号、文献标题、作者、作者工作单位、文献来源（如期刊、会议录、专利等）、文摘。每条记录对应一个流水号（题录号、文摘号等）。

（3）辅助索引：这部分将所有文献按一定的文献特征（如主题词、分类号、作者等）以一定的次序（如字母顺序、拼音顺序等）排列，每一文献特征对应一个或几个文摘号或其他号码。从索引中获取的文摘号等可以过渡到文摘部分从而了解该文献。重要的索引包括主题索引、分类索引和作者索引等。

（4）附录部分：包括主题词表（供选择主题词用）、缩略语表、期刊来源索引等。

需要说明的是，检索工具的构成部分不是绝对的。有些检索工具将文摘部分与索引部分放在一起，如《工程索引》；也有些将索引部分与文摘部分分开，如《化学文摘》的卷索引；有些索引对文献不作详细介绍；也有些索引没有附录。

今天，存在着大量电子型检索工具，众所周知的Google、百度实际上就是一种在线检索工具。

（二）检索工具的类型

检索工具按照不同的方式可以划分为不同类型。

1．按检索方式划分

可分为手工检索工具、机械检索工具和计算机检索系统。

2．按出版形式划分

可分为书本式检索工具、卡片式检索工具、缩微式检索工具、计算机可读文献和磁盘。其中书本式检索工具又可分为期刊式检索工具、单卷式检索工具和附录式检索工具三种。

3．按收录范围划分

分为综合性检索工具、专业性检索工具和单一性检索工具。

综合性检索工具收录范围和涉及学科广，文献类型和语种多，因而适应面非常广，是科技人员最常用的检索工具。如美国《工程索引》（EI）、《科学引文索引》（SCI）、美国《科学文摘》等。我国编制的《全国报刊索引》、《中文科技资料目录》也是典型的综合性检索工具。

专业性检索工具的收录范围限于某一学科领域，适用于检索专业信息。如《环境科学文摘》、美国《污染文摘》、《化学文摘》等都是专业性检索工具。

单一性检索工具只限于收录某一种特定类型文献。学科范围可宽可窄，通过检索特定类型文献，检索效果往往比综合性、专业性检索工具好。包括专利、科技报告、学位论文、会议文摘、技术标准等。

4．按内容划分

（1）目录型检索工具。目录型检索工具是记录具体出版单位、收藏单位及其他外表特征的工具。它以一个完整的出版或收藏单位为著录单元，一般著录文献的名称、著者、文献出处等。目录的种类很多，对于文献信息检索来说，国家书目、联合目录、馆藏目录等尤为重要。

（2）题录型检索工具。题录型检索工具是以单篇文献为基本著录单位来描述文献外表特征（如文献题名、著者姓名、文献出处等），无内容摘要，快速报道文献信息的一类检索工具。它与目录的主要区别是著录的对象不同。目录著录的对象是单位出版物，题录的著录对象是单篇文献。

（3）文摘型检索工具。文摘型检索工具是将大量分散的文献，选择重要的部分，以简练的形式做成摘要，并按一定的方法组织排列起来的检索工具。就其摘要的详简程度，可分为指示性文摘和报导性文摘两种。指示性文摘以最简短的语言写明文献题目、内容范围、研究目的和出处，实际上是题目的补充说明，一般在 100 字左右；报导性文摘以揭示原文论述的主题实质为宗旨，要做到基本上反映原文内容，讨论的范围和目的，采取的研究手段、方法与所得的结果、结论，同时也包括有关数据、公式，一般在 500 字左右，重要文章可多达千字。

（4）索引型检索工具。索引型检索工具是根据一定的需要，把特定范围内的某些重要文献中的有关款目或知识单元，如书名、刊名、人名、地名、语词等，按照一定的方法编排，并指明出处，为用户提供文献线索的一种检索工具。索引的类型是多种多样的，在检索工具中，常用的索引类型有：分类索引、主题索引、关键词索引、著者索引等。

三、检索语言

为什么当我们在百度、Google 或者任何一个网站的检索框中输入关键词之后，系统就能迅速返回给我们相关的资讯？这要从检索语言说起。

检索语言，又称标引语言、索引语言等，是应文献信息的加工、存储和检索的共同需要而编制的专门语言，是表达一系列概括文献信息内容和检索课题内容的概念及其相互关系的一种概念标识系统。简言之，检索语言是用来描述信息源特征和进行检索的人工语言，可分为规范化语言和非规范化语言（自然语言）两类。一般而言，我们从检索语言的构成原理来区分，可将检索语言分为三大类：

分类语言、主题语言和代码语言。

检索语言在检索过程中具有特别重要的作用，形象地说，检索语言如同一座沟通文献信息存储和检索两大过程的桥梁。在信息存储过程中，用它来描述信息的内容和外部特征，从而形成检索标识（检索字段，如题名字段、作者字段、关键词字段等）；在检索过程中，用它来描述检索提问，从而形成提问标识（检索词或检索表达式）；当提问标识与检索标识完全匹配或部分匹配时，结果即为命中文献。

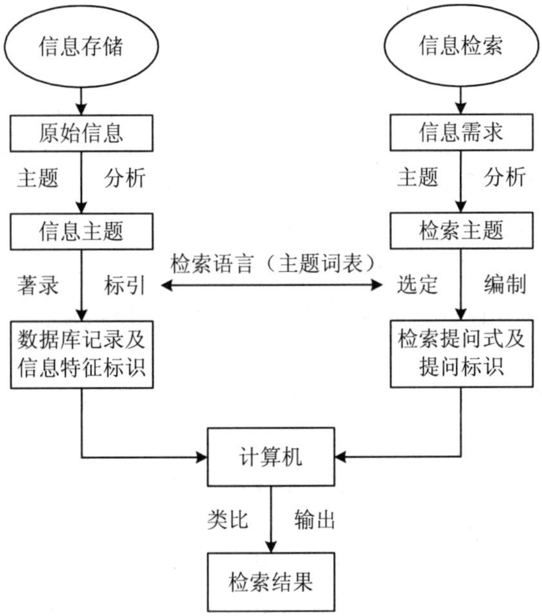

图 2-1 计算机检索原理

概而言之，检索语言具备以下功能，才使得我们的检索工作得以实现：

（1）以简单明了的形式规范化地标引出文献的主题内容及其外表特征；

（2）集中内容相同及相关的文献信息，揭示其相关性，使大量分散的文献存储系统化、组织化，便于进行有规律的检索；

（3）便于将标引用语与检索用语进行相符性比较。

近年来随着信息技术的发展，使用非规范化的纯自然语言进行信息检索颇为流行，例如“地震频发地带分析”、“什么是低碳经济”、“全球气候变暖或气候变迁”等，在 Google、百度等常用搜索引擎中屡见不鲜，一些用户在全文数据库检索中也会输入这样的自然语言表达式。这的确是一种便利的傻瓜型检索方式。但是，由于系统不能理解语句的概念含义，只是机械地拆解我们所输入的表达式，造成事实上的误检和漏检则比比皆是。如当我们输入自然语言“地震频发地带分析”时，Google 会自动将我们输入的语句进行分析拆解，并检索出包含“地震”、“频发”、“地带”、“分析”、“地震频发”、“频发地带”等词的文献，这样就会出现大量与需求目标并不相关的信息。而欲了解“全球气候变暖或气候变迁”，使用自然语言查询，就必须分“全球气候变暖”和“全球气候变迁”两步分别检索，无形中增加了工作量。因此，为了克服自然语言的局限，实现较高的检索效率，就必须了解以下检索语言：

（一）分类语言

分类检索语言是以学科为基础按类分级编排的，是一种直接体现知识分类等级概念的标识系统，一般是以数字、字母或字母与数字结合作为基本字符，采用字符直接连接并以圆点（或其他符号）作为分隔符的书写法，以基本类目作为基本词汇，以类目的从属关系来表达复杂概念的一类检索语言。它按照知识门类的逻辑次序，运用概念划分和归属的方法，由总到分，由一般到个别，由抽象到具体，由低级到高级，由简单到复杂这样层层划分，逐级展开，形成一个严格有序的等级制体系。

分类检索语言广泛应用于图书、资料的分类、排架和检索，常常被人们简称为“分类法”。例如，在我国广为应用的《中国图书馆分类法》（简称中图法，原名《中国图书馆图书分类法》）、《中国科学院图书馆图书分类法》（简称科图法），以及国外的《杜威十进分类法》（简称杜威法、DDC 或 DC）、《美国国会图书馆图书分类法》（简称国会法或 LC 分类法）等。

《中国图书馆分类法》是我国图书分类法的基础，也是国内图书馆普遍采用的图书分类法。很多国内数据库也都采用中国图书馆图书分类法组织存储知识信息，并支持用户通过数据库网站所提供的分类导航功能浏览或查询特定学科专业的文献。中图法采用“五分法”，把一切知识门类分为 A-马克思主义、列宁主义、毛泽东思想；B-哲学；C-社会科学；N-自然科学；Z-综合性图书五大部类。在此基础上，在 C 和 N 两大部类下分别细分，划分出 22 个基本大类。除工业技术类外，其余各大类均用 1 个英文大写字母表示一级类目名，并以字母的顺序反映大类的顺序。根据各学科的内容需要，大类之下再分二级、三级、四级、五级子类目。从二级类目开始，分类号使用阿拉伯数字，以后每细分一级，增加一位数字。一般来说，分类号的级数与类目级数一致。

以 X-环境科学与安全科学大类为例，该类目细分如下：

X1 环境科学基础理论；

X2 社会与环境；

X3 环境保护管理；

X4 灾害及其防治；

X5 环境污染及其防治；

X7 行业污染、废物处理与综合利用；

X8 环境质量评价与环境监测；

X9 安全科学。

因此，典型分类号，如 X505 就集中了所有论及被污染土壤的生物修复技术的文献。

分类法较好地体现了学科的系统性，同一分类号下能够集中大量同类或相似文献，便于从学科专业的角度进行族性检索，获得较高的查全率。大多数数据库都提供分类检索途径（catalogue）。然而，也正由于它的复杂的分类体系，检索者必须了解课题的学科体系才能顺利找到相应的类目。同时，因其本身类目数量的限制，缺乏专指性，故查准率不高。此外，由于分类表的固定结构性不便于随时修订和增设新的类目，也难以及时反映新兴学科和边缘学科的内容。

（二）主题语言

主题检索语言是用词语来表达文献信息主题的一类检索语言。它由主题词汇构成，将自然语言中的名词术语经过规范化后直接作为信息标识，当做参照系统揭示主题概念的关系。主题语言具有直观性、专指性、灵活性等优点，能够及时反映新学科概念。

早期的主题检索语言为标题词语言和元词语言，当前常用的主题语言则为叙词语言和关键词语言。

1. 关键词语言

关键词语言是直接从文献标题、文摘、正文中，抽取的具有实质意义的自然语言，是一种基本上未经过规范化处理的语言。我们只要将反映课题主要内容的关键词（keyword）提炼出来，就可以使用若干关键词之间的逻辑组配轻松表达信息需求。关键词语言简便易用，因而在互联网上长兴不衰，无论是百度、Google这样的搜索引擎，还是新浪、Yahoo 等门户网站均广泛应用关键词语言，提供方便的关键词检索功能。几乎所有的数据库也都提供了关键词检索途径。但作为一种大众化检索语言，关键词语言由于未经过规范化处理，非常容易漏检、错检，为了快速、准确、有效地找到所需信息，就必须掌握关键词表达的技巧，才能在网络信息检索中游刃有余。

用关键词语言表达信息需求，必须首先分析课题。一个检索课题往往涉及多个概念，剖析这些概念，明确概念之间的关系，挖掘隐含概念，确定概念的主次轻重。这样，在构造检索表达式时重点考虑主要概念，舍去无关概念，并通过指定并列交叉关系的逻辑组配来实现精确的查询效果。反之，为了查全则应全面考虑主概念的同义词、近义词、上位类词、缩略语等，才能制定出完整的检索表达式。

2．叙词语言

由于关键词经常有一词多义、多词一义或诸多近义词等情况，在提炼关键词时不免会发生遗漏现象，即很难把一个概念的所有关键词都表达完全，这就可能造成漏检现象。为了避免因关键词语言缺陷造成的漏检情况，文献情报学家发明了叙词语言。

叙词语言是世界上最常用的检索语言，也就是俗称的主题词语言。叙词即指经过规范化和优选处理的特定的词汇，这些词或词组以概念为基础、具有组配功能并能显示词间语义关系，从而可以通过这些词汇来指定或网罗相应的概念，叙词也称作主题词。目前，各国多采用叙词语言编制检索工具，各大数据库所提供的主题字段（subject）正是基于叙词语言提供的主题检索途径。系统首先明确了一套稳定的叙词表或者主题词表，来规范概念的表达。如我国编制的《汉语主题词表》、《环境科学叙词表》，国外的《化学文摘》（CA）、《工程索引》（EI）等著名检索工具都建立了其各自的主题词表。例如，“维生素 C”（Vitamin C）这个概念就有多个同义词，人们叫它“维他命 C”、“VC”、“维 C”、“抗坏血酸”等，《汉语主题词表》明确“维生素 C”是上述概念的规范化主题词，那么使用“维生素 C”这一主题词的检索结果将包括所有表示“维生素 C”概念的文献，而不管这些文献记录中是否出现过“维生素 C”这个词，从而避免了漏检的发生。

（三）代码语言

按文献信息代码，如专利号、标准号、报告号等的顺序排检而成的检索语言，称为代码语言，如化学分子式索引、环状化合物索引等。在查找环境技术专利、标准中具有特别意义，能够以最快的速度找到原文献信息。

四、检索途径、方法与步骤

了解检索工具与检索语言之后，我们就可以开始准备进入检索流程了。

（一）检索途径

文献信息的检索途径与检索语言是直接对应的，也就是说，每种检索语言都可以作为一条检索途径。文献信息具有内容特征和外部特征。文献的内容特征指反映文献主要内容的著录项，包括文献的题名、关键词、主题词、摘要等。文献的外部特征主要指文献载体上标明的不反映文献内容的著录项，如作者、刊名、出版地、出版年份、语种等。这样，文献信息的检索途径就有两种：

文献信息内容特征检索途径：分类、题名（书名、篇名）、主题、关键词途径等；文献信息外部特征检索途径：责任者（包括个人作者或团体著者、编者等）、号码（如登录号、ISBN、ISSN、专利号、标准号、文摘号）、刊名途径等。

大多数检索工具都提供多种形式的辅助索引，从而提供了可选择的检索途径，实际检索中可以选择如下几种途径：

1. 分类途径（Catalogue）

分类途径是按学科分类体系来编排和检索文献信息。此途径便于从学科所属范围来查找文献资料，并且可以起到“触类旁通”的作用。由于分类法体现了知识的系统性，能够把同一学科的文献集中在一起，能较好地满足族性检索的要求。检索过程中主要是利用分类目录和分类索引，以分类号码为检索标识。当研究课题较大，需要全面了解某一学科及其相关知识的时候，或者难以判定研究课题所属主题范围的时候，通常用分类途径来查找文献。对环境科学信息检索而言，因其新兴学科交叉性、边缘性特征，分类途径应用不是很广泛。往往用于广泛了解某一专业下的期刊种类或者相应领域的最新成果。

2. 主题途径（Subject）

这是一种通过反映课题的主题内容的实质性词汇作为检索标识，进行文献信息检索的途径。由于主题法能集中反映一个主题的各方面信息而不受学科限制，表达概念灵活准确，因而便于读者对某一问题、某一事物和对象作全面系统的专题性研究；同时主题途径也能很好地反映最新科研动态，便于读者从中掌握新领域、新思想。这是大多数英文数据库检索中最有效率的一个途径。

3. 关键词途径（Keyword）

通过关键词检索文献信息方便、准确，但由于检索词未经规范化，这种途径不易查全，或者出现因同一名词在不同学科中的歧义现象而误检到不相干的文献信息。检索时应注意多选用与课题相关的同义词、近义词等，以尽可能搜罗齐全。

4. 著者途径（Autor）

许多检索系统备有著者索引、机构（机构著者或著者所在机构）索引，利用这些索引从著者、编者、译者、专利权人的姓名或机关团体名称，字顺进行检索的途径统称为著者途径。以著者姓名作为检索标识，查准率高，操作简便直接。但应注意不同国家姓名书写习惯，以防漏检。基本上，大部分国外检索系统在编排个人著者时都遵循这样的规则：姓在前，名在后，且姓为全称，名为缩写。

5．题名途径（Title）

一些检索系统中提供按题名字顺检索的途径，包括书名、刊名、文章篇名等途径，多用于查找图书、期刊等出版物信息，或用于查找少而精的单篇文章。

6．引文途径（Index）

文献所附参考文献或引用文献，是文献的外表特征之一。利用这种引文而编制的索引系统，称为引文索引系统，它提供从被引论文来检索引用论文的一种途径，称为引文途径。多用于某个人或团体机构成果评价，也便于追溯课题起源和发展脉络。

7．其他途径

利用文献所特定的专利号、报告号、合同号、标准号、国际标准书号和刊号等号码进行检索为序号途径。利用事物的某种代码如分子式、环系等编排检索索引为代码途径。

（二）检索方法

根据研究课题所要解决问题的性质、重点、时限，以及所具备的检索工具情况、个人习惯，可选择如下几种检索方法：

1．常用法

指利用计算机信息检索系统或文摘、索引、题录等传统检索工具查找文献信息的方法，又称检索工具法，是科技文献信息检索中最常用的一种方法。按照查找的年代顺序不同，传统的检索工具法又分为顺查法、倒查法和抽查法。顺查法是顺着年代顺序由远及近检索文献信息的方法。一般以课题起始年代为起点，逐年向近期查找。这种检索方法全面、系统、可靠，能发现课题发生发展的过程和规律，而且一般不会漏检。倒查法是逆着时间顺序由近及远查找文献信息的方法。这种检索方法将重心放在近期的文献信息，一般适用于查找新颖的课题，能从中了解最新科研动态，掌握某一研究领域的现状和动向。抽查法是针对特定课题，抽取该课题发表文献信息较多的一段时间进行检索的方法，这种方法省时而效率高，但要求检索者对课题有比较深入的了解，熟悉学科发展特点和发展沿革，才能选准抽查年代。

常见的计算机信息检索系统有简单检索、高级检索、命令式检索、分类导航等。由于每个计算机信息检索系统各具特点，只有掌握信息检索的基本方法和计算机检索基本技能，并充分了解各个数据库的具体特点，才能在检索中游刃有余，查得准、快、全。

2．追溯法

又称引文法，是一种传统的信息检索方法，不需利用检索工具。它是依据文献间的引用关系，利用课题相关已知文献后面所附的参考文献为线索，逐一追查原文，并不断追查新的信息源，像滚雪球一样，不断扩展延伸，甚至追溯到该课题的起源研究文献，最终获得大量和课题相关的文献信息。美国的“科学引文索引”（SCI）和中国科学院的“中国科学引文索引数据库”（CSCD）就是基于这种思想编制出来的。通过文献间的引证关系来查找文献，不失为一种追溯科研发展轨迹的可行方法，但由于作者个人视野等主观因素的限制，以及引证文献之间的模糊性，难免会影响检索效果。总的来说这种方法查全性较差，且查得文献偏旧。

3．循环法

又称交替法或分段法，是将常用法与追溯法交替结合使用的检索方法。即先利用检索工具查出一定时期内的一批有关文献，然后利用这些文献后面的参考文献，用追溯法查出前一时期的文献，如此分期分段地循环交替使用这两种方法。这种检索方法既能查得最新文献信息，又扩大了检索范围，检索效果比较好。

4．浏览法

由于任何一种检索工具都只能收录有限的图书和期刊等文献信息，而且检索工具与原始文献之间往往存在为期几个月到一年的时间差。为了弥补这些缺陷，还需要用到浏览法，即直接浏览阅读最新核心期刊等原始文献以获得所需信息。这样便于即时了解和掌握本专业发展动态和最新信息。

（三）检索步骤

正确的检索步骤是实现理想检索效果的前提。信息检索是一项实践性很强的活动，它要求我们勤于思考，并通过经常性的实践，逐步掌握文献信息检索的规律，从而迅速、准确地获得所需文献信息。一般来说，文献信息检索可分为以下步骤：

1．分析检索课题，明确检索要求

课题分析是文献检索过程中最重要的环节，能否正确地分析课题，将直接影响到检索的质量与效果。

- ❖ 明确目的：详尽信息？片段信息？最新动态？
- ❖ 明确主题和主要内容、主次概念及其关系。
- ❖ 明确涉及的学科范围：跨学科或专门学科？
- ❖ 明确所需信息的数量、时间范围、语种、类型等。

首先分析检索的目的与需求，明确检索的性质与范围，清楚课题对新颖性、准确性和全面性的要求。然后对课题进行仔细分析，确定所需检索的文献信息类型、学科专业范围、地域范围、年限、语种等，分析、归纳出检索需要的线索。

2. 选择检索工具或检索数据库

检索工具的种类繁多，其文献类型、学科和专业的收录范围各有侧重，所以，根据课题的检索要求，选准、选全检索工具十分重要。根据课题要求，明确信息源的类型、学科收录范围、语种、收录年限、文献类型以及收费情况等，确定最合理的检索工具或者检索数据库。

3. 确定检索途径和方法，构造检索表达式

确定检索途径，应根据已知条件，选取最易查获所需文献的途径。如所需文献范围较广，则选用分类途径较好；反之，所需文献比较专深，则选主题途径为宜。并根据检索条件、检索要求和学科特点确定检索方法。一般说来：

（1）检索工具的条件：在没有检索工具可利用的情况下，可采用追溯法。

（2）检索课题的要求：通常要求检索快、全、准，但三者又难以兼得。若以全、准为主，应采用顺查法。顺查法适应科研主题复杂，研究范围较大，研究时间较长的课题研究。新兴研究领域以快、准为主，宜用倒查法。

（3）学科发展特点：如对于较老课题，起始年代较早或无从考察，可采用倒查法；有的专业领域在一定时期处于兴旺发展阶段，文献发表得特别多，则在该时期内采用抽查法检索效果好。

检索表达式是用户用来表达检索需求的逻辑表达式，根据课题分析，确定检索词后，要用布尔逻辑算符、截词符、通配符、位置算符等各种算符对检索词进行组合，形成计算机能够识别的检索式。不同信息源的运算符表达形式不同，实际检索中需要具体分析、区别对待。检索表达式直接决定检索质量，对查全率和查准率有很大的影响，是计算机信息检索中的关键步骤。

4. 实施检索，查选检索信息，优化检索策略

根据指定的检索方案，进入选定的信息源实施检索。查看检索工具或数据库反馈回的检索结果，对检索结果进行鉴别和评价，从中筛选出符合要求的记录，并不断修改和调整检索策略，直到得出满意的最终结果。

5. 索取原始文献

根据检索得到的线索，进一步到馆藏单位或数据库中查找原文。对全文数据库而言，输出检索结果就意味着课题检索过程的结束。但许多检索工具提供的常常是索引、题录、文摘等信息，需要根据这些结果中所揭示的原始文献线索继续获取全文，如到图书馆借阅印刷版书刊；到收录该文献的全文数据库中下载原始文章；或者通过馆际互借途径获取原文。

五、检索效果评价

对检索效果的评价一般可从以下几个方面衡量：查全率（recall factor）、查准率（pertinency factor）、漏检率（omission factor）、误检率（noise factor）、新颖率、检索速度等。其中，查全率与查准率是评价检索效果的常用指标。

查全率是衡量检索全面性的指标，指检索出的相关文献信息量与信息库中全部相关文献信息量的比率。查全率越高，检索效果越好。通过扩大检索范围，使用布尔逻辑算符“或”（OR）、截词符等手段可以提高查全率。

查准率是衡量检索准确性的指标，指检索出的相关文献信息量与检索出的总文献信息量的比率。当然，查准率越高，检索效果也越好。通过缩小检索范围可以提高查准率，如选择学科范围较窄的检索词、使用逻辑“与”（AND）、逻辑“非”（NOT），或用副主题词加以限定等手段。

理想的检索效果应该是查全率与查准率都达到比较高的水平。但是由于这两个指标间的互逆关系、检索系统本身的质量、检索者的理解能力和检索水平等主客观因素，达到 100%的查全率与查准率是不可能也是不必要的。一般来说，查全率达到 60%～70%，查准率达到 40%～60%，就已经是比较理想的检索结果。对于检索来说，漏检是影响检索质量的最主要因素，误检会降低检索的效率，也会影响检索质量。因此，任何检索工具和检索系统必须力争克服漏检（必要条件），同时尽量避免误检（充分条件）。

思考题

1. 按不同的划分方式，文献信息有哪些类型？

2. 什么是二次信息源？列举典型三次信息源并总结它们在科研需求中的意义。

3. 何为灰色文献？有何特殊优势？

4. 常用检索工具有哪些？试到图书馆查阅、熟悉一两种与你的学习最相关的检索工具。

5. 常用检索途径有哪些？体会其各自适用场景。

6. 常用检索方法有哪些？各自的优缺点是什么？

7. 文献信息有哪些主要类型？并归纳一下，学习科研中常用的主要信息类型及其特点。

8. 什么是主题语言？它的优点是什么？

9. 常用检索方法有哪些？

10. 一般检索步骤是怎样的？

第三章

网络信息资源检索

第一节　网络信息资源检索入门

从传统手工文献检索到计算机检索，再到今天广为普及的 Internet 检索，信息资源检索技术与方法跨越了三个阶段，在信息含量与检索效率方面均实现了实质性的飞跃。今天，互联网已经与我们的工作生活息息相关，专业学习与科学研究更是离不开互联网的开放式信息资源。因而，了解网络信息资源及其检索方法就成为我们提升专业信息素质的必修课，其效果和意义也将是显而易见的。

一、Internet 初探

上网，对很多人来说已经轻车熟路，然而你知道吗？我们常常访问、利用的网络资源，其实只是庞大的 Internet 沧海中的一粟而已。现在，我们先来了解一下 Internet 的基本组织。

1. 超文本

所谓超文本（hypertext），就是非线性文本。目前 Internet 大多数信息的组织与发布都是采用超文本这种特殊的信息组织方式。一般人们阅读的文本（text）都是从上而下，从左到右排列，但在超文本中，内容是按超链接（hyperlink）组织的。用户单击文本中加以标注的一些特殊的关键词或图像，就能打开另一个文本。通过这种超文本链接，Internet 中成千上万的 Web 服务器联系成为一个彼此关联、资源共享的有机整体。

2. 超文本传输协议

超文本信息传输协议（hyper text transfer protocol，HTTP），是浏览器直接与 Web 服务器之间相互通信的协议，即 WWW 客户机和服务器用于在网上传输、响应用户请求的协议。任何一个 HTTP 会话包括四个步骤：连接、请求、应答与关闭。

3. 超文本标识语言

超文本标识语言（hyper text markup language，HTML）是一种为 WWW 建立超文本文件的专门编程语言。它通过标记和属性对一段文本的语义进行描述，进行文件与文件之间及文件内部不同部分之间的链接。HTML 文档由文件、格式代码和到其他文档的链接组成。

4. WWW

WWW（world wide web）中文名称即万维网，是建立在客户机/服务器模式之上，以 HTML 和 HTTP 为基础，通过 Internet 把遍布世界各地的服务器连接起来，构成一个环球信息网络空间。我们上网查询交流信息，主要就是通过万维网进行，因此大多数情况下不需要输入 WWW，浏览器就会直接指向相应网站。

其特点是：

（1）使用超文本技术。利用文本加链接技术，用户只要用鼠标点击页面有特殊颜色或有下划线的文字，就会出现新的页面，访问到更多信息。

（2）使用 HTML。可以使信息的组织与显示更加规范有序，让 WWW 浏览器可以识别。

（3）采用客户机/服务器模式。即在 Web 上，由客户机提出请求，连接到服务器，找到相应的由 HTML 描述的文本，用户可以在客户机上浏览这些信息。

（4）功能强大，使用简单方便。WWW 设计的界面友好、接口简单。用户只要知道要找的信息的服务器地址及其要浏览的文档名，输入它的网址，就可以利用 WWW 系统达到网上检索信息的目的。

5. 统一资源定位器

URL，中文直译名为统一资源定位器（uniform resource locator，URL），也就是我们平常所说的网址。每一个文件无论以何种方式存在何种服务器上，都有一个唯一的 URL 地址，该地址不仅指明信息资源所在目录和文件名，还指明信息文件存在于网络的哪个节点的计算机上，以及可以访问的方式等。只要用户正确地给出了一个文件的 URL 地址，WWW 服务器就能准确无误地将它找到并且传送到发出检索请求的客户机上。因此，URL 可以看成是一个文件在 Internet 上的标准通用地址。

URL 的一般格式如下：

<通信协议>：//<主机>/<路径>/<文件名>

其中，<通信协议>：指提供文件的服务器所使用的通信传输协议。如 WWW 的 HTTP，Gopher 的 Gopher 协议，FTP 的 FTP 等。

<主机>：指上述服务器所在主机的 IP 地址。

<路径>：该文件在上述主机的存储路径。

<文件名>：该文件的名称。

例如，访问南开大学 Web 站点，其 URL 为：

http://www.nankai.edu.cn/index.asp

其中，第一部分“http://”表示此处采用了超文本传输协议；第二部分“www.nankai.edu.cn”表示南开大学 Web 服务器的名称，此处也可以直接用 IP 地址代替；第三部分“index.asp”表示目录路径和文件名，这里是该 Web 服务器默认的起始页文件名。

6．网站、网页与主页

网页是网站的基本信息单位，通常一个网站是由众多不同内容的网页组成的。所有网站都有一个特殊的网页，这个网页是用户从 Internet 访问该网站时，首先接触到的页面，这就是主页（homepage）。

主页如同网站的门面，一般制作精良并且包含了该网站的所有重要信息。如果把 WWW 比作是 Internet 上的大型图书馆，则每个站点就是一本书，每个 Web 页面就是书的一页，主页则是书的封面和目录。用户可以从主页开始，通过 Web 链接访问各类信息资源，在 WWW 世界中漫游。

7．浏览器

利用 Web 浏览器就可以阅读超文本信息。Web 浏览器是一种应用于 WWW 的网络软件，安装于客户端的应用程序。网络用户比较熟悉的是使用图形界面的浏览器，如 Netscape、Internet Explore（IE），目前 Internet Explore（IE）是最常用的。这些浏览器在 Windows 平台上运行，不仅可以浏览文本信息，还可以显示与文本内容相配合的动画、图像、图形和声音等。

二、网络信息资源的特点与类型

网络信息资源是指以数字化形式记录的，以多媒体形式表达的，存储在网络计算机磁介质、光介质以及各类通信介质上的，并通过计算机网络通信方式进行传递的信息内容的集合。网络信息资源尤指 Internet 上的信息资源。

比之传统文献信息，网络信息资源具有如下新特点：

- ❖ 信息源丰富，分布广、传播快、数量大、增长快。
- ❖ 内容与类型的多样性。
- ❖ 信息时效性。
- ❖ 信息的交互性与开放性。

- ❖ 大量免费资源的存在。
- ❖ 信息组织整体无序性。
- ❖ 信息质量良莠不齐，精芜并存。

随着互联网的飞速发展，人们在享受海量免费实时信息的同时，也越来越困惑于如何筛选过滤准确的高品质信息，往往面对数以千万计的检索结果一筹莫展。其实，我们可以通过识别网络信息资源类型，有针对性地检索自己所需要的信息。

按照不同的划分方式，Internet 信息资源可分为不同类型。

（一）按信息来源划分

发布网络信息的主体有政府部门、公司企业、研究机构、教育机构、社会团体及个人；客体可分为网站与网页。因而形成站点式信息资源和网页式信息资源两大类，涉及政府信息资源、公众信息资源和商用信息资源三种类型。

（二）按网络传输协议划分

Internet 信息资源按网络传输协议可划分为 WWW、Telnet、FTP、用户服务组、Gopher 等信息资源。

1．WWW 信息资源

WWW 是建立在超文本、超媒体技术以及超文本传输协议 HTTP 的基础上，集文本、图形、图像、声音为一体，并以直观的图形用户界面展现和提供信息的网络资源形式，是网络信息资源的主流。

WWW 其实是 Internet 中一个特殊的网络区域，这个区域是由网上所有超文本格式的文档（网页）集合而成。超文本文档里既有数据又有包含指向其他文档的链（links）。链使得不同文档里的相关信息连接在一起，这些相互链接的文档可以在一个 WWW 服务器里，也可以分布在网络上的不同地点。通过这些链，用户在 WWW 上查找信息时可以从一个文档跳到另一个文档，而不必考虑这些文档在网络上的具体地点。

2．Telnet（Telecommunication Network Protocol）

Telnet 信息资源是指基于该网络通信协议，从远程计算机对外开放的资源中所获得的信息资源。Telnet 使用户可以在本地计算机上通过注册访问远程计算机中的资源。使用 Telnet，用户可以与全世界许多信息中心、图书馆及其他信息资源联系。

Telnet 远程登录的使用主要有两种情况：第一种是用户在远程主机上有自己的账号，即用户拥有注册的用户名和口令；第二种是许多 Internet 主机为用户提供了某种形式的公共 Telnet 信息资源，这种资源对于每一个 Internet 用户都是开放的。

3．FTP（File Transfer Protocol）

FTP 信息资源是指利用文件传输协议可以获取的信息资源。FTP 使用户可以在本地计算机和远程计算机之间发送和接收文件，FTP 不仅允许从远程计算机上获取、下载文件（download），也可以将文件从本地计算机拷贝传输到远程计算机（upload）。FTP 是目前 Internet 上获取免费软件和共享软件资源不可缺少的工具。

4．用户服务组

Internet 上各种各样的用户通信或服务组是最受欢迎的信息交流形式之一，包括：新闻组（usenet news group）、邮件列表（mailinglist）、专题讨论组（discussion group）、兴趣组（interest group）等。这些讨论组都是由一组对某一特定主题有共同兴趣的网络用户组成的电子论坛，在电子论坛中所传递与交流的信息就构成了 Internet 上最流行的一种信息资源。

5．Gopher

Gopher 是一种基于菜单的网络服务，它为用户提供了丰富的信息，并允许用户以一种简单的、一致的方法快速找到并访问所需的网络资源。全部操作是在一级级菜单的指引下进行，用户只需在菜单中选择项目和浏览相关内容，就可完成对 Internet 上远程联机信息系统的访问，无须知道信息的存放位置和掌握有关的操作命令。

三、常用学术性网络信息资源

（一）联机馆藏目录（OPAC）

网上有 6000 多个电子图书馆，包括各国国家图书馆在内的公共图书馆、世界著名大学在内的数千个大学图书馆和学术机构专业图书馆的馆藏目录，已发展成为联机公共目录检索系统（online public access catalog）。用户可以不受时空限制地自由访问，查询各图书馆馆藏图书、期刊的内容和存储地址等信息。国际著名的 OCLC WorldCat 数据库收集了 400 种语言的 6200 多万条记录，基本上反映了世界范围内的图书馆所拥有的资料及其馆藏信息。国内的“全国高校文献保障体系”（CALIS）联机目录集合报道了各大重点高校的馆藏资源。

（二）电子图书期刊报纸等电子出版物资源

越来越多的电子出版物已通过 Internet 提供有偿或无偿使用。电子图书多为全文数据库所收录，如超星数字图书馆，需要付费方能获得浏览、下载全文的权限。电子报刊则包括两种，一种是印刷性出版物的电子版，如电子版的《中国环境报》；另一种为全新的电子杂志或报纸。这其中，包括大量可免费查看全文的环境科学专业报刊。

（三）数据库资源

数量已超过 1 万种的各类数据库是 Internet 信息资源中最为庞大的部分，同时也是我们在专业学习和研究中最常用、最具有参考价值的信息资源，包括科学技术数据库、商业广告数据库、教育娱乐数据库等。按照数据库所含信息的内容可划分为如下类型：

1．参考数据库（Reference Database）

参考数据库是指包含各种数据、信息或知识的原始来源和属性的数据库。它报道文献信息的存在，揭示文献信息的内容，主要包括书目数据库、文摘数据库、索引和题录数据库等。

书目数据库是检索中最常见的一种数据库，如各地各级公共图书馆和高校图书馆的馆藏目录查询系统。揭示和报道文献的题目、著者、分类号、原文出处、文摘、存储地址等文献特征。

文摘索引数据库也称二次文献数据库，主要指对期刊、会议论文、学位论文、专利文献等进行内容和属性的加工，提炼出题名、作者、关键词、文摘、出处等主要信息并加工成数据库。如"中国环境科学文摘数据库"、"美国剑桥科学文摘数据库"（CSA）等，著名的"科学引文索引"（SCI）和"工程索引"（EI）的网络版数据库也是典型的文摘索引数据库。

2．全文数据库（Full-text Database）

全文数据库提供原始文献全文，是近年来发展迅猛且前景广阔的一种源数据库，备受高校科研机构用户的青睐。全文数据库能向用户提供期刊论文、会议论文、学位论文、政府报告、法律条文、研究报告、图书等一步到位的原始文献信息服务，简称全文库。用户只要通过文献的外部特征或内容特征就可以直接检索原始文献的全文。近年来全文数据库发展势头甚猛，涌现一大批著名的数据库源，常用的全文库如 Springer-Link 电子学术期刊库、中国学术期刊全文数据库、中国优秀博士硕士学位论文全文数据库、超星数字图书馆等。

3．事实数据库（Factual Database）

事实数据库包含大量原始资料，提供问题的答案，包括机构、人物、研究项目、环境事件等事实数据，如环境标准数据库。电子参考工具书如词典、手册、百科全书也属于此类数据库。事实数据库主要包括以下几种：

（1）数值型数据库（Numeric Database）

数值型数据库是专门提供数据形式信息的一种源数据库。它是一种来自原始文献的统计数据、调查数据或经过处理的各种数据、数值表格，提供科学研究中实验、测量、计算、记录和工程设计、经济分析与预测、工业规划等方面的数据，如气象数据、地质资料、化学或物理化合物特性的文献数据，以及各种统计数据等。如中国水资源数据库、中国环境统计年鉴数据库等。

（2）图像数据库（Graphics Database）

随着多媒体技术的迅速发展和广泛应用，以图形、图像、动画为信息主体，配以文字解释的多媒体型数据库已经问世，并受到人们的普遍欢迎。如中国自然资源图集数据库、环境图库等。

（3）指南、术语数据库（Terminological Database）

专门用来存储指南性信息或者名词术语信息等的一种源数据库，包括各种在线辞典、辞书、名录等。如中国环境大百科全书、企业产品数据库等。

（四）其他资源

上述常规的正式资源较易发现其获取渠道，更多的学术信息资源是以零散、隐蔽的状态存在于网络环境当中的，需要我们用心去挖掘扩展利用。例如：学科信息门户网站、图书馆或高校科研部门自建的高水平网络导航体系、各类学术机构网站及行业相关站点、学科专业论坛、专家个人主页或 Blog 等。

四、网络信息资源检索的一般方法

自从 20 世纪 50 年代出现了脱机检索这种最初的机检形式，短短 40 余年间，计算机检索已经经历了脱机检索、联机检索（20 世纪 60 年代末至 70 年代）、光盘检索（20 世纪 80 年代）和网络检索（20 世纪 90 年代）4 个阶段。目前，Internet 信息检索正以其无可比拟的优越性逐渐成为主流检索方法，而网络检索系统也正在成为功能最强大、发展最快的现代检索系统。要想在 Internet 上获取信息，就必须知道这些信息存储在哪里，也就是说要找到提供信息源的服务器。因此，我们进行网络信息检索首先要找到相关服务器的 URL，然后通过这些地址去访问服务器提供的信息。在 Internet 上，一般检索方法有以下四种：

1. 浏览

基于超文本链接，在阅读超文本文档时，利用文档中的链接从一个网页转向另一相关网页，从一个 Web 服务器到另一个 Web 服务器，从一个目录到另一个目录，从一篇文章到另一篇文章。这样类似于传统文献检索中的“追溯检索”，不断扩大检索范围，直到满足需求。在搜索过程中，用户会发现许多意料之外的相关节点内容，从而在短时间内搜集到大量相关信息。但这种方法随意性强，容易偏离正题。

2．通过网络资源指南（Guide）查找

为了对 Internet 上存在的大量无序信息进行组织管理，专业人员开发出了许多树形主题指南，如同传统图书馆中的目录体系。众所周知的 Yahoo 主题目录就是一个典型的例子。同时，很多专业机构和高校也整理了大量专业、专题性指南，或称“网络资源导航”，这些网上目录几乎覆盖了每一个学科专业和重要研究领域，对于专业学习和科研信息检索具有重要的引导作用。不过，受指南标引整理者主观思想和兴趣能力限制，这类指南可能收录范围不够全面，及时性稍差。

3．利用搜索引擎进行信息查询

这是一种较为常规、普遍的网络信息检索方式。搜索引擎实际上是 Internet 的服务站点，类似于传统文献检索中的检索工具，提供用户进行关键词、词组或自然语言检索的平台。搜索引擎一般支持布尔检索、截词检索、限定检索等功能。利用搜索引擎进行检索具有很多无可替代的优点，比如省时省力、操作简单、速度快，但是准确性不是很高，特别是随着 Internet 信息量的激增，往往用户输入一个检索词，返回的结果达数千万条，其中 70%～80% 是重复信息或者不相干信息。

4．通过网站或数据库的检索入口进行查询

现在大多数网站首页都设置了快速检索入口，所有的数据库都有检索界面供用户选择使用，这类检索入口支持我们从关键词或者主题词进行有目的的查找，而且反应迅速。但是能否查准查全，则不仅取决于用户选择的检索词是否准确到位，还要正确应用检索技术构造科学的检索表达式。

第二节　网络信息资源检索技术与提高

一、计算机检索技术

计算机检索的关键是检索表达式的编制。一条理想的检索式需要用到若干种运算方法。本节介绍几种常用的计算机信息检索技术。计算机信息检索技术主要有布尔逻辑检索、截词检索、位置限定、字段限定等，其中布尔逻辑检索和字段限定是最基本的技能。

（一）布尔逻辑检索

利用布尔逻辑算符进行检索词或代码的逻辑组配，是现代信息检索系统中最常用的一种方法。常用的布尔逻辑算符有三种，分别是逻辑“或”（OR）、逻辑“与”

(AND)、逻辑“非”(NOT)。使用这些逻辑算符可以连接两个或两个以上检索词，并按照一定的组配次序构成检索表达式，来表达检索需求。计算机根据检索表达式与系统中的记录进行匹配，当两者相符时则为命中文献，并自动输出该文献记录。布尔逻辑算符示意图如图 3-1。

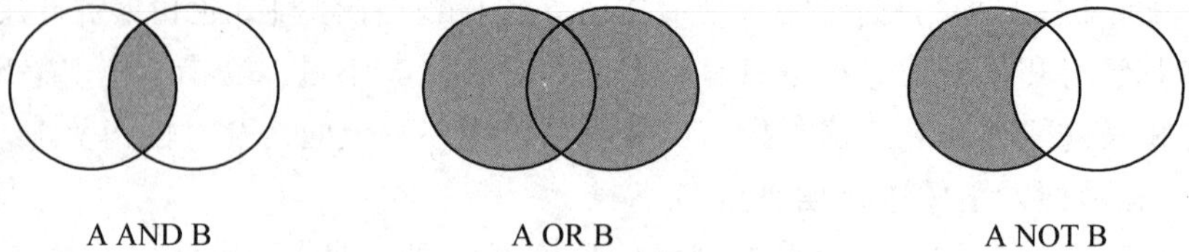

图 3-1 布尔逻辑关系示意

下面以“用生物技术方法处理污水”为例，说明布尔逻辑算符的应用：

1. 逻辑与：“*”或者“AND”

图 3-1 左图中阴影部分即 A AND B，是具有概念交叉关系和限定关系的一种组配，表示检索结果必须同时满足所有检索条件，其作用是增强检索的专指性，缩小检索范围，提高查准率。检索表达式“污水处理 AND 生物技术”，表示查找文献内容中既含有“污水处理”又含有“生物技术”两个词的文献。

2. 逻辑或：“+”或者“OR”

图 3-1 中图中阴影部分即 A OR B，完全覆盖了 A 和 B 的整体范围，表示概念并列，满足其中之一即可。检索表达式“污水处理 OR 污水回用”，表示查找有关污水处理或污水回用方面的文献。逻辑“或”算符多用于连接同义词、近义词或相关词，其作用是扩大检索范围，提高查全率。

3. 逻辑非：“-”或者“NOT”

图 3-1 右图中阴影部分即 A NOT B，这是概念包含关系的一种组配，表示排除掉运算符“NOT”后面的限定词。其作用在于缩小检索范围，提高查准率。例如欲检索处理污水的文献，但是要排除掉有关生物技术方法的记录，构造检索表达式“污水处理 NOT 生物技术”。逻辑“非”算符适用于排除掉那些含有某个特定检索词的记录，但使用中应小心，以防不慎漏掉有用的文献。

一些复杂的检索课题可在一个检索式中使用多个逻辑运算符，但要注意运算次序。不同的运算次序将导致不同的检索结果。检索系统的处理一般是从左向右进行的，在有括号的情况下，先执行括号内的运算；有多层括号时，先执行最里层括号中的运算，逐层向外进行。但不同数据库中有不同的规定，需要根据实际情况分析处理。例如，检索有关土壤重金属污染对人体健康的影响方面的文献，合理的检索表达式为：(铜 OR 铅 OR 锡 OR 锌 OR 镉 OR 汞)AND 土壤污染 AND

人体健康。再如，检索有关气溶胶对大气环境的影响方面的外文文献，利用布尔逻辑算符构造检索表达式为：aerosol（air OR atmosphere）AND environment。

（二）截词检索

截词检索主要用于西文信息检索，就是将检索词截断，取其中一个局部来进行检索，被截掉的部分用截词符来代替，从而在一定程度上避免漏检。例如，由于英文本身的词格或者词形，或者名词单复数的变化，相同意义的词汇、不同的词格，有不同的前缀或后缀，这时使用词干加截词符号进行检索能查全该词的所有变化形式。截词检索可以扩大检索范围，在输入字符较少的情况下提高查全率、节省检索时间。根据截断的位置的不同，截词检索有后截断、前截断、中截断三种类型。常用的截词符有“*”、“$”、“?”、“#”等，也称通配符。分为有限截词（即一个截词符只代表一个字符）和无限截词（一个截词符可代表多个字符）。通常以“*”表示无限截词，表示0或多个字符；对于有限截断的符号，不同数据库往往各有规则，需要根据数据库的规定选用适当的截词符。一般默认使用的有限截词符为“?”，一个“?”代表一个字符。另一个常用有限截词符“$”表示0或1个字符，在检索可能包含空格、连字号或撇号的作者姓氏时非常有用。

下面以无限截词举例说明。

（1）后截断

截去某个英文词的尾部，使词的前方一致，这是一种最常用的截词策略，可囊括该单词所有单复数形式，词格词形变化等。如：键入 environ*，系统会返回包含 environment，environmental，environmentalist 等一系列以 environ 开头的词。

（2）前截断

截去某个英文词的头部，使词的后方一致。如：键入“*oxide”，系统会返回包含 monoxide，dioxide 等一系列同词根的词。

（3）中间截断

截去某个英文词的中间部分，使词的中间一致，往往用于查找单词的所有变化形式和不同拼法。如：键入“sul*ur”，可以检索出含有 sulfur 和 sulphur 的文献记录；输入“wom?n”，可以检索出 woman 和 women。

需要注意的是，任何一种截词检索，都隐含着一个或多个布尔逻辑算符“或”运算。采用截词检索时一定要谨慎，选对截词位置，防止因截得太短而导致的干扰和误检。

（三）位置算符检索

位置算符又称邻近算符，适用于两个检索词以指定间隔距离或者指定的顺序出现的场合，如以词组形式表达的概念、彼此相邻的两个或两个以上的词等。位置算符可以弥补布尔逻辑算符组配可能带来的漏检或误检的缺陷。常用的位置算符为“SAME”，表示它所连接的检索词必须出现在同一个句子中或者一个关键词短语里，检索词在句子中的顺序是任意的。如输入 global SAME warming，将找到所有有关全球变暖的文献，它可能是“global warming”也可能是“get warming all through the global”。此外位置算符还有：（W）、（*n*W）、（N）、（*n*N）、（S）等。

1．A（W）B

表示 AB 两词相连且顺序不变以符合检索要求。两词之间可以有一空格或标点符号，无任何单词字母。相比于 SAME，此算符限定更为严格。如 air（W）quality，可检索出 air quality 和 air-quality。

2．A（*n*W）B

允许 AB 两个检索词之间插入 0～*n* 个词（*n* 为自然数 1，2，3，……），即最多加入 *n* 个词，且 A 和 B 前后顺序不变。如 environmental（1W）assessment，可检索出 environmental assessment 和 environmental impact assessment 等，但不可检索出 assessment of environment。

3．A（N）B

A 和 B 两个检索词必须紧密相连，检索词之间仅允许有空格、标点和连接符，但相比于（W）算符，A 和 B 两次的顺序可前后改变。

4．A（*n*N）B

AB 两个检索词之间可插入 0～*n* 个词（*n* 为自然数 1，2，3，……），且 A 和 B 前后顺序可改变。如 emission（1N）standard 可以检索出 emission standard，emission control standard 和 standard of emission。

5．A（S）B

A 和 B 两个检索词只要出现在同一子字段中，如出现在摘要中的同一句话中，就符合检索要求，而无所谓检索词的前后顺序。

需注意，实际操作中应根据具体数据库的规定来合理使用上述位置算符。

（四）字段检索

同样的词出现在记录中的不同位置，对表达文献的主要内容所起的作用不同。字段检索，就是把检索词限定在某个字段范围之内进行，检索时，系统只对指定的字段进行匹配运算，从而达到约束检索结果，提高查准率的目的。常用限制符有“=”、“in”等，很多大型数据库系统都采用了这种检索技术。如 SCI 高级检索界面中 AU= Dai SG 表示作者必须为 Dai SG；SO= Environ SCI Technol 表示所检文章必须发表于 *Environmental Science & Technology* 杂志上。

一般，数据库中可供检索的字段通常有基本检索字段和辅助检索字段。基本检索字段有题名、关键词、主题词、文摘、分类号、全文等。辅助检索字段主要有作者、刊物名称、出版年代、语种、文献类型等。在西文数据库中，这些检索字段往往用代码来表示，如表 3-1 所示。

表 3-1　数据库常用检索字段及代码

字段名	代码	常用中文字段名
Title	TI	题名/标题
Keyword，Topic	KW	关键词
Abstract	AB	文摘
Author	AU	作者
Corporate Source，Organization，Company	CS	机构名称
Descriptor，Subject	DE	叙词/主题词
Document type	DT	文献类型
Full-text	FT	全文
ISSN	ISSN	国际标准刊号
Journal name，Publication Title	JN	期刊名称
Language	LA	语言
Publication year	PY	出版年份

（五）限制检索

为了帮助用户获得更精确的检索结果，很多数据库都设置了限制检索功能，即允许用户通过限制文献的类型、出版时间、语种等来缩小检索范围，提高查准率。

1．检索年限限定

数据库通常提供检索年限限定选择，可根据需要选择时间范围。一般数据库默认的年限为近几年。

2．学科类目限定

所有的中文数据库和部分英文数据库支持从学科类目来限定检索范围，只要根据数据库提供的导航目录（英文一般为 subject）勾选特定的学科类目名称即可。常用于热门词汇、英文缩略语等易因所属学科不同而产生歧义的检索词，以提高查准率。

3．文献类型限定

为了方便查找特定类型的文献，获得有针对性的结果。通用搜索引擎和大多数数据库都提供了文献类型限定功能。例如 CNKI 系列全文数据库，可通过菜单选择限定结果为“SCI 来源期刊”或“核心期刊”上发表的文章。ScienceDirect 等英文数据库高级检索界面中，可选择的文献类型限定包括综述（review）、研究报告（research report）、期刊论文（article）、会议论文（conference）、学位论文（dissertation）等。

（六）其他检索技巧

1．空格：“与”

很多数据库和搜索引擎都默认几个检索词之间的空格为逻辑“与”关系，相当于使用“AND”。因此为了查准，可以同时输入 2 个以上检索词，并以空格分隔。

2．词组检索：双引号“”

为了获得更精确的检索结果，可以用双引号把一个专有名词、词组或固定短语括起来，表示限定此检索词为完整的短语，不可分割。例如欲检索“土壤污染分析”的文献，输入“soil pollution analysis”或者选择匹配限定中的“精确匹配”，就可以获得相关度很高的结果。反之不加双引号或者选择“模糊匹配”，结果中可能会出现大量论及“土壤污染”、“污染分析”、“土壤分析”等与目标概念“土壤污染分析”完全不相干的结果。利用双引号来限定短语，在大多数英文数据库和通用搜索引擎如百度中都有效。

此外，还有一些检索系统对英文字母大小写敏感，读者在检索中需要结合具体数据库加以注意。总之，综合利用上述运算符，并合理安排词序，我们就可以构造出比较完善的检索表达式，从而获得满意的检索结果。

3．优先算符：圆括号（）

用来指定优先检索顺序，括号内的检索优先执行。

二、原文获取途径

对于高校环境科学学科师生而言，获取高品质的原始全文才是检索的最终目的。今后的检索实践中，我们会遇到中外文全文数据库和文摘索引性质的参考数据库，有时还会借助于 Google、百度这样的搜索引擎。对于前者，可以直接获取原始全文。但对后者而言，往往只能浏览到文献的题录信息和摘要信息，必须通过其他途径才能获取原始文献。这种情况下，我们首先要做的就是仔细阅读文摘内容，从中判断原文是否切题。如确实符合检索要求，再根据数据库或者搜索引擎所提供的题名、作者、出版信息等线索进一步获取原始文献。

1. 从本单位馆藏资源中获取原文

一般来讲，首先求助于本单位图书馆或资料室馆藏，通过学校图书馆的馆藏书目数据库查询，确认本单位是否有相应纸版的图书或期刊、学位论文等馆藏，若有，再凭证借阅书刊资料。

很多高校和科研机构图书馆均订阅了数量不菲的学术文献数据库，我们也可以根据从文摘索引库中所获得的信息线索，到这些全文数据库中查询是否有原文，若有，则直接下载浏览。例如：需要中文图书，可以通过超星数字图书馆查询下载电子图书原文；需要某篇博士论文，可以尝试到CNKI中国博士学位论文全文库和万方数据系统中的学位论文子库检索下载原文。若所需文献为英文期刊论文则稍复杂些——根据文献来源的学科性质和文献类型性质，尝试检索可能收入该刊的全文数据库。或者，通过英文期刊导航系统直接进入所需文献所在的全文数据库。

2. 馆际互借

囿于馆舍面积和购买经费的限制，任何一家图书馆也不可能穷尽所有的出版物，因此我们难免会遇到在本单位图书馆无法获得原文的情况。这时候就要通过馆际互借文献传递系统获取原文。

馆际互借是图书馆为了共享信息资源，在合作成员馆之间达成馆际互借协议，当本馆的馆藏文献不能满足读者需要时，向对方馆借用其收藏的文献资料。目前参与馆际协作的图书馆越来越多，不仅国家图书馆支持大多数高校科研机构图书馆的馆际互借申请，很多国外著名大学或大型公共图书馆也加入了资源共享网络。而且所涉及的文献也无所不包，从期刊论文、科技报告到图书、学位论文、专利……传递方式也是丰富多样，快则三天，慢则一个月。或是E-mail电子版，或者传真、邮寄印刷版原始文献或复印件，满足读者对原文的需求。

目前，多数高校图书馆都有专门的馆际互借部门，集中处理文献传递业务。

思考题

1. 常用学术型网络信息资源有哪些？试熟悉校图书馆馆藏数据库资源，初步掌握各库的属性和学科类别。

2. 什么是布尔逻辑检索？有哪些常用算符，在检索中各自能发挥什么作用？

3. 如欲尽可能地查全英文文献，除了布尔逻辑算符还有哪些技巧？查准呢？

第四章

利用搜索引擎查找环境科学文献信息

很多读者都尝试过使用 Google 或者百度这样的搜索引擎来查找自己需要的信息，实际上，如果我们掌握了科学的方法，搜索引擎不仅能帮我们找到热门新闻，流行的音乐和电影视频，也将是我们直接获取学术文献信息的好帮手。

第一节 网络信息检索工具

很多人都知道 Google、Yahoo、百度等著名的搜索引擎能够帮助我们从浩如烟海的网络信息海洋中快速查找到所需要的信息，但是很少有人知道，网络信息检索工具并非只有搜索引擎。事实上，网络信息检索工具包括十余种不同类型，常用类型如下：

1. 搜索引擎（Search Engine）

人们对于搜索引擎已非常熟悉，直到今天，搜索引擎仍然是 Internet 上的主流检索工具。搜索引擎是 Internet 上的一个网站，是专供用户检索信息的服务器，是一种能够通过 Internet 接受用户的查询指令，并向用户提供符合其查询要求的信息资源网址的系统。实际上也就是通过自动索引程序处理形成的一种索引数据库，其作用就是为人们提供导引向所需信息的路径。搜索引擎提供对关键词、自然语言或主题词的查询，用户键入检索词后，系统能够快速返回大量信息。如大家所熟知的 Google、百度、搜狗搜索等。

2. 目录型检索工具（Catalog）

这是一种独立性检索工具，网站自身包含可检索的数据库。又可译为网站目录、专题目录、主题指南等，实际上是人工建立的、结构化的因特网网址主题类目和子类目。将搜集到的网络资源按照字母、时间、主题等顺序进行排列，使用户通过浏览网络站点列表，检索有关信息。目录型检索工具经过专业信息人员采集整理编制，因而提高了检索返回结果的相关性，但是规模较小，查全率差。比较著名的目录型检索工具如 Yahoo 主题目录、搜狐等。此外，国内外很多著名大学图书馆和公共图书馆都开发建设了学术网络资源导航体系，可以帮助我们拓宽视野。

3. 元搜索引擎（MetaSearch Engine）

元搜索引擎是适应搜索引擎之间优化组合需要而产生的，又称为集合式搜索引擎、索引式搜索引擎。它将多个搜索引擎集成在一起，并提供一个统一的检索界面。当用户发出检索请求后，通过转义在多个单一搜索引擎中查询，对查询结果进行归并、排序等处理，然后返还给用户。因此，元搜索引擎也称“引擎的引擎”。典型的元搜索引擎如 Metacrawler、Savvysearch 等。

4. 智能搜索引擎

智能搜索引擎是结合了人工智能技术的新一代搜索引擎。由于它将信息检索从目前基于关键词层面提高到基于知识（或概念）层面，对知识有一定的理解与处理能力，能够实现分词技术、同义词技术、概念搜索、短语识别以及机器翻译技术等。智能搜索引擎具有信息服务的智能化、人性化特征，允许用户采用自然语言进行信息的检索，为人们提供更方便、更确切的搜索服务。比较成功的代表有 Web Watcher、Ulika 等。

5. 学科信息门户

学科信息门户（subject information gateway，或 information portal）是将特定学科领域的信息资源、工具和服务集成为整体，为用户提供可靠的网络学科信息导航，也称门户网站、信息门户。它通常为用户提供对网上信息的“密集”访问方式，即将来自不同信息源的学术信息分门别类地集中在一个页面上，使用户得以从一个统一的入口，根据关键词检索或主题浏览等方式查找和了解不同的网站信息，从而发现未知的、有价值的资源。不同于搜索引擎，学科信息门户经过人工选择和标引保证了信息的质量。惟其数量少而精。

对于高校教学和科研工作而言，学科信息门户具有特别的意义，它能使我们花费较少的精力和时间浏览到高质量的专业信息。迄今为止，国内外出现了一批质量较高的环境科学相关学科信息门户，如中国国家数字图书馆的资源环境科学信息门户等。

6. 网络版参考咨询工具

传统的各类型工具书几乎都有了网络版，这些网络版参考咨询工具门类丰富，囊括词典、百科全书、人名录、书目、文摘、索引等各种类型，并且提供便利的全文链接，是网络信息检索工具中的重要一员。

7. FTP 资源检索工具

网上存在着大量为普通公众提供文件服务的 FTP 服务器，承载着众多的数据资料和免费软件，并允许用户匿名登录，下载和上传信息，极大地扩展了资源共享的空间。借助于 Archie、FTP Search 等 FTP 检索工具，我们能够快速获得存放在某些 FTP 服务器上的文件。比较成功的 FTP 资源检索工具如星空搜索（http://sheenk.com）、天网搜索（http://bingle.pku.edu.cn）等。

第二节 通用搜索引擎

一、Google

Google（http://www.google.com）创建于 1998 年，是全球影响力最大的搜索引擎。Google 搜索范围遍布整个互联网，并且与数据的物理存储无关，其支持的语言多达 132 种，包括简体中文和繁体中文。在文件格式方面，除了支持网页搜索之外，也同时支持 PDF、Excel、PPT、RTF、Word、视频文件等多种类型的文件搜索。

其实，除了用户所熟知的网页、图片、新闻、视频、音乐等类型的信息检索，Google 还能帮助我们获取很多学术资源，其中不乏免费学术文献信息。

Google 提供了简单搜索和高级搜索两种服务方式。

（一）简单搜索

简单检索主要是关键词检索，用户只需在检索框内直接输入检索词，点击“google search”，系统便把检索结果返回给用户。其主要检索规则如下：

- 默认检索词之间为 AND 关系；
- 支持布尔逻辑 AND，OR，但 OR 作为逻辑算符时必须大写；
- 不区分英文字母大小写；
- 检索词前冠以“+”表示检出文献必须包括该词；检索词前冠以“-”表示检出文献必须去除该词；
- 不支持截词符；
- 固定词组以双引号括起，则检出结果必须包含完整的检索词短语；
- 一些英文词后面加上冒号具有特殊的检索意义。例如：“Site：”表示在某个特定网站中进行搜索，如输入“环境学院 site：”，将检得所有高校环境学院的新闻和网站。“filetype：”表示搜索特定类型文件，如输入“多环芳烃 filetype：pdf”，将检得所有论及多环芳烃的 PDF 文件。这个功能对高校教学科研工作是非常有用的。

（二）高级检索

在主页点击检索框旁“advanced search”按钮即可进入高级检索界面。高级检索表单中为用户提供了很多条件选项，用户无须再费心记忆复杂的检索指令与算符，只需根据菜单提示设置各个选项要求来缩小搜索范围，便可以实现专题检索。见图 4-1。

图 4-1　Google 高级检索界面

高级检索界面的选项分为搜索结果、搜索特定网页和特定主题搜索三个部分，以下逐一说明。

1．搜索结果（Find Results）

- ❖ 限定检索词的形式：分为 with all of the words（包含以下全部字词，相当于“AND”逻辑关系），with the exact phrase（包含以下完整字句，相当于用双引号将短语括起），with any of the words（包含以下任何一个字词，相当于“OR”逻辑关系），以及 without（不包括以下字词，相当于“NOT”逻辑关系）。
- ❖ 10 results：每页显示 10 个检索结果。
- ❖ language：检索语言。

- ❖ file format：文件格式。即在 Google 首页检索框中输入指令“filetype：特定文件格式”。
- ❖ date：限定要显示的网页的日期。
- ❖ occurrences：限定检索字词出现的位置，如出现于网页标题、全文、网址等。
- ❖ domain：限定网站或域名。

2．搜索特定网页

可对指定的类似网页（similar）或相关网站（links）进行选择查找。

另外，Google 除了提供对互联网网页的搜索服务之外，还同时提供了很多其他搜索工具，包括博客搜索、大学搜索、地图查询、图书搜索、桌面搜索等。

（三）学术相关的搜索

1．Google 学术搜索

Google 的学术搜索功能（http://scholar.google.com）能够快速查找我们所需要的学术著作和论文信息。目前，GoogleScholar 主要收集了以下几方面的信息：

（1）网络免费的学术资源

许多机构网站，特别是大学网站汇聚了大量本机构研究人员的学术成果，包括已经发表的论文、论文的预印本、工作报告、会议论文、调研报告等，并向所有人提供免费公开获取。还有许多学者通过个人网站、博客等发布个人成果，其中不乏有价值的学术文献。这些资源往往可以通过搜索获得。

（2）开放获取的期刊网站

越来越多的期刊出版商加入到开放获取（open access）行列，如英国牛津大学出版社、斯坦福大学 Highwire 出版社等均允许全球科研人员免费访问其出版的期刊。这些开放获取的期刊网站的内容都可以通过 GoogleScholar 检索到，并提供全文链接。

（3）商业数据库提供商

很多商业电子资源提供商也与 Google 合作，将其电子数据库的索引或文摘提供给 GoogleScholar，因此通过 GoogleScholar 可以检索多数商业数据库内收录的文章的题录信息，偶尔这些数据库也有免费原文提供。这就是为什么我们能通过 GoogleScholar 检索到维普数据库或万方数据库中的论文信息。

（4）图书馆链接

目前，国外已有多家图书馆与 Google 合作，通过 GoogleScholar 可以直接不受地域限制地查询这些图书馆的图书目录等信息。如斯坦福大学在校外的用户能够通过 GoogleScholar 检索本校图书馆资源，并在通过身份认证后直接获得原文。

GoogleScholar 的检索方法与上述 Google 普通检索一致。下面以检索“电力行业的清洁生产技术”为例：

适用规则 1：Google 支持“AND”（逻辑与）、“OR”（逻辑或）、“NOT”（逻辑非）各种逻辑组配关系，且默认“逻辑与”可用空格代替；默认优先执行“逻辑非”。

构造检索式为：清洁生产 AND 电力，其中 AND 以空格代替，检索结果 5400 余条，包括大量摘要和部分 PDF 全文。

适用规则 2：用双引号括起词组短语表示包含此完整字句。

适用规则 3：指令“filetype：”可用来限定特定文件格式，利于筛除摘要索引类结果，直接获取全文。

构造检索式为：“清洁生产”电力 filetype：pdf，检索结果缩减为 512 条记录，且全部为讨论电力行业清洁生产技术和现状的 PDF 学术论文全文（图 4-2）。

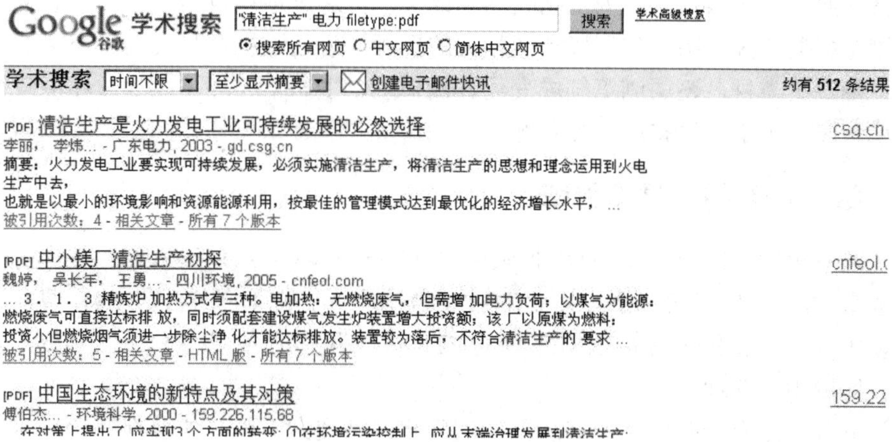

图 4-2　Google 学术搜索案例

图 4-2 中，Google 学术搜索会按相关性从高到低列出所有检索结果，最有价值的信息会显示在页面顶部。每一条结果记录都揭示了相关学术论文的题名、作者、文章发表出处和时间、摘要、被引用次数及链接等信息。点击记录标题可以看到文献原文或详细信息。而通过查看被引用次数和发表时间，我们可以了解该记录的源文献信息并大致判断其学术影响力。

2．Google 图书搜索

图书搜索功能能够快速查找所需图书信息，并能够预览若干页免费原文内容。但是这里并非免费在线图书馆，出于知识产权保护的目的，用户无法看到整本书的内容，更无法拷贝或打印。如果确实需要阅读全书，可以根据 Google 提供的购买渠道，或通过收藏该书的图书馆的提示来获得原书。如输入“environmental assessment”，Google 返回 130000 条有关环境评价书籍的记录，每一条记录都包括图书封面图片、书名、作者、所属学科类别、原书页数、可免费在线阅读页数、内容提要等。点击所感兴趣的记录，进入该书的 Google 推介页面，可阅读部分页面。

二、百度搜索引擎

百度（http://www.baidu.com）号称全球最大的中文信息检索与传递技术供应商。除了中文网页搜索，百度文库、百度知道、百度百科也很受用户欢迎。与 Google 一样，我们也可以借助百度的文档搜索、文库等专题功能来获取学术文献信息。

三、Yahoo

Yahoo 是世界上最早的网上分类目录，其分类目录体系（http://dir.yahoo.com）严格按照主题逐级细分，列出相关网站链接。可通过逐层点击打开类目名称的方式浏览相关资源介绍。如环境科学相关的资源，可通过社会与文化大类下的环境与自然二级类目，逐层浏览气候变化、保护区、生态学、环境化学、环境政策、环境学家、污染、生态旅游等专题。

四、天网 FTP 搜索引擎

北京大学天网中英文 FTP 搜索引擎（http://www.tianwang.com）是目前国内规模最大的 FTP 搜索引擎。其 FTP 搜索范围广；支持国内外匿名 FTP 搜索（主要以中国教育和科研网 CERNET 内的 FTP 站点为主）；支持多种文件类型，非常受校园网用户欢迎。

此外，还有一些网络用户所熟知的门户网站搜索引擎，如搜狗搜索、新浪搜索、网易搜索等，在进行环境新闻、人物、组织机构搜索时各有千秋，读者可根据个人习惯选择使用。

第三节 学术搜索引擎

一、科技搜索引擎 Scirus

（一）Scirus 简介

Scirus（http://www.scirus.com）是目前互联网上最全面、综合性最强的科技信息搜索引擎，由 Elsevier Science 和 FAST 合作开发，自 2001 年 4 月问世以来屡次获得“全球最佳专业搜索引擎”荣誉。Scirus 集合了互联网网页和期刊数据库中的海量学术资源，专门提供科学专业信息检索服务。既能揭示 Science Direct，IDEAL，MEDLINE，Beilstein，US Patent Office，E-Print ArXiv，Chemistry Preprint Server，NASA 技术报告等著名学术型数据库中的技术文档的文摘、全文或预印本，又能检索与科学技术相关的网页资讯。

Scirus 搜索引擎覆盖了科学研究中的所有领域，包括：农业与生物学、环境科学、地球与行星科学、生物科学、能源与技术、生命科学、医学、天文学、化学与化工、计算机科学、经济、金融与管理科学、工程、材料科学、数学、神经系统科学、药理学、物理学、心理学、社会与行为科学、法学、社会学等。收录的文献信息类型涉及：期刊论文、专利、技术报告、学位论文、图书篇章或摘要书评、新闻等。其全文文档包括 PDF、DOC、HTML 三种格式。

Scirus 搜索引擎是专为科研人员所设计的，它与一般搜索引擎（如 Yahoo、Google 等）的不同在于它主要报道科学方面的信息，并具有以下特色：

- 专注于科技方面的内容，自动过滤非科学方面的信息。
- 收录同行评审（peer-reviewed）的文章，保证了所检文献的学术质量。
- 可以搜索特定作者、期刊、出版年的文献，缩小查询范围。
- 可同时查询学科相关的会议、摘要及专利资料。
- 可输入中文进行检索。

（二）检索方法

Scirus 搜索引擎提供简单检索（basic search）和高级检索（advanced search）两种功能。通过它，我们既能回溯到 1900 年的文献，又能提前预览到未来 1 年内即将发表的学术论文和科技报告的预印本。用户可以免费浏览所有检索到的网页信息。Scirus 提供的期刊资源可以免费查看题录和文摘，部分可以看到全文，但是，获取非免费期刊全文需要授权。现以检索有关饮用水净化技术的文献为例，说明 Scirus 的使用。

在 Scirus 首页检索框上方点击“高级检索”按钮，切换至高级检索界面。Scirus 支持布尔逻辑检索（AND/OR/NOT）、通配符（*）和词组检索（“”）。高级检索为表单式，可通过下拉箭头来选择合适的检索字段、布尔逻辑算符和位置。构造检索表达式：“drinking water”（题名）AND purif*（题名）。因为课题比较新，要求查看最近几年的文献故选择出版年为 2005 年至系统默认的最新年代。

点击“search”按钮后，得到 89 条检索结果。所有检索结果均按相关度（relevance）排序，每一条记录都包括文献的题名、作者、原文出版的出处、文摘，并列出全文文献所在数据库。如果用户有该数据库的授权，便能够跳转至该数据库立即查看原始全文。

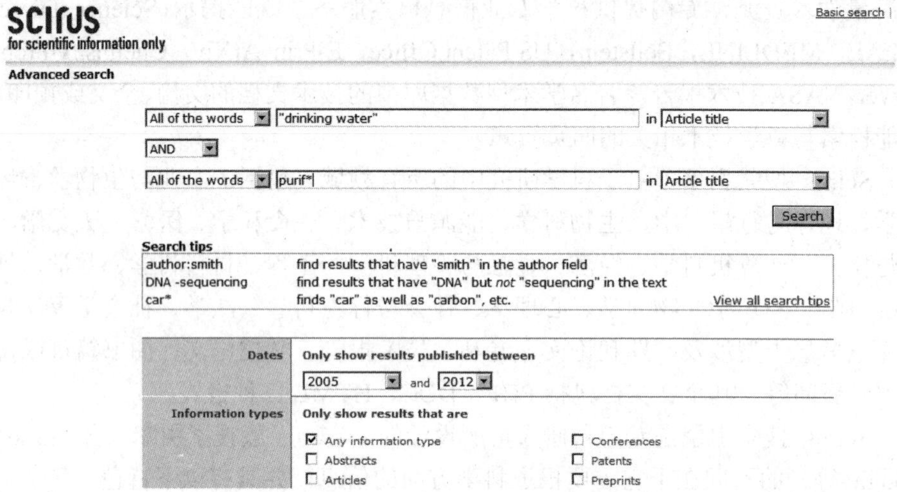

图 4-3 Scirus 科技搜索

二、读秀中文学术搜索

读秀学术搜索是超星公司开发的一个学术信息搜索工具，包括图书搜索、全文搜索和全面搜索。其访问网址为 http://www.duxiu.com（图 4-4）。

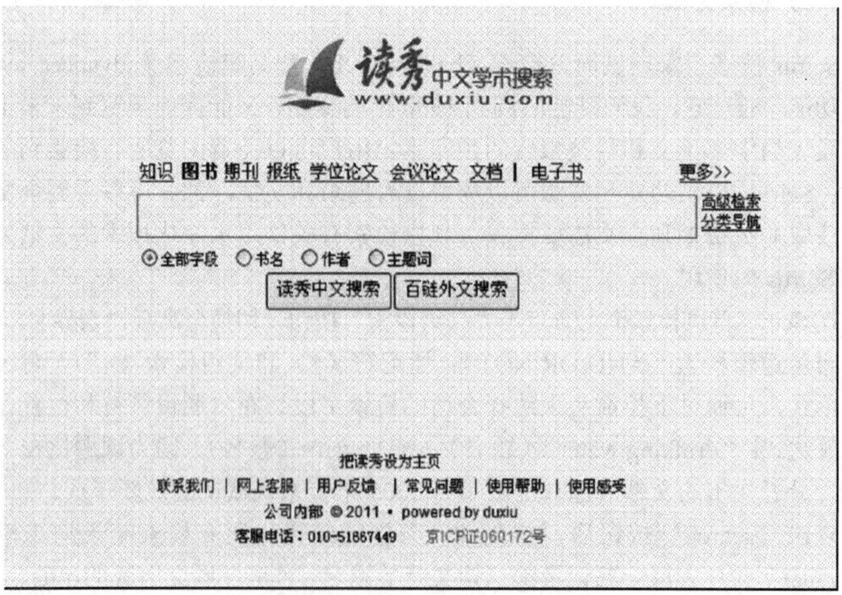

图 4-4 读秀中文学术搜索

（一）读秀图书搜索

图书搜索频道提供图书书目、目录和全文检索，集图书查询、图书试读、图书导购、图书交易、图书评论、馆藏揭示、文献传递等多种功能于一体（图 4-5）。目前，通过读秀可检索自 20 世纪 20 年代民国初期的图书，到目前最新出版的中文图书共计 300 多万种。其中半数左右已实现全文数字化，部分图书可免费在线阅读或下载全文，非免费资源可通过自动的文献传递服务获取文献资源。

图 4-5　读秀图书搜索

图书搜索结果页面列出了所有相关图书的封面图片、书名、作者、出版项、内容简介、分类等信息，还在页面左侧统计了所有相关图书的年代分布、学科分布、作者分布等数据，有助于掌握该课题（研究方向）的基本文献情况和学术发展脉络，分析课题研究的学术趋势。点击图书封面图片或书名可以试读原书前 17 页的内容。页面右侧提供了文献传递链接、馆藏信息以及购买渠道等链接，方便用户进一步获取原文。

（二）读秀全文搜索

读秀全文搜索，即知识搜索频道收录了 10 亿多页全文资料，它是把所有图书打碎，以章节为基础重新整合在一起的海量数据库。提供 PDF 格式全文下载，支持文字识别和后期编辑加工处理，并能够揭示原文来源及来源出版物信息，继续进行深入的图书搜索和阅读。

（三）读秀全面搜索

其实，使用读秀搜索检索时，可同时得到相关的人物、工具书、图书、期刊、报纸、会议论文、学位论文、知识、网页、图片、文档、视频、专利、标准等各种类型的文献资源，此即全面搜索。例如，当使用图书搜索或会议搜索没有可直接下载的链接时，可用知识频道、文档频道等获取相关文献，其中不乏免费全文。

2011 年 6 月，超星开通了漫游服务。在校内 IP 联网终端注册了超星图书馆个人账号的用户，可以不受地域限制地使用读秀学术搜索，并免费阅读读秀链接的全文资源。

思考题

1. 试用 Google 或百度进行检索练习，查找你所感兴趣的一门专业课程的课件和相关书籍。注意应用本章所介绍的计算机检索技术来提高检索效率。

2. 试用 Scirus 科技搜索引擎和读秀搜索查找关于低碳节能（low carbon; emission reduction）的学术论文与图书。

3. 试用通用搜索引擎查找几个本专业的专业站点，如学科信息门户、专业搜索引擎或网络资源指南。

第五章

环境科学中文期刊数据库

从本章开始，我们将正式学习学术数据库的检索与利用。环境科学中文文献资源包括期刊论文、学位论文、会议文献、图书、专利、标准等多种类型，其中，期刊论文对于高校教师、学生和专业科研人员是非常重要的参考信息源。本章学习如何有效地获取环境科学中文期刊资源，包括期刊论文全文和参考线索等，主要介绍国内三大著名数据库系统，包括中国学术期刊全文数据库、维普科技期刊和万方数据数字资源系统，以及部分环境科学专题数据库。

第一节　中文综合型全文数据库

一、中国学术期刊全文数据库

（一）概况

中国期刊网全文数据库是目前世界上最大的连续动态更新的中国期刊全文数据库，是由清华同方建立的中国知网知识创新平台（CNKI）中最主要的一个全文检索系统。该库目前收录国内 9100 多种重要期刊，可检索 1915 年至今出版的期刊论文，部分期刊回溯至创刊。内容覆盖自然科学、工程技术、农业、哲学、医学、人文社会科学等各个领域，覆盖了 96%的核心期刊。用户可以通过 Internet 免费检索中国知网平台上，包括其学术期刊全文数据库在内的所有题录信息，但是浏览下载全文则需付费购买。付费包括个人购卡和单位局域网包库（一般高校和科研机构作为团体用户购买期刊全文库权限）。

数据库依照《中国图书馆分类法》将全部知识分为 10 大专辑：理工 A、理工 B、理工 C、农业、医药卫生、文史哲、政治军事与法律、教育与社会科学综合、电子技术与信息科学、经济与管理。10 大专辑下细分为 168 个专题和近 3600 个子栏目，具有知识分类导航功能。并且集题录、文摘、全文文献信息于一体，实现一站式文献信息检索。值得一提的是，它的引文链接功能有助于我们追溯课题发展脉络和进行学术评价。

（二）检索方法

登录网址：http://www.cnki.net，即进入中国知网主页。高校和科研用户则可通过本单位订购的“CNKI 机构数字图书馆”（简称“机构馆”）链接获得授权（全文）访问资格，网址为 http://dlib.edu.cnki.net（见图 5-1）。中国学术期刊全文数据库是中国知网平台上最主要的数据库，此外该平台还有博士论文全文数据库、优秀硕士学位论文全文数据库、中国重要会议论文全文数据库、中国重要报纸全文数据库、中国统计年鉴数据库、中国专利全文数据库等。可根据需要选择单库或选择多个数据库进行一站式跨库检索，但跨库检索只能对各库中的共同字段进行检索，而且要确认本单位图书馆是否购买了这些子库的全文访问权限。

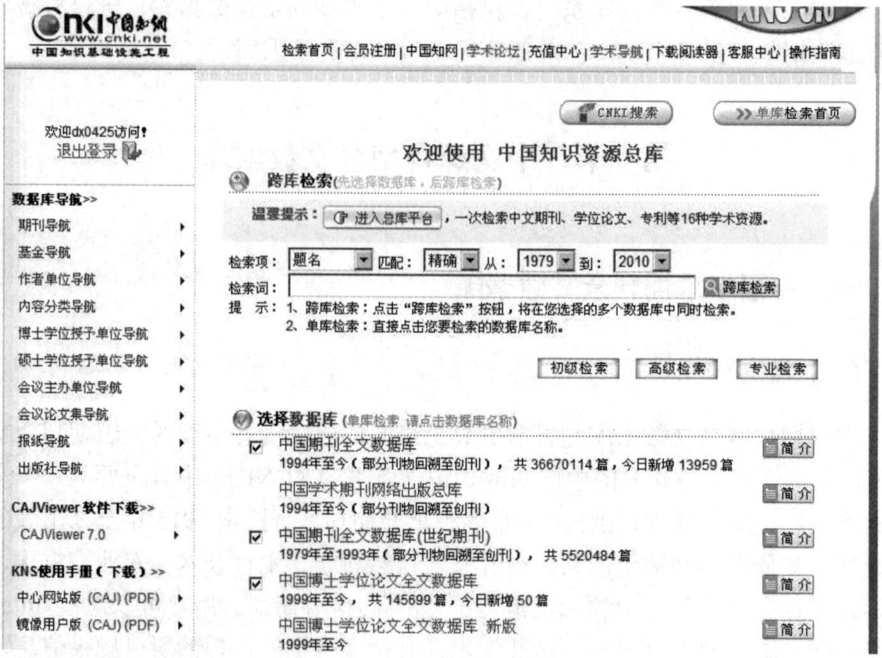

图 5-1 CNKI 中国知网主页

中国知网提供 CAJ、NH、KDH 和 PDF 四种格式的全文，其中期刊论文提供 PDF 和 CAJ 两种格式的全文，学位论文等大篇幅全文为 KDH 格式，非 PDF 格式全文必须使用中国知网的专用全文格式阅读器——CAJViewer 才能打开阅读。中国知网主页左侧和导航栏中均提供了 CAJViewer 浏览器的下载链接，它可以在线阅读中国知网的所有原文，也可以阅读下载到本地硬盘的 CNKI 文献，并且具有良好的文字识别功能和方便的编辑加工功能。

中国知网的学术期刊全文库包括 3 个子库，分别是：中国期刊全文数据库、中国期刊全文数据库（世纪期刊）和中国学术期刊网络出版总库。其中中国期刊全文数据库是最主要最常用的数据库，覆盖了 9100 多种国内刊物。而中国期刊全文数据库（世纪期刊）则遴选了近 4200 种过刊引文数据较高的刊物，专门回溯报道这些刊物自 1979 年或自创刊以来至 1993 年发表的老文献，部分刊物甚至可回溯到 19 世纪末期。该库与中国期刊全文数据库检索界面和使用方法完全一致。中国学术期刊网络出版总库则为不同的检索界面。

单击中国知网主页正中数据库列表中的“中国期刊全文数据库”便可进入该库（图 5-2）。

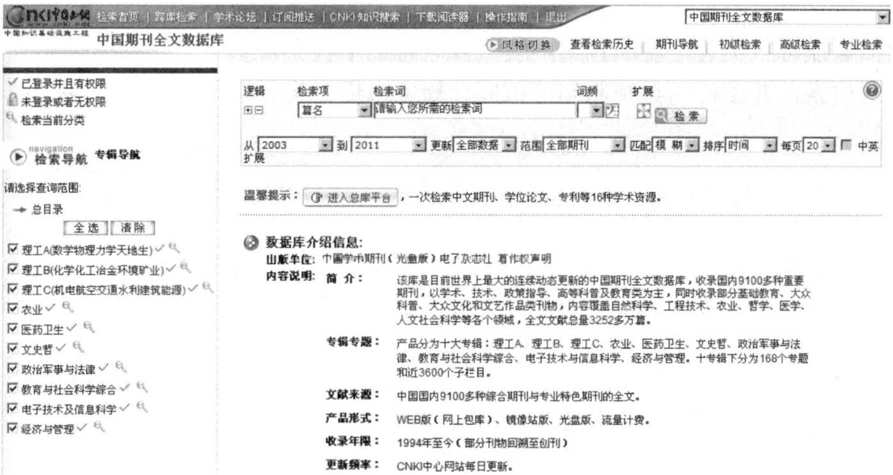

图 5-2　中国学术期刊全文数据库初级检索界面

系统提供了浏览和检索两种使用途径，具体包括专辑导航浏览、期刊导航浏览、初级检索、高级检索和专业检索五种检索方式。其中专业检索需要根据系统的检索语法编制复杂的逻辑组配检索表达式进行检索，因此适用于熟练掌握检索技术的专业检索者。其他四种检索方法读者可酌情使用，具体见下文。

1. 专辑导航浏览

专辑导航其实是按学科专业浏览所有文献。图 5-2 页面左侧列出 10 大专辑，单击专辑名称可逐级打开，直至最底层细分类目，即可看到该类目下知识单元中所有文献记录列表。在初级检索和高级检索中，利用导航选取检索范围可以节省检索的时间，提高查准率。一般，系统默认在所有专辑中进行检索。查找严格的环境科学文献（理工类）只需选择“理工 B”辑大类下的“环境科学与资源利用”子类。为了扩大检索范围，特别是涉及学科交叉的环境管理、环境伦理等领域，则可以采取系统默认的“全选”范围。

2. 期刊导航浏览

单击“期刊导航”按钮，可以按照学科浏览 CNKI 所收录的刊物列表，中国学术期刊全文数据库收录了《生态环境学报》、《环境科学》、《中国环境科学》、《环境科学学报》、《环境化学》等 110 多种环境科学相关学科期刊。点击期刊刊名或封面图片可以链接到该刊在中国知网上的主页，浏览最新一期的目次、当年期次目录、可浏览检索某年期出版的文章、刊物详细介绍等。也可以在该刊主页上方针对该刊已出版文章进行刊内检索。

3. 初级检索

登录全文检索系统后，系统默认的检索方式即为初级检索方式（图 5-2）。初级检索能进行快速方便地查询，既可以进行简单检索，又可以实现多项单词逻辑组合检索，并支持词频控制和词扩展、检索时限限定、匹配度限定、期刊范围限定等。

（1）简单检索

直接在单行检索框中输入检索词，并通过下拉菜单限定检索项，可选的检索字段包括：篇名、主题、关键词、摘要、作者、第一作者、单位、刊名、参考文献、全文、年、期、基金、中图分类号、ISSN、统一刊号等。其中：

1）篇名字段：可检索中文篇名、英文篇名。是系统默认的检索项，优点是精确，查准率高。

2）主题字段：在论文的篇名、关键词、摘要中进行检索，任何一项与检索条件匹配即为命中记录。常用于专题文献和新兴学科、交叉学科文献及新概念的检索，优点是查全率高，能及时反映新概念新知识。

3）关键词字段：可检索中文关键词、英文关键词、机标关键词。机标关键词是由计算机根据文章内容，依据一定的算法自动赋予的关键词，也是一种常用的检索途径。

4）摘要字段：中文摘要、英文摘要。查全率高于篇名途径，但低于主题途径，由期刊发文格式规则决定。

5）作者字段：作者中文名、作者英文名。

6）第一作者字段：文章发表有多个作者时，排名首位的作者。

7）单位字段：文章发表时作者所任职的机构。

8）刊名字段：在中文刊名和英文刊名中检索。英文刊名既包括中文刊名的英文名称也包括英文期刊的名称。

9）参考文献字段：原始文章后面所列的参考文献列表中，出现所输入的作者名、篇名、刊名等信息，又称引文检索。

10）基金字段：受某种基金项目资助而发表的文章，可通过此检索项检索基金名称。

11）中图分类号字段：采用《中国图书馆分类法》分类号进行同族检索。

检索框右端的词扩展功能，可用来选择与输入检索框内的中心词存在知识关联的扩展词，从而帮助获得更多相关文献以提高查全率。

匹配度限定则可以根据需要选择精确匹配或模糊匹配，分别实现缩小和扩大检索范围的作用，提高检索的命中率。精确匹配要求所检得结果必须与输入的检索字、词完全等同或包含之；模糊检索相对检索范围广，不仅能检索到包含与输入的检索字、词完全相同的词语的文献，而且还能检索到与检索词中所含各单元词相同的结果。例如，输入“植物修复”，如指定匹配模式为精确检索，则系统仅返回包含“植物修复”这个完整词组的文献。而选择模糊检索匹配，则除检索出含有“植物修复”这个完整词组的文献，还可检索出大量分别含有“植物”和“修复”两个词的结果，并且这两个词在指定检索项（如篇名）中出现的先后位置不限，如《三种园林植物对土壤重金属 Cd 的吸收及修复研究》和《植物 DNA 双链断裂损伤修复机制研究进展》这两篇文献就是使用模糊检索匹配得到的结果，而后者显然不是我们环境科学研究的范畴，不符合课题检索要求。

一般而言，为了尽可能获得全面的文献，宜采用模糊匹配方式，尤其是在选择检索项为篇名途径或关键词时，模糊匹配能有效防止漏掉相关文献；反之，选择主题或摘要这样的检索项时，干扰文献往往太多，需要严格限定特定词组，这时采用精确匹配可以获得较为满意的结果。进行作者检索时，有些作者名或机构名字数少易重复，则最好采用精确匹配。如输入检索词“王兰”，当选择精确检索时，系统仅返回“王兰”发表的论文；而选择模糊匹配时，还会出现“王兰君”、“王兰萍”等包含“王兰”的所有作者的发表的文章。

期刊范围限定可选择所要检索的期刊范围为 SCI 来源期刊、EI 来源期刊、核心期刊或全部期刊，以满足不同学术水准要求。

（2）多项单词逻辑组合检索

点击图 5-2 中检索框左侧“逻辑”下方的“+”号可以展开检索框，以进行多个检索项和检索词逻辑组合的复合检索。每点击一次“+”就可以打开一个检索框，最多可同时打开 5 个检索项，每个检索项中只能输入 1 个检索词，各检索项检索词之间可以选择逻辑“与”、逻辑“或”、逻辑“非”三种逻辑关系之一进行组合。点击“逻辑”下方的“–”号即恢复初始状态。

（3）二次检索

一次检索后可能会有很多记录是用户所不期望的文献，这时可在第一次检索的基础上进行二次检索。二次检索可以多次进行，以逐步缩小检索范围，使检索结果越来越靠近自己想要的结果。二次检索简单易用，且检索效果比较好。当系统返回前一次检索结果后，继续在结果页面上端的检索框中输入新的检索词，并勾选检索框右端的“在结果中检索”，之后点击“检索”按钮，即可筛选出更加符合课题要求的文献。

在初级检索中，为了提高查准率，无论简单检索还是多项单词逻辑组合检索，均可进行二次检索。

4．高级检索

点击“中国学术期刊全文数据库”主页右上方导航栏中的“高级检索”，即可切换到高级检索界面（图 5-3）。

区别于初级检索中的多项单词逻辑组合检索，高级检索可实现多项双词逻辑组合检索、双词频控制，其中多项是指可选择多个检索项，双词是指一个检索项中可输入 2 个检索词（分别在 2 个检索框中输入检索词）。每个检索项的两个词之间可进行并且、或者、不包含、同句、同段等五种组合。此外，初级检索中可选用的扩展或限定功能在高级检索中同样适用。如：支持词频控制和词扩展，每个检索词可分别独立使用词频、扩展词；支持检索时限限定、匹配度限定、期刊范围限定等。

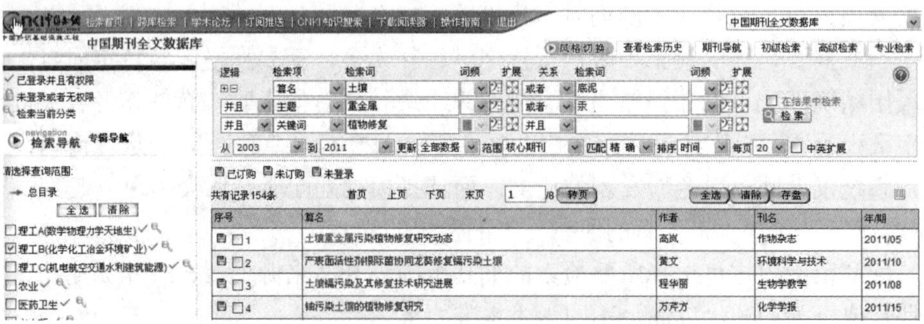

图 5-3　中国期刊全文数据库高级检索界面

（三）检索结果

检索结果以题录形式列表展示，包括文献的篇名、作者、来源期刊刊名、年/期等信息。结果列表右上角设有存盘按钮，可以勾选列表中的部分或全部结果，以简单题录或详细记录的形式保存到本地硬盘。点击篇名链接即可打开该条结果的详细记录页面，揭示原文的中英文篇名、作者、机构、刊名、出版年/期、中英文关键词、中英文摘要、参考文献、相似文献、共引文献、引证文献、相关文献作者和相关研究机构等链接内容，便于进一步扩大检索范围，迅速找到相关文献。

其中共引文献也称同引文献，是与原文有相同参考文献的文献，与原文有共同的研究背景或依据。共引文献和参考文献可以用于进一步追溯课题的起源和研究发展历史，了解相关课题的发展脉络。引证文献则是引用原文的文献，是在该文发表之后，同行对原作者研究工作的继续、应用、发展或评价。引证文献可以帮助我们分析和前瞻课题的技术前沿与发展趋势，以拓展和改进自己的研究工作，也可以帮助我们了解原文作者的学术影响力。浏览相关文献和相似文献则有助于开阔视野，体会不同学科专业、不同技术领域的思维方式和实践经验。如果需要原始全文，在详细记录页面上端文章篇名下分别列出了“下载阅读 CAJ 格式全文”和“下载阅读 PDF 格式全文”的链接，点击其中之一即可下载不同格式的全文。其中 CAJ 格式全文完全支持针对原文内容的文本或图像进行复制、粘贴等编辑加工处理。

（四）个性化服务

为了帮助数据库用户更好地检索和管理所需文献，中国知网推出了研究型个人数字图书馆这一个性化服务。读者在中国知网首页或本单位机构馆主页上点击“注册个人馆”，按表单要求逐项填写注册信息并经审核确认后，即可通过个人注册账号登录以个人命名的个人数字图书馆实现个性化的文献检索和利用（图 5-4）。

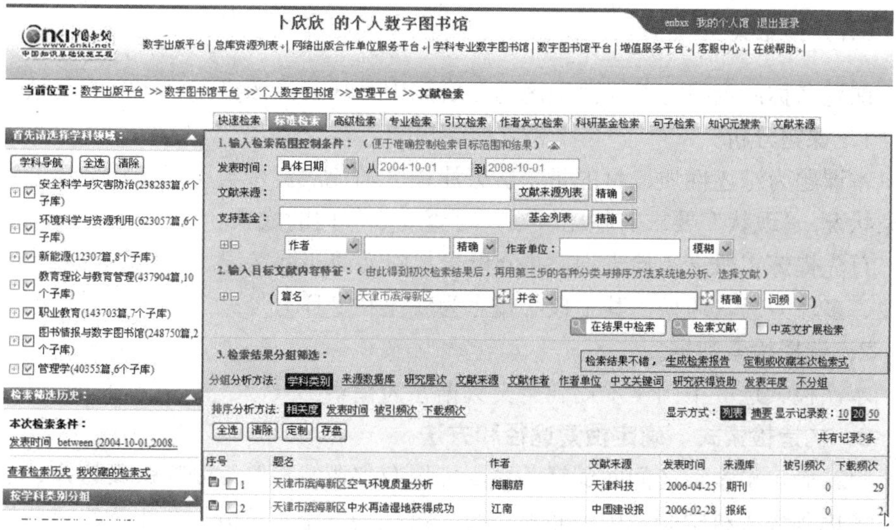

图 5-4　CNKI 个人数字图书馆

CNKI个人图书馆提供定制、信息推送、存储等功能。

1. 定制功能

在“我的图书馆”环境下，用户可以对个人数字图书馆的界面进行设置，包括要显示的栏目以及整体布局。个人图书馆默认包含检索平台，并允许用户根据自己的需要对检索平台的资源及检索方式做个性化配置。如：选配或创建自建主题文献馆，定制重点关注的学科专业、期刊、工具书以及单篇文献；定制学者、机构、惯用检索表达式、投稿信息、学术论坛、学术趋势等；也可以通过创建自定义栏目，引进、发布个人计算机上的自有资源和互联网上的免费资源。

2. 信息推送功能

用户定制个性信息后，每次登录“我的图书馆”，系统都会及时主动地推送相关定制的最新信息，如：所关注的学科、主题、期刊、作者、机构等新出版的文献数量及列表，方便跟踪学术前沿和新成果新趋势。显示本人所发表的文章被他人引用评价的情况，所承担或感兴趣的科研课题在国内外进展情况，上次使用过的检索表达式命中的新结果等，这些新信息显示在个人图书馆界面上，一目了然。

3. 存储功能

对于每次文献检索，系统会把当时的检索情况（检索条件、所检索的数据库、检索策略、检索结果等）保存在数据库服务器上，以备用户随时浏览调用，它与检索历史的区别是关机后仍可长期保存。

（五）检索案例

课题名称：查找有关天津地区河流底泥中多环芳烃污染现状研究的文献

1. 课题分析

本课题为综述性质，目的是了解天津地区河流底泥中典型污染物多环芳烃的污染状况。“现状”要求文献比较新，可查询5年内的成果。

首先提炼主概念为检索词，并分析出其同义词和近义词。主概念包括：天津、底泥、多环芳烃、污染，其中核心概念为底泥和多环芳烃。

2. 选择检索数据库

本次检索选取中国学术期刊全文数据库为检索工具。

3. 构造检索式，确定检索途径和方法

（1）确定检索词之间的逻辑关系，应用布尔逻辑算符编制检索表达式。

考虑到环境科学研究中“底泥”与“沉积物”密不可分，可用逻辑“或”关系组配这两个近义词；多环芳烃常用英文缩略语“PAHs”表示，二者为同义词关系，可用逻辑“或”组配。其他概念之间为逻辑“与”关系。讨论河流底泥中多环芳烃的文章必然涉及环境污染问题，为了避免漏掉有价值的文献，这里不妨先略去“污染”这个辅助概念，保留“污染”一词作为检索最后的辅助过滤角色（即如果到检索最后一步发现结果太多则可用“污染”进一步筛选，否则舍弃该词作为检索词）。故检索表达式为：

（底泥+沉积物）AND（多环芳烃+PAHs）AND 天津

（2）选择检索途径：本课题属于专题文献检索，为了尽可能获得全面的文献，可采用主题检索途径，即选择主题字段，系统默认同时在中英文题名、关键词和摘要范围内检索。

（3）检索方法：选择初级检索界面，并进行分步检索，下面以检索过程截图直观说明本题检索方法。

第一步：登录“中国期刊全文数据库”主页，选择检索字段为“主题”，输入“沉积物”；点击页面上的“+”扩展式输入框，在第二栏的字段中仍然选择“主题”并输入“底泥”；并在检索框下端的时间限定中选择从 2005 年到 2011 年以求获取较新的成果。

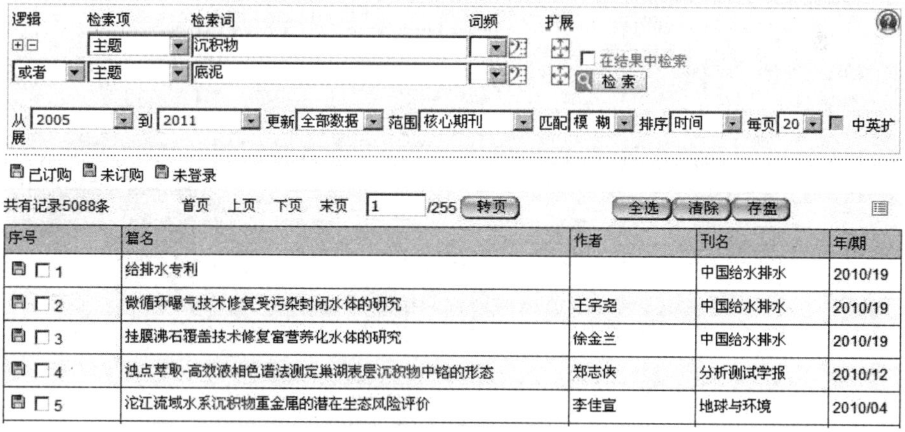

图 5-5　检索案例——检索方法之第一步

第二步：在第一步检索结果的基础上过滤。两个检索框内分别输入“多环芳烃”和“PAHs”；字段均选择“主题”；选择逻辑“或”关系；并勾选右端“在结果中检索”前面的方框，找出第一步检索结果中所有涉及底泥中多环芳烃研究的文献。

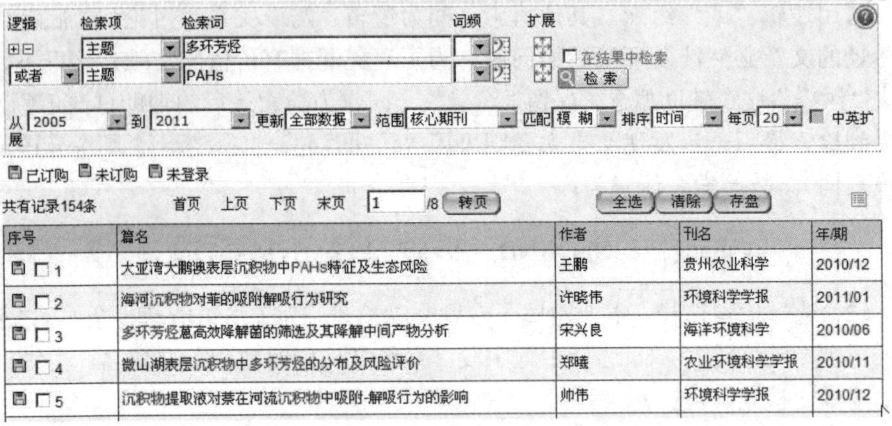

图 5-6　检索案例——检索方法之第二步

第三步：在第二步检索结果的基础上进一步过滤。继续选择“主题”字段；输入“天津”；并勾选“在结果中过滤”，最终获得 5 篇相关论文。

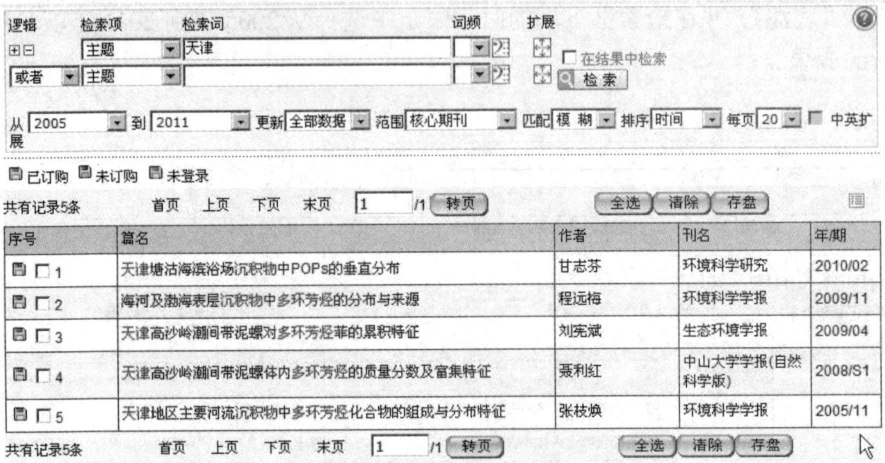

图 5-7　检索案例——检索方法之第三步

4．查选检索信息，优化检索策略

观察以上 5 条结果的题目，其中第 1、2、4 条结果更符合课题要求。因所得结果较少，无须再用“污染”筛选。如需更多文献作为参考，可调整检索策略。如分析“多环芳烃”为一个复合名词，包含菲、蒽 芘等 16 种常见物质，这些物质名称是“多环芳烃”的下位类词，则可根据课题需要选择其中几种典型的物质名称，设定其间为逻辑“或”关系，再与“底泥”、“沉积物”、“天津”等检索词以逻辑“与”关系组配，以找到针对某一种具体多环芳烃类物质污染进行深入研究的文献。

5．索取原始文献

根据最后得到的题录线索，下载浏览论文原文，研读并评价原始文献。

二、万方数字化期刊

（一）概况

万方数字化期刊全文库是万方数据资源系统中的主要数据库之一，由万方数据股份有限公司创建。该库集合了理、工、农、医、哲学、人文、社会科学、经济管理与教科文艺等 8 大类 100 多个类目的近 5 500 余种各学科领域核心期刊。囊括从 2001 年起国内所有科技统计源期刊和重要社科类核心期刊，收录年限最早可回溯到 1986 年。期刊全文内容采用 PDF 国际通用格式，方便读者随时阅读和引用。

万方数据资源系统是目前国内最大的科技信息数据库平台，提供包括期刊论文全文、中国学术会议论文全文、中国学位论文全文、法律法规全文等在内的全文类数据库资源，以及科技文献、科技名人、科技机构、科技成果、中外标准、企业产品等 100 多个文摘题录类数据库及事实型数据库资源。其中中国学术会议论文全文数据库是最具权威性的学术会议全文库，收录了自 1998 年以来国家级学术会议论文全文 40 余万篇。

（二）检索方法

登录万方数据资源系统（http://www.wanfangdata.com.cn）或本单位所购买的镜像站点后，进入万方数据资源系统首页，单击导航中的“中国数字化期刊群”即可进入万方“数字化期刊数据库”主页（图 5-8）。注册用户可进行检索并查看题录及文摘，授权用户方能查看下载全文。

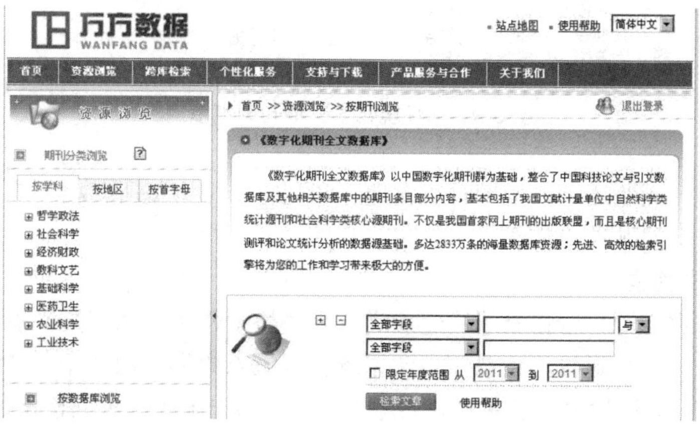

图 5-8　万方数字化期刊主页

万方提供期刊浏览和论文检索两种检索功能。

1．期刊浏览

数字化期刊主页默认可按学科浏览全部期刊，即列出哲学政法、社会科学、经济财政、教科文艺、基础科学、医药卫生、农业科学、工业技术 8 个大类，每个大类又细分出若干个小类。逐层点击类目名称，可浏览到所有收录入数据库的本学科期刊，每个刊名前显示 RSS 订阅服务图标，允许注册用户订阅所关注刊物的最新信息。点击刊名即可查看该刊封面图片、简介、编辑出版信息、最新一期目次、所收录各年期次等。并支持刊内检索。例如查询《环境化学》2004 年第 2 期文章，操作步骤如下：在首页上点击“工业技术”大类中的“环境科学与安全科学”细类，查看所有本领域的专业期刊列表；找到并点击“环境化学”，即进入该刊主页；主页展示了刊物图片、简介和可供浏览的年期号；点击“2004 年”下的“第 2 期”，即出现该期目次（图 5-9）；点击题名后的“PDF 全文”链接即可查阅全文。

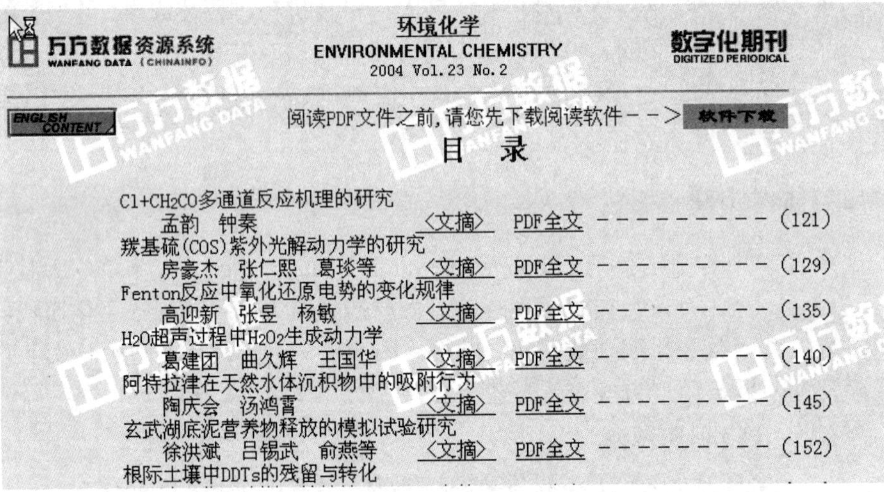

图 5-9 《环境化学》期刊浏览示例

万方期刊浏览还可以按期刊所在地区和刊首字母浏览所有相关期刊及特定刊物任一期号下的题录和全文。

2．论文检索

万方数据资源平台提供了快速检索、高级检索、经典（高级）检索和专业检索 4 种检索方式。通过万方数字资源系统首页进入数字化期刊库，系统默认为快速检索方式。高级检索为表单式，列出了若干个预先限定为不同检索途径（字段）的检索框，读者可输入若干个检索词；经典（高级）检索则提供了 5 个可自行选择检索途径的检索框。这里，无论高级检索还是经典检索均默认各个检索框之间为逻辑“与”关系。专业检索则适合熟练掌握检索技巧的专业人员使用。如果是从镜像站进入数字化期刊全文库主页，则主页正中呈现与 CNKI 中国学术期刊全文数据库相似的表单式检索界面，可选择检索途径、输入检索词和选择逻辑组配关系。其可选择的检索字段包括：论文标题、作者、作者单位、刊名、年、期、关键词和摘要、全文等。检索结果列出论文题目、所载刊物名称、发表年卷期号。点击“详细摘要信息”可浏览作者、作者单位、关键词、摘要等信息。点击“查看全文”便可浏览 PDF 格式全文。

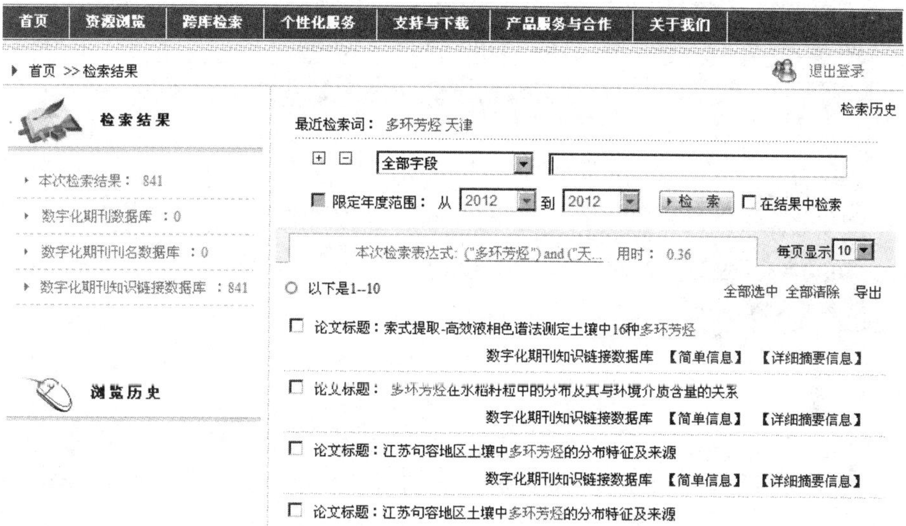

图 5-10　万方数字化期刊全文库检索结果

三、维普中文科技期刊数据库

（一）概况

中文科技期刊数据库是目前国内最大的综合性文献数据库之一。该库源于重庆维普资讯有限公司于 1989 年创建的中文科技期刊篇名数据库，包括全文版和题录文摘版。

维普中文科技期刊数据库（全文版）收录了自 1989 年至今的 8000 余种期刊刊载的 2000 余万篇文献。学科范围覆盖自然科学、工程技术、农业、医药卫生、经济、教育和图书情报等所有专业领域。提供 PDF 格式的全文。

（二）检索方法

登录维普资讯网（http://www.cqvip.com）或镜像站点，即可进入中文科技期刊数据库首页（图 5-11）。维普资讯网还提供中文科技期刊数据库（引文版）、外文科技期刊数据库、中文科技期刊评价报告和中国经济新闻数据库等资源。

中文科技期刊数据库提供 5 种检索方式：快速检索、传统检索、分类检索、高级检索、期刊导航。

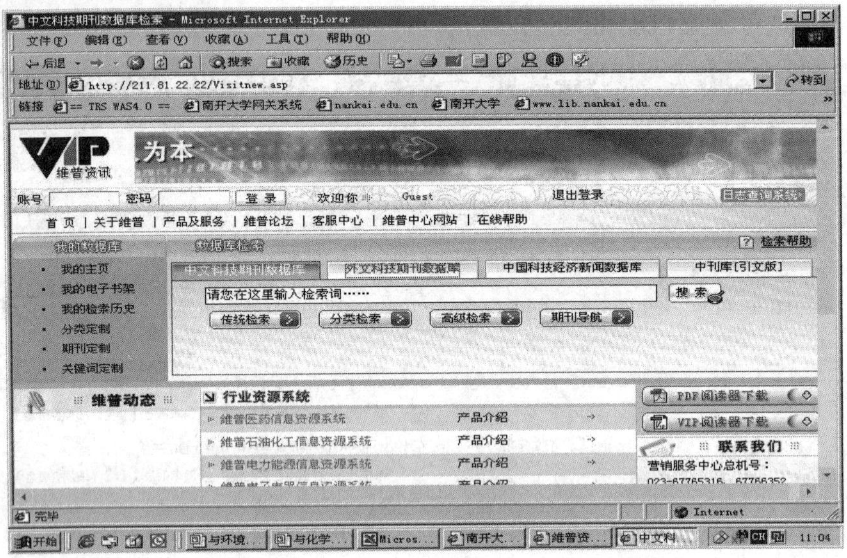

图 5-11　维普中文科技期刊数据库主页

1．快速检索

主页默认为快速检索模式，即提供单一检索框，并允许选择检索入口。可供选择的字段包括：题名、关键词、题名或关键词、作者、第一作者、刊名、机构、文摘、分类号、作者简介、基金资助或栏目信息。在系统返回的检索结果页面可进行检索限定选择，如选择文章的出版年限；选择期刊范围（全部期刊、重要期刊、核心期刊）。支持二次检索功能（在结果中检索、在结果中添加、在结果中去除）。

2．传统检索

点击主页导航栏中的"传统检索"按钮即进入传统检索界面，传统检索提供以下检索功能。

限定检索范围：数据库提供分类导航、专辑导航、数据年限限定和期刊范围限定。

界面左侧即专辑导航和分类导航。分类导航是树形结构的，参考《中国图书资料分类法》进行分类，便于进行族性检索。例如：选择根目录下的“环境科学、安全科学”一级类，展开后再选“灾害及其防治”二级类，那么检索范围就局限于“灾害及其防治”类下的信息。直接点击最底层类别就可以在右侧概览区域中直接显示出该类别的所有文献题录。点击篇名则在下方细览区出现该条记录的详细信息，包括其所登载刊物及期次、篇名、作者、作者机构、关键词、摘要、分类号等，以及 PDF 全文下载链接。

年限默认为 1989 年至当前年份，用户也可根据需要选择限定年份。

期刊范围默认为全部期刊，另可选择核心期刊、重要期刊、SCI 来源期刊、EI 来源期刊、CSSCI 来源期刊等。

用户可以选择检索入口，并在检索框中输入检索词或直接写入检索表达式，实现简单检索或复合检索，必要时通过二次检索精化结果。系统还提供了同义词库和同名作者库功能，默认为关闭状态，勾选即实现同义词扩展或同名作者单位选择清单。其中同义词功能仅适用于关键词、题名或关键词、题名三个检索字段，如输入关键词“土豆”检索时，系统会提示“马铃薯、洋芋”等是否同时选中作为检索条件，从而可提高检索的查全率。

3. 高级检索

点击主页导航栏中的“高级检索”按钮即可进入高级检索页面。高级检索提供两种方式供读者选择使用：向导式检索和直接输入检索式检索，见图 5-12。

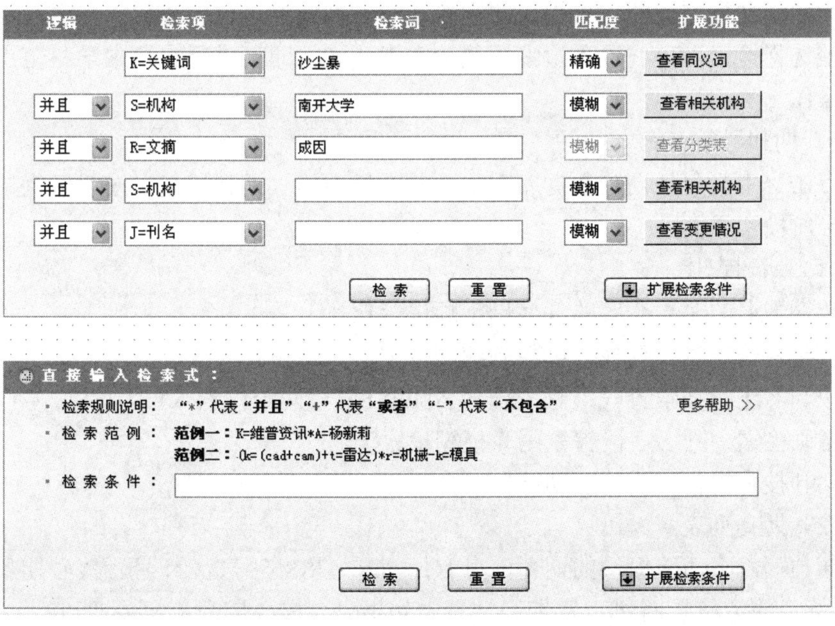

图 5-12 维普中文科技期刊数据库高级检索界面

（1）向导式检索

向导式检索为读者提供分栏式检索词输入方法。可选择逻辑运算（并且、或者、不包含）、检索项（题名、关键词、题名或关键词、作者、第一作者、刊名、机构、文摘、分类号、作者简介、基金资助或栏目信息等字段）、匹配度（模糊、精确）以及扩展功能（查看同义词、查看相关机构、查看变更情况等）。图 5-12 上半部分即以检索南开大学发表的关于沙尘暴研究的文献为例。如本例中，点击查看同义词，系统列出沙尘暴的同义词——“沙漠风暴”，便于用户据此扩大搜索范围。同样，“查看相关机构”功能可用来扩展所需要查询的目标机构数量，以防因同一单位更名或署名差异而造成的漏检。

（2）直接输入检索式检索

如图 5-12 所示下半部分。读者可在检索框中直接输入由逻辑算符、字段标识符和检索词构造成的检索表达式，点击“扩展检索条件”实现对文献年限、专业、期刊范围等方面的限定。例如本例课题的检索式可表达为：

（*K*=沙尘暴+沙尘风暴）AND *S*=南开大学 AND *R*=成因。

4．分类检索

分类检索相当于传统检索的分类导航限制检索，点击中文科技期刊数据库主页导航栏中的“分类检索”按钮可直接进入分类检索界面。页面左侧的分类列表可按照学科类别逐级点开查找；在目标学科前的□中打上“√”，并点击 [>>] 按钮将类别移加到右边的方框中，即完成该学科类别的选取。之后，在页面上的检索框处选择检索入口、输入检索词或检索表达式，即可进行在选中学科范围内的检索操作。

5．期刊导航

点击“中文科技期刊数据库”主页导航栏中的“期刊导航”按钮可直接进入期刊导航检索界面。

（1）期刊查找

按期刊名的第一个字的首字母字顺进行查找。

按学科分类进行查找，可限制期刊范围。

按刊名进行搜索查找：有系统刊名和 ISSN 号两个检索入口。ISSN 号检索必须是精确检索；刊名字段检索则为模糊检索。

期刊搜索提供二次检索功能。

（2）期刊列表

期刊列表页面上提供的期刊信息有：刊名、ISSN 号、CN 号、核心期刊标记（有★标记的为核心期刊）。在期刊列表中如果包含核心期刊和相关期刊，点击“核心期刊”按钮即可将列表中的核心期刊全部筛选出来，此时该按钮变成黄色。

（3）文章检索

点击期刊列表页面上的“期刊名称”，进入单个期刊的整刊浏览页面。页面提供了刊物的基本介绍与出版信息，并标识出是否属于核心期刊，以及该刊被国外数据库收录情况，便于用户投稿。用户可输入检索词在本刊范围内检索，也可以打开下拉菜单选择浏览所需出版年和期号，进行整期浏览。

（三）检索结果

1．检索结果概要显示

系统默认按更新顺序、以概要显示方式列出所有检索结果，即显示包括文献的标题、前两位作者、文章出处（期刊名、出版年、卷、期）在内的题录信息。此外，点击页面右上角的“显示方式”框边的三角箭头，可选择将检索结果按“文摘显示”或“全记录显示”。值得一提的是，中文科技期刊数据库的二次检索不仅可以提供常规的“在结果中搜索”，而且还可以选择“在结果中添加”、“在结果中去除”或“重新搜索”，给予用户更多的选择。

点击检索结果题录列表上端的“下载”、“打印”和“加入电子书架”按钮，可将所有或所勾选的题录保存到本地、打印输出或保存到“我的数据库”的电子书架中。

概要显示页面提供“保存检索式”功能。

直接点击每条记录前端的“PDF 全文下载”图标可立即下载全文。

2．单篇文章详细显示

点击概览页面上的文章标题，可查看到该篇文章的细览页面，包括文献题名、作者、机构、刊名、关键词、ISSN、分类号、文摘等全部信息。用户可根据需要选择全文下载、题录文摘下载或打印功能。此外，利用页面提供的同主题文献聚类查看功能、参考文献和被引情况查看功能等，可进一步扩大检索范围，获得更多相关文献。

（四）个性化服务

维普的个性化服务——“我的数据库”，提供关键词定制、期刊定制、分类定制、保存检索式、保存文章记录（电子书架）等功能。

1．个人账户管理

使用“我的数据库”，需要申请一个个人账号。点击首页的“我的数据库”出现其登录页面。只有在成功登录“我的数据库”之后，检索结果（文章）和检索表达式才能保存到其中。

2. 我的主页

“我的主页”主要存放期刊定制、关键词定制、分类定制等成功定制的信息。

3. 我的电子书架

在检索结果页面勾选文章后，点击“加入电子书架”即可将文章题录或摘要信息保存到电子书架中，留待以后统一输出（下载、打印）。电子书架里最多能保存 50 篇文章。

4. 我的检索历史

进行检索操作后，可将检索结果页面上显示的“检索式”保存到“我的检索历史”中，以便利用已经保存的“检索式”进行再次检索，从而节约检索时间。

5. 分类定制

提供《中国图书馆分类法》（第四版）的原版分类体系，用户可根据自身需要定制学科类别，方便快捷检索。

6. 期刊定制

用户可以根据自身要求定制常用期刊，便于快捷检索查找。每个用户最多能定制 8 本期刊。

7. 关键词定制

对于经常使用的关键词，可采用关键词定制的方式保存该关键词，并用于下一次的快捷检索。关键词定制与期刊定制的使用方法相似。每个用户最多能定制 8 个关键词。

第二节　中文参考数据库

所谓参考数据库是指包含各种数据、信息或知识的原始来源和属性的数据库。它报道文献信息，揭示文献信息的内容。参考数据库提供了完整的文献线索，能够帮助我们快速和全面地获取某个主题、学科、领域的文献信息；同时，它们又是我们进行科研统计与评估的重要工具，能够客观地揭示科研工作者或机构的科研绩效，如发文量、文章被转载或被引用情况，并评估期刊影响力等。

本书中所介绍的参考数据库包括引文索引数据库和文摘数据库。

引文索引不同于一般概念上的索引，而是从文献之间的引证关系着手，揭示科学文献之间（包括学科之间）的内在联系。它从引文去追溯科学文献之间的种种内在联系，通过文献计量方法的处理，就可以找到一系列内容相关的文献，从而可以分析出某一学科的研究动态、发展情况，以及该学科的核心作者群。它可以根据某一名词、某一方法、某一理论的出现时间、出现频次、衰减情况等，分析出学科研究的走向和规律。借助于引文索引，我们能够迅速从数百万条引文中查询到某篇科技文献被引用的详细情况；可以从一篇早期的重要文献或著者姓名入手，检索到一批近期发表的相关文献，对交叉学科和新学科的发展研究具有十分重要的参考价值。由于它的重要作用和强大功能，引文索引受到全世界研究人员的普遍欢迎，产生了极为广泛的影响。其中，美国 SCI 堪称权威引文索引，而国内则以中国科学引文索引、中文社会科学引文索引等著称于学术界。

需要说明的是，本章第一节中所介绍的中国学术期刊全文数据库、万方数字化期刊和维普中文科技期刊三大全文数据库均提供免费的题录和文摘检索功能。并且中国学术期刊全文数据库的另一服务版本“中国学术期刊网络出版总库”还提供引文检索功能。这些都可以作为我们进行文献线索检索的选择。本节对上述综合性资源略去不述，仅介绍专门的参考数据库。

一、中国科学引文数据库

中国科学引文数据库（Chinese Science Citation Database，CSCD）创建于 1989 年，是我国第一个引文数据库。它是中国科学院国家科学图书馆“中国科学文献服务系统”的一个重要组成部分。数据库收录我国数学、物理、化学、天文学、地学、生物学、农林科学、医药卫生、工程技术、环境科学和管理科学等领域出版的中英文科技核心期刊和优秀期刊 1200 余种，全面揭示了我国自然科学领域论文的分布状况和影响力，在自然科学科研立项和成果评估领域颇具权威。对环境科学研究而言，中国科学引文数据库覆盖了所有与环境学科相关的核心刊物及优秀刊物，兼之良好的引文索引功能，对生态环境这一交叉学科和新兴学科的发展和研究具有十分重要的参考价值。

登录中国科学文献服务系统（http://sdb.csdl.ac.cn），即可从主页上的“中国科学引文数据库”链接进入数据库进行检索。2007 年，中国科学引文数据库与美国 Thomson-Reuters Scientific 合作，以 ISI Web of Knowledge 为平台，实现与其下的 Web of Science（SCI 所在检索平台）的跨库检索。数据库提供两种途径的检索：来源文献检索和引文检索。

二、中文引文数据库

CNKI 中文引文数据库是中国知网基于旗下所有源数据库开发的引文检索系统，收录了中国期刊全文数据库、中国博士学位论文全文数据库、中国优秀硕士学位论文全文数据库、中国重要会议论文全文数据库、中国重要报纸全文数据库、中国图书全文数据库、中国年鉴全文数据库、中国标准全文数据库等所有源数据库的参考文献，并揭示各种类型文献之间的相互引证关系。

登录中文引文数据库网站（http://ref.cnki.net），即可针对中国知网收录的所有类型文献资源进行引文检索。系统提供快速检索和高级检索两种检索方式。高级检索包括源文献检索和引文检索。其中源文献检索界面与中国期刊全文数据库高级检索的界面和检索方法完全相同。引文检索的界面与中国期刊全文数据库相似，只是该库检索字段为被引作者、被引题名、被引摘要、被引关键词、被引基金、被引来源等引文特有字段。检索结果以题录形式列出被引文献题名、被引文献作者、被引文献来源（所载刊物名称和年期）以及被引频次。点击文献题名可看到被引文献的详细记录及全文下载链接。引文频次则反映被引文献的学术影响力，点击频次数字则可在新打开的页面看到引证文献列表，了解何人于何处引用过该源文献（图 5-13）。

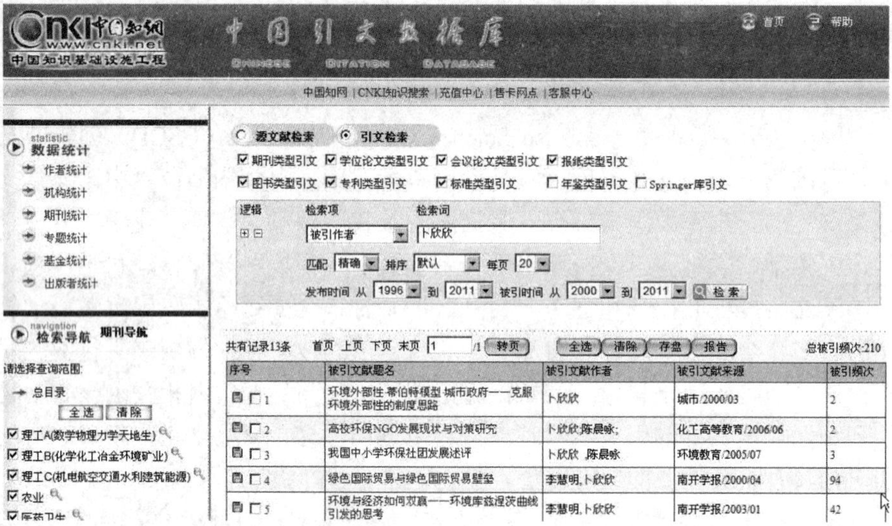

图 5-13 中国引文数据库高级检索——引文检索示例

中国引文数据库还提供了数据统计功能，即在主页左侧列出作者统计、机构统计、专题统计、期刊统计、出版者统计。分别以柱形图形式揭示特定的作者、机构、期刊、专题、出版社文献被引情况（图 5-14）。

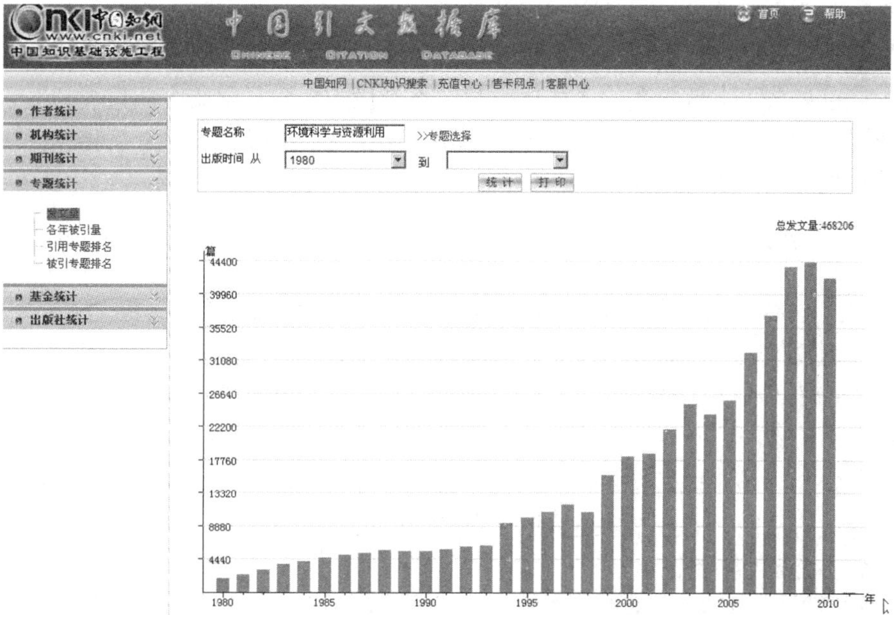

图 5-14　中文引文数据库数据统计——专题统计示例

三、中文社会科学引文索引数据库（CSSCI）

（一）概况

中文社会科学引文索引（Chinese Social Sciences Citation Index，CSSCI）是由南京大学中国社会科学研究评价中心开发研制的引文数据库。该库收录了世界中文人文科学、社会科学主要学术期刊，可用于检索中文人文、社会科学领域的论文收录和文献被引用情况，自 2000 年问世以来，已成为中文社会科学研究成果评估的重要指标。

CSSCI 遵循文献计量学规律，采取定量与定性相结合的方法从全国 2700 余种中文人文、社会科学学术性期刊中，精选出学术性强、编辑规范的 500 多种学术期刊作为来源期刊。覆盖的学科范围包括：管理学、马克思主义、哲学、宗教学、语言学、中国文学、外国文学、艺术学、历史学、考古学、经济学、政治学、法学、社会学、民族学、新闻与传播学、图书情报与档案学、教育学、体育学、统计学、心理学、综合性社科期刊、高校综合性社科学报、人文与经济地理、环境科学等。

随着环境科学的发展，人们认识和应对生态环境问题不再仅仅依赖基于化学手段的末端治理模式，而是广泛借助于经济、管理、法学、统计学、哲学、生物学等多学科手段综合协调，“防重于治”。环境科学研究的学科交叉和渗透愈来愈深入，也带来了文献分布的多样化，其中不少优秀环境科学研究成果被刊发于人文社科类期刊上。因此，中文社会科学引文索引（CSSCI）也是查找和评价环境科学文献信息资源的重要工具之一。

（二）检索方法

登录 CSSCI 网站（http://cssci.nju.edu.cn 或 IP 地址 http://202.119.47.137），在主页左侧输入账号密码或点击“包库用户登录入口”进入数据库选择界面。点击页面下端的“来源文献”或“被引文献”可分别进入来源文献数据库和被引文献数据库，检索所有 CSSCI 来源刊的收录（来源文献）和被引（被引文献）情况。此外，CSSCI 还可提供特定论文的相关文献情况，从而为研究人员的研究工作提供了极大的方便。支持布尔逻辑运算和模糊检索，使用方便。

1. 来源文献检索

来源文献检索提供多个检索入口，包括：篇名、作者、作者所在地区、作者机构、期刊名称、关键词、文献分类号、学科类别、学位类别、基金类别及项目、期刊年代卷期等。利用 CSSCI 的“来源文献检索”，读者可以检索到包括普通论文、综述、评论、传记资料、报告等类型的文章。

（1）作者检索

希望查找某一作者或某团体作者（如某课题组）的发文情况，可在“作者”栏中输入该作者的姓名或团体作者名称。如查找的作者为第一作者，则选中第一作者前的选择框，输入后点“检索”按钮，即可在结果显示窗口中显示本次检索的命中结果，在检索结果窗口中显示出本次检索条件及命中篇数等。

系统默认作者检索为模糊检索模式，如需准确查询已知作者的成果，则勾选“精确”匹配模式。

（2）机构检索

机构检索为了解某一机构发表文章情况提供了最佳途径。如想知道南开大学在CSSCI收录的期刊上发表了多少篇论文，可以在机构输入框中键入“南开大学”，如查找文章署名中南开大学排名第一的文章，则选中第一机构选择框，然后点击“检索”按钮，则可得 CSSCI 上所收录的南开大学所有论文发表情况。

（3）关键词检索

关键词是用来反映论文主题意义的词汇，关键词检索提供了通过关键词找到相关论文的途径。检索式中的关键词组配对象可以有多个。

（4）刊名检索

主要用于对某种期刊发表论文情况的查询。若欲查看在《中国社会科学》上发表的论文，可以在期刊名称录入框中，输入“中国社会科学”，点击“检索”按钮后，可以得到 CSSCI 所收录该刊论文情况。当然也可以通过卷期来限制检索范围。

（5）篇名（词）检索

篇名（词）检索主要是为用户提供用篇名中词段进行检索的手段。可以在篇名录入框中输入整个篇名，也可以只输入一个词，甚至一个字。

（6）基金检索

对来源文献的基金来源进行检索，包括基金类别和基金细节，可以使用精确、前方一致或模糊检索。

（7）年代卷期检索

在相应的输入框中输入阿拉伯数字即可，将检索结果控制在划定的时间范围内。

（8）地区检索

检索结果限制在指定地区或者非指定地区，注意输入地名的规范性。

（9）文献类型检索

可对文献类型进行限制，如：论文、综述、评论、传记资料和报告。

（10）中图分类号检索

输入特定的中图分类号进行检索。

（11）学科类别检索

选择相应的学科类别进行检索，可与其他项组配使用。

（12）学位分类检索

选择相应的学位分类进行检索，可与其他项组配使用。

（13）所有字段

上述检索途径之间可以实现逻辑“与”或逻辑“或”组配检索。

2．被引文献检索

被引文献检索主要用来查询作者、论文、期刊等的被引情况。其检索途径有：被引文献作者、被引文献篇名（词）、被引文献期刊、被引文献年代、被引文献类型和被引文献细节。利用 CSSCI 的“被引文献检索”，读者可以检索到论文（含学位论文）、专著、报纸等文献被他人引用的情况（注意：该数据库只能检索论文第一作者的引用情况）。

（1）被引作者检索

通过此项检索，可以了解到某一作者在 CSSCI 中被引用的情况。如查询曲格平先生的论著被引用情况，可在此框中输入“曲格平”得到结果。

（2）被引篇名（词）检索

已知某篇文献曾被他人引用，想了解何人何处曾引用此文？被引几次？可在被引篇名（词）检索框内输入被引篇名、篇名中的词段或逻辑表达式进行检索。

（3）被引文献期刊检索

被引文献期刊检索主要用于查询期刊被引情况。在此框中输入某刊名，可得到该刊在 CSSCI 中所有被引情况。

（4）被引年代检索

被引年代检索，通常作为某一出版物某年发表的论文被引用情况的限制。

（5）被引文献类型检索

被引文献类型检索主要用于查询期刊论文、报纸、汇编（丛书）、会议文集、报告、标准、法规、电子文献等的被引情况。

（6）被引文献细节检索

该检索具有较强的灵活性，可对文献题录信息进行检索，如输入某人的名字，既可以对作者为某人的文献进行检索，也可以检索篇名（词）中含有某人的文献信息。

多个检索口可以按需进行优化检索、精确检索、模糊检索、逻辑检索、二次检索等。检索结果按不同检索途径进行发文信息或被引信息分析统计，并支持文本信息下载。

四、维普中文科技期刊数据库（引文版）

（一）概况

维普资讯的中文科技期刊数据库（引文版）是基于其文摘版开发而成，可用来检索自 1989 年以来国内 5 000 多种重要期刊（含核心期刊）所发表论文的参考文献，是目前国内检索期刊种类最多的引文数据库。数据库全面覆盖了自然科学、工程技术、农业、医药卫生、经济、教育和图书情报等学科的信息资源。该库引进了中文科技期刊数据库（文摘版）的检索系统，具有与其全文版和文摘版一致的检索界面和检索功能。包括源文献检索和被引文献检索两部分，并可独立实现参考文献与源文献之间的切换检索。中文科技期刊数据库（引文版）可查询论著引用与被引情况、机构发文量、国家重点实验室和部门开放实验室发文量、科技期刊被引情况等，是科技文献检索、文献计量研究和科学活动定量分析评价工具之一。

（二）检索方法

引文库提供多个检索入口，其中源文献检索入口界面包括 K（关键词）、J（刊名）、A（作者）、F（第一作者）、S（作者机构）、T（题名）、R（文摘）、C（分类号）、U（任意字段）9 个字段；被引文献检索入口界面包括 I（篇名）、N（刊名）、W（作者）和 U（任意字段）4 个检索入口。

1. 源文献的检索

进入检索界面，左侧列出了学科分类导航和刊名导航系统供选择学科或期刊范围。点击检索入口下拉菜单，选择 9 个检索字段之一。选定某一检索字段后，在检索式输入框中输入检索词，点击“检索”按钮后，即实现简单检索，并支持二次检索。或者直接输入复合检索式，复合检索式由字段代码和逻辑符号组合而成，是一个完整的检索表达式。如“K=土壤污染*J=中国环境科学”，即表示检索《中国环境科学》杂志上发表的有关土壤污染的论文。

2. 被引文献的检索

切换至被引文献界面后，可点击检索入口的下拉箭头，选择“题名”或“刊名”或“作者”检索被引文献。例如检索“卜欣欣”在近 5 年发表论文及被引情况，选择检索字段“W＝作者”，输入检索词“卜欣欣”，并设定“精确”检索以排除相似姓名作者；点击“检索”按钮，得到所有检索结果；逐条点击检索结果题名，即可在界面下方看到引用该篇论文的源文献信息。如果有全文访问权限，系统还会自动提供原始全文链接。

第三节 环境科学中文专题数据库

一、中国环境科技文献数据库

（一）概况

中国环境科技文献数据库是万方数据资源系统–科技信息子系统下科技文献类数据库之一。收录国内外数百种有关环境科学的期刊文献和部分会议文献，语种涵盖中、英、俄、日、法、德等，大部分文献的收录年限为 1985 年之后，部分文献可回溯至 1971 年，为文摘题录型数据库。

登录万方数据资源系统中心镜像站，点击“科技信息系统”，在新网页中勾选“科技文献类”，然后点击逻辑加号，在弹出的子菜单下勾选“中国环境科技文献数据库”，单击它即可进入该库检索界面。

（二）检索方法

中国环境科技文献数据库检索页面提供了11个检索字段，包括：题名、作者、作者单位、母体文献、出版单位、出版地点、出版日期、分类号、关键词、文摘、全文等，支持布尔逻辑组配。数据库仅提供基本检索和专业检索两种检索方式，支持二次检索。并在进行英文文献检索中支持截词符“*”。基本检索为分栏表单式、逻辑组配检索，用户可以选择上述字段之一或二，输入相应检索词，并选择检索词间逻辑关系“与”、“或”、“非”，执行检索。专业检索则需要输入较为复杂的检索表达式，适用于熟练掌握检索技巧者。下面以镜像站数据库为例，查找利用生物膜法处理废水的文献，且要求文献为2004年发表的论文。见图5-15。

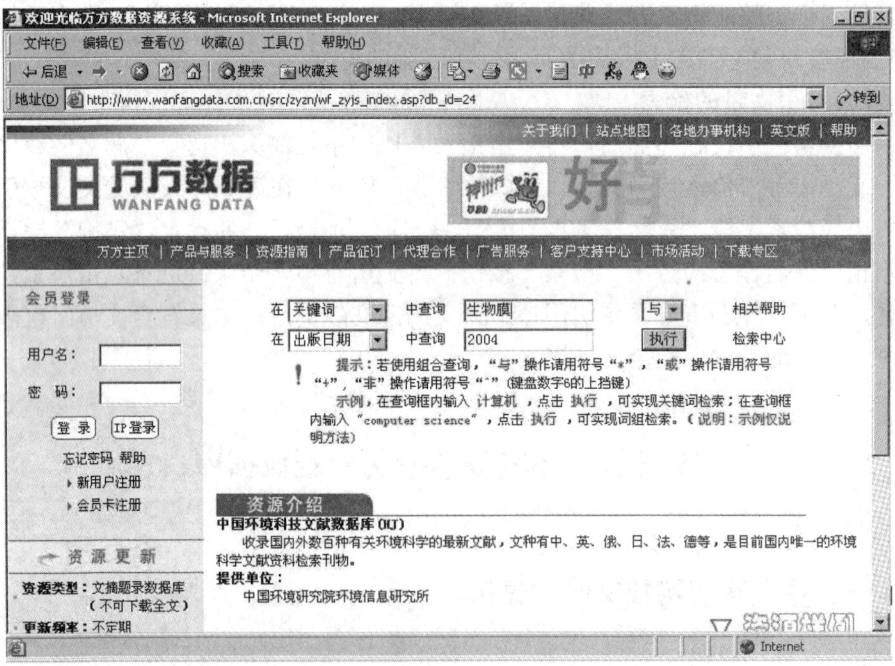

图5-15 中国环境科技文献数据库检索示例

选择检索入口“关键词”，输入检索词“生物膜”，同时选择检索入口“出版日期”，输入“2004”，并限定两个检索词间为逻辑“与”关系，要求同时满足上述两个条件。点击“执行”按钮，返回4条检索结果，见图5-16。

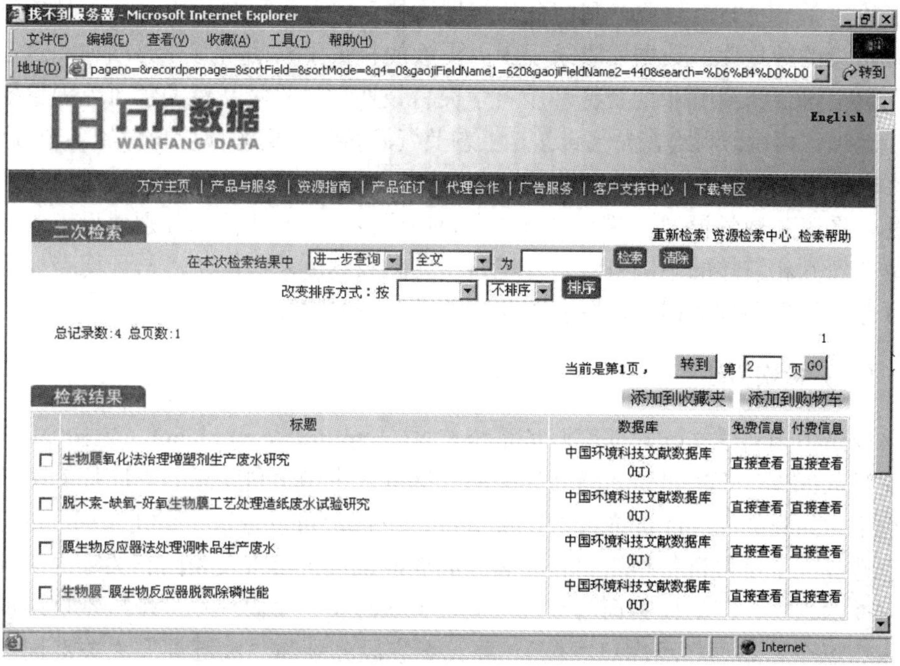

图 5-16 “生物膜法处理废水的研究”检索结果

如有需要，用户可以在上述页面上端的二次检索入口中进一步查询，也可以将检索结果按一定的要求，如词频、标题、作者、出版单位或关键词进行排序。检索结果列表右端设置了两个可选按钮“添加到收藏夹”和“添加到购物车”，用户可根据自己的需要勾选符合要求的检索结果，并点击相应的功能按钮收藏记录或购买原文。

对于所有的检索结果，用户都可以直接免费查看下列信息：数据库名、提供单位、记录标识、原文语种、文献类型、文摘标题、分类号和主题词。更详细的信息如作者、文献来源、文摘正文等，则只有付费会员才能看到。此外，用户也可以检索相关学科的科技文献数据库，如“中国化工文摘数据库”、“中国农业科学文摘数据库”、“中国林业科技文献数据库”等，检索方法同上。

二、中国资源与环境科学数据库

（一）概况

中国资源与环境科学数据库（含地球科学）是中国科学文献数据库服务系统中的中国科学文献学科数据库（Chinese Science Document Database，CSDD）的一个子库，是一个具有鲜明学科特色的多层次揭示资源环境科学中外文文献信息及专业信息的数据库。数据库收录了国内出版的相关学科的所有核心期刊和专业期刊，以及SCI来源刊中的资源环境科学类科技期刊。收录文献的学科范围包括地质、地理、环境、测绘、大气科学、生态及资源科学等资源环境科学的各个领域，90%以上的数据以中、英双语种著录；知识化标引主要涉及资源环境科学的地理名称、图表和数学模型，并针对这些资源环境科学的专业信息分别建设了既相互独立又可互相链接的中国资源与环境科学文献数据库及中国资源与环境专业数据库（包括地理名称数据库、图表库和数学模型数据库）。

（二）检索方法

登录中国科学文献数据库服务系统首页（http://sdb.csdl.ac.cn），点击“中国学科文献数据库”下的“进入检索”按钮直接进入中国学科文献数据库检索页面，勾选下方的数据库子库选择为“资源与环境。”用户可以输入一个任意词，也可以任意选择三个字段进行逻辑组合检索。如欲检索近五年来发表的有关室内空气污染方面的论文，剖析检索词得空气污染、大气污染、室内。在三个检索框中依次输入这三个检索词（顺序可颠倒），并设定字段分别为“关键词”、“关键词”和“题名”，限定三个词间的逻辑关系依次为“或”、“与”；设置时间范围为起始年2000，终止年2005。单击“查询”按钮，即得到检索结果。每条结果均列出题名、作者和来源信息，点击题名可看到更详细的著录信息，包括可链接的全体作者姓名、分类号、关键词和资助基金等。

三、人地系统主题数据库

（一）概况

中国科学院科学数据库（http://www.csdb.cn）是由中国科学院计算机网络信息中心与中科院下属45家研究所共建的一个大型综合性数据库群，堪称目前国内信息量最大、学科专业最广的科技信息服务系统。目前已建设各个专业专题子数据库逾500个。该数据库库群分为六大学科系列数据库，其中与环境科学相关的系列有地球科学系列数据库和新能源与环保数据库等。系统对所有用户开放，用户在系统中注册之后即可免费下载所有成果数据。匿名用户可以浏览和查询数据但不能实现数据的下载。

地球科学系列数据库包括人地系统主题数据库、资源环境遥感主题数据库、中国生态系统与生态功能区划专题数据库、海洋科学数据库、中国土壤数据库、中国湿地数据库、大气科学数据库、中国湖泊专业数据库、中国山地环境与灾害数据库、亚热带农业生态系统要素数据库、海岸带环境遥感专业数据库等 18 个大型数据库。每个大型数据库中均包括若干个子库，覆盖了资源、环境、生态等各学科领域，为地球科学、环境科学、生态学、资源学等专业的研究提供了丰富的学科资源、统计资料以及图片图像资料等信息。数据库既有事实型数据库，又有数值型数据库和文献型数据库。下文将分别介绍上述科学数据库中与环境科学相关的数据库情况。

首先，人地系统主题数据库（原名中国自然资源数据库，访问地址：http://www.man-earth.csdb.cn）是中国科学院数据库群地球科学系列数据库中的主要数据库之一，由中国科学院地理科学与资源研究所、中国科学院教育部水土保持与生态环境研究中心、中国科学院水利部成都山地灾害与环境研究所、中国科学院东北地理与农业生态研究所建设维护。数据库以人口、资源、环境和发展为核心，主题库由自然资源及其开发利用、环境灾害及其治理、人口与劳动力、社会发展、地理背景、遥感及地表参数、典型示范区、全球数据等 8 个类别、32 个子库构成。其中与环境科学关系密切的有中国环境污染治理与环保数据库和中国自然灾害属性数据库等十几个数值型数据库（图 5-17）。

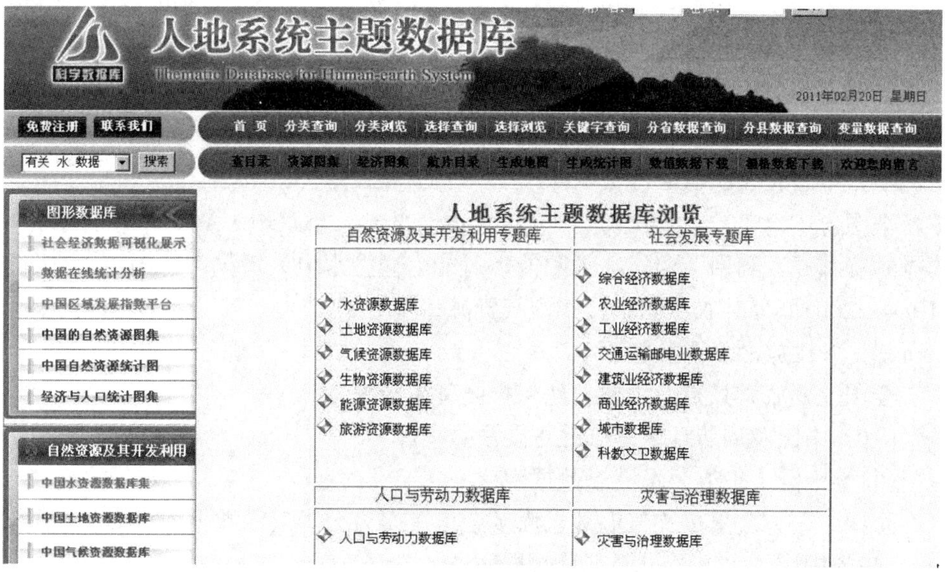

图 5-17 人地系统主题数据库主页

主要环境科学相关子库简介如下：

（1）中国环境污染治理与环境保护数据库

收录了全国分省区、城市历年（1981—2001）环境污染及治理、环境保护等方面的数据，其中包括："三废"排放及处理、污染情况，水土流失及治理面积等。

（2）中国自然灾害属性数据库

收录了全国分省区多年各主要自然灾害受灾成灾面积。主要干旱及雨涝情况等。

（3）中国能源资源数据库

全国各省区多年的能源资源量、生产量、消费量等数据。

（4）中国水资源数据库

全国各省区水资源（总量、地表水、地下水等）数量，1995—2004；水资源开发利用（需水、供水、用水等）现状（1995—2004 年）和规划数据（1980s）等及部分水文数据。另有反映重点地区水资源状况的遥感数据（1970s）。

（5）中国土地资源数据库

全国各省区地形、土地利用现状与土地覆盖、土地适宜类型、耕地面积变化情况等（1987—2004 逐年）。

（6）中国气候资源数据库

全国 600 多个气象台站累年平均及历年（1961—2000）分月和分旬的热量、温度、降水、湿度、风等地面气候资料。

（7）中国生物资源数据库

包括了中国森林、中国草地、中国野生动植物三个子库。

（8）中国农村能源属性数据库

全国各省区的农村能源资源（生物质、煤炭、小水电）数量，各省多年农村能源资源开发利用（沼气、太阳能、风能、微型水电）情况；全国历年分省及（1980—2002）分县农作物秸秆和沼气资源量等数据。

（9）中国旅游资源数据库

全国主要旅游景点及主要自然保护区基本情况。

（10）中国及周边地区基础地理要素数据库

（11）中国 1 平方公里气温数据库

全国 1 平方公里平均气温数据库及全国 1 平方公里气温数据库等 24 个子库。

（12）中国 1 平方公里降水量数据库

覆盖全国 700 多个地面气象观测站记录的降水量数据为基本数据的数据库。

（二）检索方法

上述人地系统主题数据库各子库在收录学科范围上各有侧重，但检索方法一致，下面以中国环境污染治理与环境保护数据库为例，说明其使用方法。

登录人地系统主题数据库首页（http://www.data.ac.cn 或 http://www.man-earth.csdb.cn），点击导航栏中的“分类浏览”，点击图 5-17 浏览表内的“灾害与治理数据库”，在打开的栏目名称中点击“环境污染治理与保护库”，即可看到中国环境污染治理与环境保护数据库集中的 32 个子数据库列表，包括气、水、固体废物“三废”排放及处理统计数据、大气污染预算与观测统计数据等（图 5-18）。

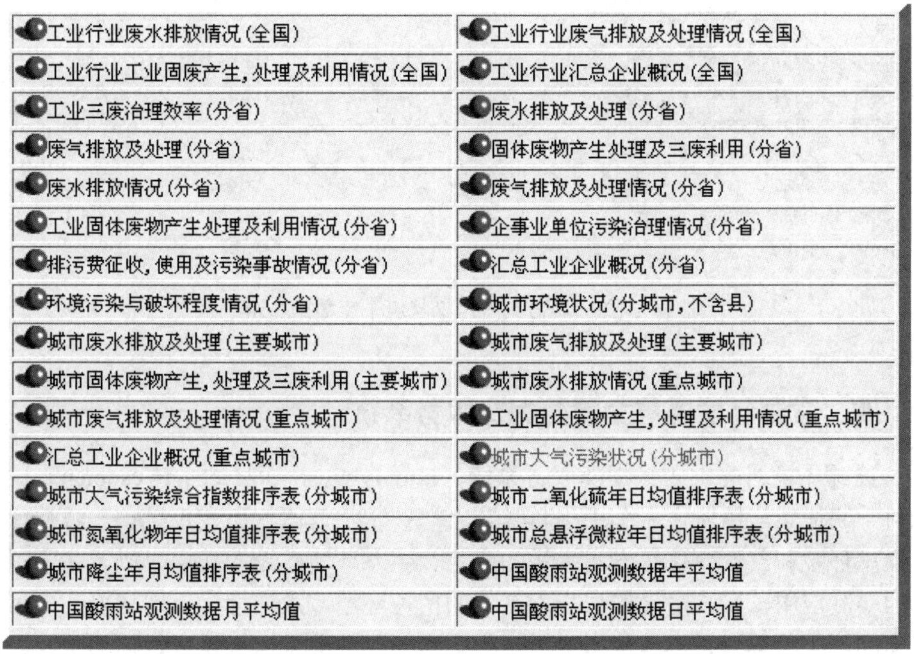

工业行业废水排放情况（全国）	工业行业废气排放及处理情况（全国）
工业行业工业固废产生，处理及利用情况（全国）	工业行业汇总企业概况（全国）
工业三废治理效率（分省）	废水排放及处理（分省）
废气排放及处理（分省）	固体废物产生处理及三废利用（分省）
废水排放情况（分省）	废气排放及处理情况（分省）
工业固体废物产生处理及利用情况（分省）	企事业单位污染治理情况（分省）
排污费征收，使用及污染事故情况（分省）	汇总工业企业概况（分省）
环境污染与破坏程度情况（分省）	城市环境状况（分城市，不含县）
城市废水排放及处理（主要城市）	城市废气排放及处理（主要城市）
城市固体废物产生，处理及三废利用（主要城市）	城市废水排放情况（重点城市）
城市废气排放及处理情况（重点城市）	工业固体废物产生，处理及利用情况（重点城市）
汇总工业企业概况（重点城市）	城市大气污染状况（分城市）
城市大气污染综合指数排序表（分城市）	城市二氧化硫年日均值排序表（分城市）
城市氮氧化物年日均值排序表（分城市）	城市总悬浮微粒年日均值排序表（分城市）
城市降尘年月均值排序表（分城市）	中国酸雨站观测数据年平均值
中国酸雨站观测数据月平均值	中国酸雨站观测数据日平均值

图 5-18　中国环境污染治理与环境保护数据库子库

以城市大气污染状况（分城市）子库为例。该库可供查询的项目有：城市名称、城市代码、采集年份、二氧化硫平均值（毫克/立方米）、氮氧化物平均值（毫克/立方米）、总悬浮微粒平均值（毫克/立方米）、降尘平均值（吨/平方公里）、大气污染综合指数（毫克/立方米）等。点击该库名称，可以浏览表单式的全国主要城市部分年份的大气污染状况统计数据（图 5-19）。注册用户也可以在首页上的快速查询（查找数据库）检索框中输入“天津 大气”，然后点击系统返回的相关数据库名称，进入城市大气污染状况（分城市）子数据库检索界面，选定查询条件、查询项目和数值关系（>、<或=），执行检索即可。

城市大气污染状况(分城市)

(返回自然资源数据库)

编号	城市名称(*)	城市代码(*)	采集年份(*)	二氧化硫平均值(毫克/立方米)	氮氧化物平均值(毫克/立方米)	总悬浮微粒平均值(毫克/立方米)	降尘平均值(吨/(平方公里))	大气污染综合指数(毫克/立方米)
1	太原	140100	1991	.394	.065	.76	28.79	999.999
2	石家庄	130100	1991	.269	.061	.617	48.02	999.999
3	青岛	370200	1991	.263	.05	.76	9999.99	999.999
4	乌鲁木齐	650100	1991	.201	.136	.507	23.54	999.999
5	淄博	370300	1991	.147	.028	.564	22.41	999.999
6	沈阳	210100	1991	.146	.06	.46	41.17	999.999
7	包头	150200	1991	.126	.052	.665	54.61	999.999
8	天津	120000	1991	.125	.052	.36	18.93	999.999
9	唐山	130200	1991	.122	.057	.8	36.37	999.999
10	济南	370100	1991	.117	.041	.59	31.64	999.999

图 5-19 城市大气污染状况子库数据显示

四、资源环境遥感主题数据库服务系统

资源环境遥感主题数据库服务系统（http://www.remotesensing.csdb.cn）由中国科学院遥感应用研究所和中国科学院上海技术物理研究所建设维护。数据库针对生态环境和气候变化等学科领域的研究、生态环境建设的应用，以及多学科交叉的实际应用，围绕陆地表层生态系统的植被环境、水环境、土地环境、人居环境和动物生境等遥感响应信息建立了一个多元信息数据库系统。数据的空间范围覆盖全国。数据库目前共分 6 个子库，30 个专业库。6 个子库分别是：遥感基础影像数据库、植被环境数据库、土地资源数据库、水资源数据库、人居环境数据库和动物生境数据库，多数为图像数据库。

系统提供链接访问和文字查询两种访问方式。即通过链接方式逐级浏览数据信息；或通过文字查询方式访问满足特定条件的数据信息，包括关键词检索，该关键词可为遥感特征信息类型，例如植被指数；也可为行政单元名称，例如大理。

对于检索结果，用户可以通过链接查看相应数据的详细描述信息（元数据）。注册用户可免费下载数据。

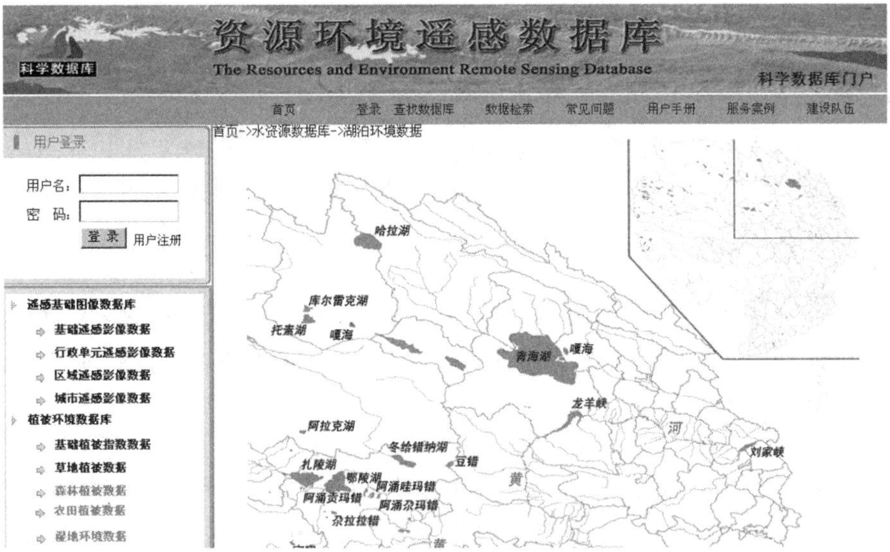

图 5-20 资源环境遥感数据库数据浏览

五、中国生态系统与生态功能区划专题数据库

中国生态系统与生态功能区划专题数据库（http://www.ecosystem.csdb.cn）由中国科学院生态环境研究中心建立维护，包括三个子库：中国陆地生态系统数据库、中国生态功能区划数据库和典型区域综合生态数据库。

中国陆地生态系统数据库提供中国陆森林生态系统、灌丛生态系统、草地生态系统、荒漠生态系统、湿地生态系统、农田生态系统和城市生态系统。数据库地生态系统各分类单位的属性和空间分布特征以及群落结构、过程与功能特征。

中国生态功能区划数据库主要包括中国生态环境问题、中国生态系统敏感性和中国生态服务功能重要性的研究结果以及原始数据集，以及全国生态功能区划方案。

六、中国湿地与黑土生态综合集成数据库

中国湿地与黑土生态综合集成数据库（http://www.neigae.csdb.cn）由中国科学院东北地理与农业生态研究所建设维护。包括“中国沼泽湿地数据库”和“中国黑土农业生态数据库”两个子库。中国沼泽湿地数据库是为保护和研究宝贵的湿地资源及其动态趋势而建立，是我国第一个湿地数据库。该库以野外调查获得的湿地属性信息和基于遥感手段获得的湿地空间分布信息为基础，集成全国及典型湿地地区 1950—2006 年的湿地数据和研究成果，包括全国湿地分布数据子库及

全国典型、重点沼泽湿地子库数据；湿地专题图件及湿地图集。中国黑土农业生态数据库的建设主要面向国家粮食安全和战略需求并为重大科研项目提供支持，包括黑土生态资源数据子库、黑土农业生产数据子库、黑土生态环境变化数据子库、黑土区长期定位研究观测数据子库等。

数据库对所有用户开放，大部分内容可免费查询下载数据。

七、大气科学数据库

大气科学数据库（http://www.atmosphere.csdb.cn）由中国科学院大气物理研究所建设维护。数据库主要收集整理大气科学研究常用数据，并提供进一步数据开发所需的网络化科研环境。目前包括四个子库：大气科学数据资料库、大气科学文献库、大气科学算法和模式库、大气科学图形软件库。其中，大气科学数据资料库中的数据种类包括连续的、时间序列较长的全球及中国的地面温度、降水资料、大气环流资料、海洋资料、辐射资料、冰雪圈资料、流量资料以及通过 Internet 下载的实时全球台站资料和全球网格点资料等。大气科学文献库已采集中外 17 种专业期刊近 6 万余篇文献信息。大气科学算法和模式库已收集整理了 10 余个国内外的优秀模式及相关数据。大气科学图形软件库收集整理了 10 余种专业软件及其相关数据，对主要专业软件 NCL、GrADS 编写了用户使用手册。

数据库的数据对所有用户免费开放，使用方法非常简便，只需键入关键词即可进行信息检索及下载数据。

八、海洋科学数据库

海洋科学数据库（http://www.ocean.csdb.cn）由中国科学院海洋研究所建设维护，该数据库收集和处理了中国近海、太平洋、印度洋和太平洋水文、地质和生物等数据。包括海洋科学专项数据库、中国近海定点观测平台数据库、海洋物种标本信息数据库、国际海洋信息数据库、海洋科学历史数据抢救数据库、中国近海遥感数据库、中国近海海洋科学考察开放航次观测数据库等子数据库。

注册用户可免费查询下载数据，数据库提供简单的表单式检索功能即分类导航定位数据子库，根据子库的查询页面，输入必要的检索条件从而检索或者下载相关数据。

九、中国土壤数据库

中国土壤数据库（http://www.soil.csdb.cn）由中国科学院南京土壤研究所建设维护。包括 9 个子库：中国土种数据子库、中国土壤专题图子库、土壤分类数据子库、第二次土壤普查农田耕层土壤养分数据子库、主要农田生态系统土壤养分现状和土壤环境现状数据子库、农田肥料长期试验数据子库、土壤标本和样品数据子库。所有数据子库均提供按地点检索的功能。数据库中的大部分数据对所有用户开放查询。

十、中国湖泊科学专业数据库

中国湖泊科学专业数据库（http://www.lakesci.csdb.cn），由中国科学院南京地理与湖泊研究所建设维护。数据库在搜集整理太湖野外观测站、鄱阳湖湿地综合研究站多年观测数据及相关科研数据的基础上，描述了我国面积大于 1 平方公里湖泊的 2006—2007 年分布状况与空间演变情况，刻画了太湖、鄱阳湖近年来的生态环境变化，包括湖泊基础数据库、湖泊动态变化数据库、水质监测数据库、重点湖泊综合数据库、全国湖泊遥感影像数据库、遥感影像反演数据库和蓝藻水华数据库七个子库。

数据库提供地图查询和文本查询两种查询方式，地图查询即用户通过地图选择行政区域或湖区来查询数据，文本查询即用户通过从下拉列表框中选择湖泊名称、所属湖区、所属行政区等字段信息进行逻辑组合来查询数据。

十一、中国山地环境与灾害数据库

中国山地环境与灾害数据库（http://www.mountain.csdb.cn）由中国科学院水利部成都山地灾害与环境研究所建设维护。数据库整合、集成了对我国西南山区环境研究与观测的全方位科学数据，包括 7 个子库。其中，山地灾害数据子库主要包括东川站观测数据、山地灾害空间分布数据、山地灾害治理工程设计名录数据；山地环境数据子库主要包括盐亭站和贡嘎山站观测数据及土地利用、土壤侵蚀、植被类型、土壤环境背景值等数据；山地社会经济数据子库主要包括西南地区的人口、国民经济、耕地面积及灌溉面积等方面的数据；山地基础数据子库主要包括西南地区、长江上游的地形、DEM、坡度坡向、水系等方面数据；山地科学科研成果数据子库主要包括山地灾害与环境科研项目、科研论文、专著、专利等方面数据；山地影像数据子库主要包括西南地区三个年代的 TM 卫星影像，以及四川省部分地区 60、70、80 年代的航空影像；“5・12”汶川地震灾区数据子库主要包括“5・12”地震灾区范围、震前震后卫星影像、地形、DEM、坡度坡向、乡镇界线等方面的数据。

用户无须注册和登录，可直接访问所有的元数据内容及数据目录，可以无偿共享“公开数据”中的“非授权完全无偿共享数据”（Excel 格式）；并通过提交数据使用申请表，在征得数据拥有者同意或授权后可以访问“公开数据”中“授权无偿共享数据”，“收回服务成本共享数据”和“有偿共享数据”。

十二、亚热带农业生态系统要素数据库

亚热带农业生态系统要素数据库（http://www.subtraes.csdb.cn）由中国科学院亚热带农业生态研究所建设维护。包括室外监测像数据、室内分析数据和科学分析数据三部分，数据内容主要包括土壤水分含量、地下水潜水水位、蒸发量、水质、土壤有机质、N、P、K、pH、气温气象、微生物、典型植被与种植植物/作物生物等数据。

系统中的绝大部分数据对所有用户开放，注册用户并可免费下载数据。提供地图查询和文字查询两种方式。

十三、海岸带环境遥感专业数据库

海岸带环境遥感专业数据库（http://www.czers.csdb.cn）由中国科学院烟台海岸带研究所建设维护。数据库包括海岸带基础地理数据、海岸带遥感本底数据、海岸带水色遥感数据、海岸带变化数据、海岸带植被指数数据、海岸带河口变化数据和海岸带地物光谱数据等子库。

数据库对用户开放，注册用户并可下载所检得的数据。

十四、新能源与环保数据库

新能源与环保数据库（http://www.newenergy.csdb.cn）由中国科学院广州能源研究所建设维护，该库与前述 11 个下属于中国科学数据库地球科学系列的数据库不同，是中国科学数据库“材料科学”系列中的一个重要专题数据库集，数据类型有视频、图像、实验数据，相关基础物性数据和文献资料，包括水合物数据库、生物质能利用数据库、海洋能利用数据库、太阳能利用数据库、地热能利用数据库、固体废弃物数据库和新能源文献情报数据库等。

数据库中的数据对所有用户开放，提供了文字查询方式，用户可免费下载数据。

十五、中国可持续发展数据库

中国可持续发展数据库（http://www.chinasd.csdb.cn）由中国科学院科技政策与管理科学研究所根据国家统计局历年发布的统计数据建设的可持续发展专题数据库，属于中国科学数据库中“其他学科”系列。除统计数据外，该库还集成了国际知名研究机构和期刊发布和发表的研究报告、论文以及相关的政策、法律法规等资料。数据库包括五个子库：中国可持续发展统计数据库、中国可持续发展指标库、中国可持续发展空间信息库、中国可持续发展资料库和中国可持续发展

政策库（图 5-21）。

图 5-21　中国可持续发展数据库主页

数据库提供了多种查询方式进行数据库查询。包括下拉式菜单查询、树状结构查询和查找数据库等。其中，树状结构查询方式最为便捷。用户可以在数据库的主页左面点击“指标树形目录查询”链接，即可打开嵌有树状目录的查询界面。通过树状目录，用户可以清楚地看到数据库的指标层次结构。点击左面树状目录中的链接，即可进行数据库查询。数据库提供 Excel、PDF 格式数据的下载。

思考题

1. 近年来随着汽车保有量的大幅增长，部分城市空气质量有所恶化。这与汽车尾气（废气）排放相关，请查找有关汽车尾气有效治理技术的文献，以总结技术经验减少尾气污染。

2. 请检索曲格平先生自 1990 年以来发表的学术论文有哪些？并找出其中引文率最高的文章。

3. 检索有关城市灰霾的形成原因与对人体健康的影响的文献。

4. 请结合你的专业，针对你所感兴趣的某个课题，检索一种中文数据库获取相关文献，要求查“新”（5 年内的研究成果），并尝试从中分析课题发展趋势或主流技术路线。

第六章

环境科学外文期刊全文数据库

随着全球环境问题和环境科学的发展，环境科学学术交流越来越广泛和深入，高品质的国外研究成果对于环境科学研究来说，更是不可或缺的文献资源。其中，尤以外文期刊论文全文资源的参考价值巨大，且容易获取。本章将介绍三种类型的外文期刊全文资源：商业全文数据库（第一节至第五节）、专业学会出版之电子期刊数据库（第六节至第八节）、免费的开放获取期刊（第九节）。

目前，大多数外文全文数据库是由国外商业出版公司发行的，这类商业全文数据库多为综合型，覆盖多个学科范围，收录多种文献类型，甚至提供多语种用户界面。其使用方法基本相似，且都提供了个性化服务功能，适用于各个学科专业查询获取所需文献。

第一节　ScienceDirect

一、概况

ScienceDirect 是全球最著名的科技医学全文数据库之一，由世界著名的学术出版商——荷兰 Elsevier Science 公司出版发行。数据库收录了 Elsevier 出版的 2 500 多种同行评审期刊和 15 000 多种图书，可查询 1995 年以来的 1 000 多万篇学术论文全文和图书章节，1969 年以来的 6000 多万条摘要，部分刊物可回溯到 1823 年。2003 年以来还收录了 15000 多种多媒体文档。

数据库涵盖 24 个学科领域，包括农业和生物科学、人文科学、生物化学，遗传学和分子生物学、商业，管理和财会、化学工程学、化学、土木工程、计算机科学、决策科学、地球科学、经济学，计量经济学和金融能源和动力、工程和技术、环境科学、免疫学和微生物学、材料科学、数学、医学、神经系统科学、药理学，毒理学和药物学、物理学和天文学、心理学、社会科学等。其中，收录环境科学类期刊近 200 种，而且大部分都是 SCI 和 EI 的来源期刊，反映了学科发展的最新趋势和主流动态。

2010 年 8 月底，Elsevier 集团将其 ScienceDirect 数据库产品整合入 SciVerse 新平台。在该平台中集合了 ScienceDirect 全文数据库、Scopus 文摘引文数据库以及 SciVerse SciTopics Beta 知识共享社区等彼此独立而又相互关联的功能模块。

二、检索方法

ScienceDirect 数据库通过 IP 控制访问，并且没有并发用户限制。已购买该库的用户可直接登录其 SciVerse 平台主页（http://www.sciencedirect.com）进行访问。ScienceDirect 采用直观的 Web 检索界面，提供期刊浏览、快速检索、高级检索、专家检索四种查询方式。新平台并于 2011 年推出了“最热门文章前 25 篇”推介服务。

1. 快速检索

数据库主页上方默认提供了快速检索功能，可直接在全文（all fields）、作者（author）、刊名/书名（journal/book title）或卷（volume）期（issue）页码（page）等检索框内输入检索词，点击“search ScienceDirect”按钮即可检索包括期刊论文和图书在内的所有全文文献。

2. 高级检索

点击数据库主页导航栏中的“search”按钮即进入高级检索界面，支持布尔逻辑组配检索、截词检索、词组检索等，默认在数据库所有类型文献（all sources）中进行搜索。以检索地下水风险管理方面的期刊论文为例，具体步骤如下（见图 6-1）：

（1）切换检索范围为在期刊中检索（journals）。

（2）在第一个检索框中输入检索词“groundwater”，打开查询位置（within）下拉菜单，选择检索字段“abstract，title，keywords”（摘要/题名/关键词），意即在所有文献的摘要、题名或关键词中搜索检索词，其中任何一处满足要求即为命中。查询位置选项中的其他可选字段包括：作者（author）、刊名/书名（source title）、题名（title）、关键词（keywords）、摘要（abstract）、参考文献（references）、国际标准刊号（ISSN）、机构（affiliation）、全文（full text）等。

（3）在第二个检索框中输入“risk managem*”，这里用了无限截词符“*”来扩展管理这个概念。打开查询位置下拉菜单选择检索字段为“title”（题名），并选择逻辑“与”（AND）组配关系。

（4）这时系统默认在所有期刊所有学科主题中进行检索，为了获得更精确的结果并减少系统响应时间，在学科主题（subject）菜单中选定“environmental science”环境科学类。

（5）限定文献类型（limit by document type），勾选“article”（期刊论文）和“review article”（综述文章）。其他文献类型选项包括：短评（short communication）、书评（book review）、出版商记（publisher's note）、通讯（correspondence letter）、产品评论（product review）、勘误表（erratum）、观察（short survey）、讨论（discussion）和社论（editorial）等。

（6）选择时间范围（date range）为 2004 年至 2011 年，点击“search”按钮开始进行检索。

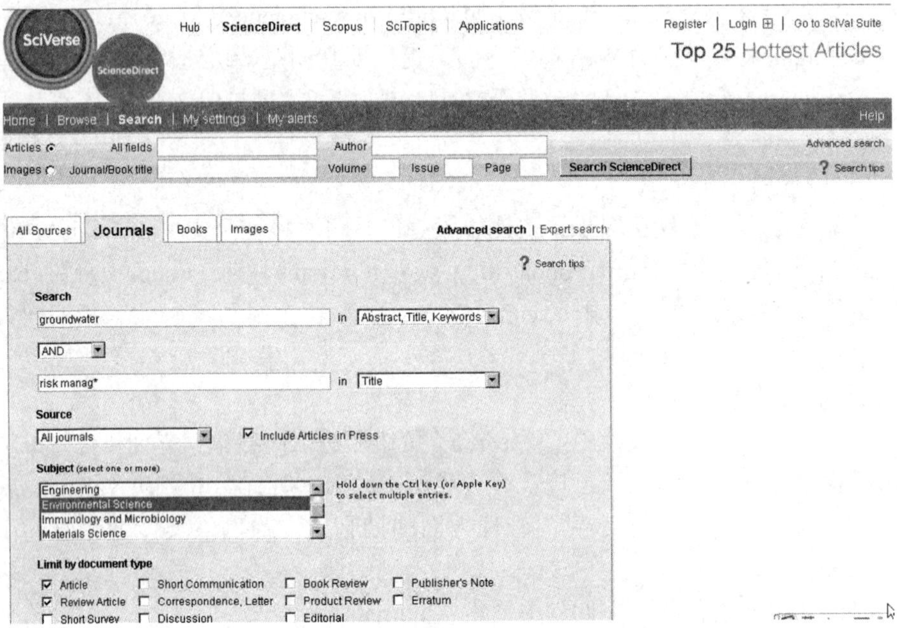

图 6-1 ScienceDirect 高级检索示例

3. 检索结果

检索结果页面上显示检索表达式及结果报告：“4 articles found for：pub-date > 2003 and TITLE-ABSTR-KEY（groundwater）and TITLE（risk manag*）[Journals（Environmental Science）]”，见图 6-2。

（1）用户可针对检索表达式进行编辑修改（edit search）、保存（save search）和设置 E-mail 提示（save as search alert），以及进行 RSS 订阅 RSS Feed 。

（2）检索结果界面左侧提供了二次检索功能，用户可在“search within results”检索框中输入检索词，继续在检索结果范围内查找更精确的结果，或者通过精练结果功能（refine result）在已有检索结果中选择所需文献。即系统列出了检索结果分布统计清单，包括不同来源（书/刊名）、学科主题、出版年等范畴下各自文献数量。如本例中若勾选“year”统计范畴下“2008（1）”，则右侧检索结果列表区仅显示一篇2008年发表的有关地下水风险管理的文章。

（3）检索结果右侧以题录形式报道所有命中文献，系统默认按相关度排列。点击“E-mail articles”按钮可将勾选文章的信息发送到指定邮箱；点击“export citations”则输出引文信息。

（4）每一条结果记录均揭示了文献题名、详细出处、作者等信息。点击题录下的“show preview”可看到文章摘要、图表、参考文献等详细信息；并提供PDF格式全文链接和相关文献链接。

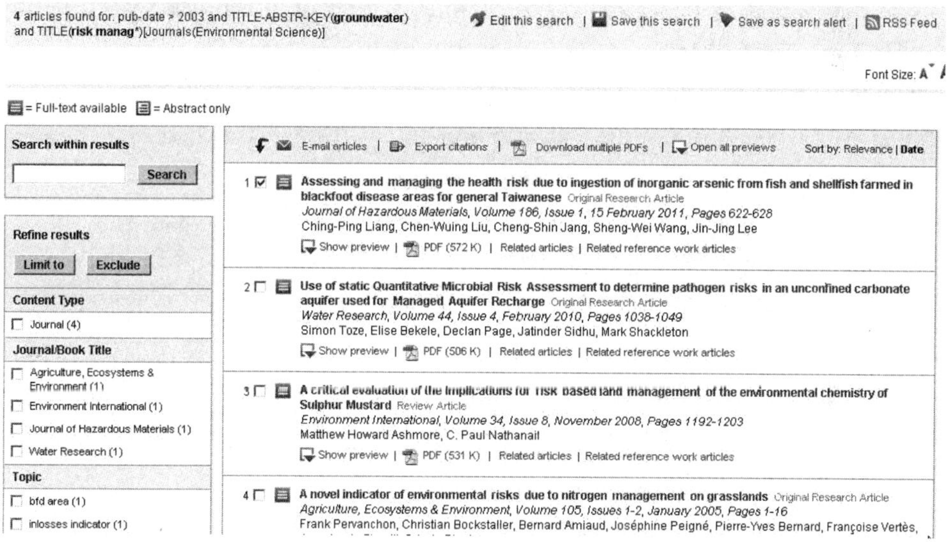

图 6-2 ScienceDirect 检索结果及其过滤

4．期刊浏览

ScienceDirect 数据库主页左侧提供了期刊浏览功能，读者也可以点击导航栏上的“browse”栏目名称进入期刊浏览页面。系统支持按照书刊名称字顺（journals/books alphabetically）、学科主题（journals/books by subject）和个人偏好书刊（favorite journals/books）三种途径浏览期刊和图书。

5．个性化服务

数据库提供了个性化服务。用户可通过网站主页右上角注册个人账号。登录进入个人账户后，就可以保存个人检索记录，定制个人偏好主题，不受登录地点限制地随时查看检索历史、定制信息推送等信息。

第二节 SpringerLink

一、概况

SpringerLink 全文数据库是世界上著名的科技出版集团德国施普林格（Springer-Verlag）发行的综合型全文数据库，系统在 1996 年启用。2004 年，Springer 合并荷兰学术出版商 Kluwer Academic Publishers 旗下电子期刊出版物，此后逐步发展成为全球最大的科技及医学信息在线数据库之一。截至今日，SpringerLink 的内容横跨各个研究领域，涵盖不同学科，提供超过 1 900 种经同行评审的高品质学术期刊，其中环境科学相关期刊逾 200 种。此外还收录 30 000 余种在线电子书，且以每年超过 3 500 种图书的速度不断增加。

数据库将全部内容按学科分为 13 个“在线图书馆”（online libraries），覆盖了建筑与设计、行为科学、生物制药与生命科学、商业经济学、化学与材料科学、计算机科学、地球与环境科学、工程学、人文社会科学与法学、数学与统计学、医学、物理学与天文学等学科领域，其中绝大部分为 SCI 和 EI 来源期刊。它还单独建立了中国在线科学图书馆（Chinese Library of Science），推出了国内科学出版社、高等教育出版社、清华大学出版社等著名科技出版社出版的 90 余种英文学术期刊，这些刊物中大部分被 SCI 收录。

二、检索方法

购买了 SpringerLink 数据库的用户可登录其主站访问，网址为：http://www.springerlink.com。数据库提供快速检索、高级检索和浏览三种查询方式。

1. 快速检索

主页上方提供了快速检索界面。默认在全文中搜索检索词，系统支持布尔逻辑算符，默认空格为“AND”关系，用户可在检索框内输入词组或完整的检索表达式进行检索。默认字词扩展功能及自动对输入的检索词扩展其同词干概念。如需查询特定出版物上的文章，则在“search for”下方书刊名及卷期号检索框中输入相应内容。

2. 高级检索

点击主页快速检索框旁的“advanced search”按钮切换到高级检索界面。

高级检索提供内容查询和引文查询两种检索途径。其中，内容查询（content）即针对书刊内容进行，可选择全文（full text）、题名/摘要（title & abstract）和仅在题名中检索（title only）三个选项。引文查询（citation）支持从出版物名称、DOI 号、ISSN 号、ISBN 号及文章刊载卷期号等条件进行检索。支持时间限定和文献类型限定。

3．浏览

SpringerLink 主页左侧列出按学科浏览的主题目录，即 13 个在线图书馆：建筑与设计科学（architecture & design）、行为科学（behavioral science）、生物制药与生命科学（biomedical and life sciences）、商业经济学（business and economics）、化学与材料科学（chemistry and materials science）、计算机科学（computer science）、地球与环境科学（earth and environmental science）、工程学（engineering）、人文社会科学与法学（humanities，social sciences and law）、数学与统计学（mathematics & statistics）、医学（medicine）、物理学与天文学（physics and astronomy）等。点击主题名称即可浏览所属大类下的全部文献记录。

点击主页导航栏中"browse"栏目，则可分别从期刊、图书、丛书、电子参考工具书等不同文献类型途径进入浏览页面。如从"journal"途径进入浏览界面，可继续搜索特定刊物，也可通过刊名字顺或所属学科主题顺序浏览相关刊物。点击要浏览的刊名，依次可以看到数据库收录该刊的年、卷、期以及最新一期的文章目录和全文下载链接。系统特别标注了那些可以先于印刷版进行在线阅读的期刊/文章（online first）和可以免费公开获取（open access）的期刊/文章。

4．检索结果

检索结果默认按相关度排序。逐条显示文献类型[期刊论文（journal article）、图书篇章（books）等]、文献标题、作者、来源出处及 PDF 格式全文链接。点击文献标题可以看到文章所在刊物/图书的封面图片、详细摘要和全文预览页等信息。

系统支持在检索结果基础上进行二次检索（search within all content）和结果过滤（filter these results）。后者可按学科主题（collection）、出版年（copyright year）、数据库更新时间（springerlink date）、作者（author）、文献类型（content type）、语种（language）等途径过滤所得结果，直接查看符合个人需求的文献列表。

第三节　Wiley Online Library

一、概况

Wiley Online Library 是有 200 多年历史的世界知名出版机构 John Wiley &

Sons 公司创建的动态在线内容服务。作为一家综合性出版公司，John Wiley 公司出版有图书、期刊及各类参考工具书，学科范围以科学技术与医学为主，其期刊品质非常高。1997 年，公司开通了 Wiley InterScience 在线全文数据库。2011 年升级为“威利在线图书馆”（Wiley Online Library）。该在线服务平台为综合型全文数据库，收录了 1 500 多种期刊（其中 SCI 来源刊逾 1 000 种）、10 000 余册在线电子图书，几百种大型专业参考书及实验手册和数据。

二、检索方法

授权用户可直接登录 Wiley 公司在线服务主站（http://onlinelibrary.wiley.com），进入数据库主页。Wiley Online Library 提供了完善的检索功能，包括快速检索、高级检索和浏览三种查询方式。

1．快速检索

即主页左侧的“search”检索框，直接输入检索词并回车。可在资源内容全文（all content）中检索，也可检索特定书刊（publication titles）中的知识。系统默认在所有类型出版物中进行检索。

2．高级检索

点击主页左侧快速检索框下的“advanced search”，切换至“高级检索”界面。系统提供了表单式检索功能。用户只需输入检索词，指定检索词所在位置（检索字段），并选择布尔逻辑组配关系（AND/OR/NOT），即可在数据库所有类型资源中进行查找，操作简单便捷。检索字段有：出版物名称（publication titles）、论文题名（article titles）、作者（author）、摘要（abstract）、关键词（keywords）、作者机构（affiliation）、全文（full text）、ISBN、ISSN 等。

3．浏览

Wiley Online Library 主页提供两种浏览方式：按学科浏览和按出版物名称字顺浏览。

主页左侧快速检索区下方即为按出版物名称字顺浏览入口，如查找有关生态恢复的期刊，首先点击字母“E”，在打开的所有“E”字头出版物列表页面右侧勾选“journals”，在全部按字顺列出的期刊中逐个浏览直至发现“Ecological Management & Restoration”，即可点击进入该刊子页面，继续浏览该刊目次及全文。

按学科浏览，则需点击主页导航栏中的“browse by subject”进入相应页面。Wiley Online Library 将全部内容划分为：农业水产业与食品（agriculture，aquaculture & food）、建筑与规划（architecture & planning）、艺术与应用艺术（art & applied arts）、商业经济（business economics）、金融会计（finance & accounting）、化学（chemistry）、

计算机科学与信息技术（computer science & information technology）、地球与环境科学（earth and environmental science）、人文科学（humanities）、法律与犯罪学（law & criminology）、生命科学（life sciences）、数学与统计学（mathematics & statistics）、医学（medicine）、护理学、牙科学与保健（nursing，dentistry & healthcare）、物理学与工程（physics and engineering）、心理学（psychology）、社会与行为科学（social & behavioral sciences）、兽医学（veterinary）等 17 个大类。其中地球与环境科学大类下有地球和环境科学 2 个二级类目。在环境科学二级类目下，根据环境科学各分支学科细分出 11 个三级类目。这样层层归集文献。点击三级类目名称，即可按字顺浏览此学科分支下包括图书期刊在内的所有文献清单。然后再按照从右侧的过滤清单（filter list）中选择所需要查阅的文献类型（publication type），进一步浏览特定刊物及其内容。

4．检索结果

检索结果按相关度以题录形式顺序列出，显示文献标题、出处、作者等信息，并提供摘要、参考文献和 PDF 格式全文的链接。页面右侧并有过滤清单（filter list），分别展示不同类型文献中各有多少命中结果，点击所需文献类型（如 journals）即可浏览所有符合检索要求的期刊论文信息。

第四节 EBSCOhost

一、概况

EBSCOhost 是全球最早推出全文在线数据库检索系统的企业之一——美国 EBSCO 公司发行的数据库系统。其中全文数据库有十几个，包括 Academic Search Premier，Business Source Premier，Regional Business News，EBSCO Online Citations，ERIC（即 The Educational Resource Information Center）和 Newspaper Source，GreenFILE 等，既有学术性资源，又有大众读物。其中，主要检索工具——学术期刊数据库（Academic Source Premier）收录了覆盖所有学术研究领域的 4 500 多种期刊。其中 3 600 多种为高品质的同行评审期刊（peer-reviewed），收录的 SCI & SSCI 核心期刊近千种，且收录了大量有价值的图像图表，是环境科学研究中非常重要的参考文献资源。EBSCOhost 系统中的环境科学专题数据库——绿色档案（GreenFILE），专门提供深入研究人类对环境所产生的各方面影响的文献，包括全球变暖、绿色建筑、污染、可持续农业、再生能源、资源回收等主题。

二、检索方法

EBSCOhost 通过 EBSCOhost Web 平台提供所有类型文献的检索和下载服务。授权用户可登录 EBSCOhost 检索主站（http://search.ebscohost.com）进入检索系统。系统界面提供十几个语言版本，国内用户登录其主站则自动显示为汉语版界面。首页列出所有数据库的名称与简介，并默认在所有数据库中进行检索。这些数据库包括：Academic Source Premier（学术期刊数据库，简称 ASP）、Business Source Premier（商业资源数据库）、ERIC（教育资源信息中心）、MEDLINE（美国国家医学图书馆数据库）、Newspaper Source（报纸库）、GreenFILE（绿色档案）、Regional Business News（地区商业新闻）等。检索环境科学相关信息可勾选“Academic Source Premier”和“GreenFILE”，并点击“继续”按钮即可进入检索界面。

EBSCOhost 提供浏览、高级检索、基本检索和视觉检索 4 种查询方式。

1．浏览（出版物）

按出版物名称字母顺序、主题和说明或所输入的关键词浏览期刊。

2．高级检索

进入数据库后，显示表单式高级检索界面，支持布尔逻辑检索、截词检索、位置算符检索和词组检索，但禁止输入“the”、“of”等冠词和介词。可在三个检索框内输入检索词，指定各自的检索字段（全文、作者、题名、主题词、摘要、来源和 ISSN）和各个检索词之间的逻辑组配关系（AND/OR/NOT）。检索界面并提供了结果限定功能，可针对特定出版物、文献类型、出版物类型、出版时间、是否为同行评审期刊、是否包含全文、是否有参考文献等选项精化检索结果。

3．基本检索

即关键词检索，系统将在全文中搜索包含检索词的文献，支持上述所有检索技术。

4．视觉检索

在检索框中输入检索词后会出现视觉导航图，以柱形表形式列出所有相关主题词和文献数量。点击其中一条符合需求的主题词，会出现下一级类目名称，直至最底层类目词，并展示相关文献题录信息。

5．检索结果

检索结果揭示相关文献的题名、作者、来源出处、所属主题类目、所属 EBSCOhost 数据库，系统默认按相关度排序。左侧提供过滤功能，可按精确搜索结果、出版物类型、主题、出版物等途径过滤搜得的结果。

第五节 WSN（World SciNet）

一、概况

World SciNet，简称 WSN，是新加坡世界科技出版社——World Scientific Publishing 公司电子期刊发行网站。目前该数据库收录了逾百种电子期刊，学科范围包括化学、数学、物理、计算机、环境、医学、生命科学、经济管理、材料学、工程学等学科。所有电子期刊的访问年限为 2000 年至今。

二、检索方法

国内高校用户可通过 World SciNet 在清华大学的镜像站（http://worldscinet.lib.tsinghua.edu.cn）访问数据库。该库提供浏览、简单检索和高级检索三种查询方式，支持布尔逻辑组配和截词检索，并支持二次检索。网站有中英文两个访问版本。

1. 基本检索

基本检索可选择的检索字段包括：全部范围、摘要、作者、期刊、题目和关键词六个选项。

2. 高级检索

高级检索为四行（检索框）表单式，用户可输入检索词、选择检索字段和布尔逻辑组配算符，支持针对文献所在学科、期刊和出版时间进行检索限定。

3. 浏览

可按科目（及学科主题 subject）、期刊或作者浏览数据库内所有期刊文章。

第六节 Cambridge Journals

一、概况

剑桥大学出版社（CUP）成立于 1534 年，出版有 250 多种同行评审的学术期刊，涉及科技、人文、医学、工程等各个领域。剑桥大学出版社已经租用了 CERNET 的专线，向国内用户提供电子期刊服务。目前，其旗下科技类期刊共 87 种，有 76%被 SCI 收录，学科包括数学、物理、农学、生命科学、动植物学、计算机科学、地球和大气学、科学史等。其中尤以数学、流体力学、环境与生物保护学、农业、神经学与心理学见长。其人文社科类期刊共 144 种，其中 51%被 SSCI/AHCI 收录。学科包括经济学、历史、地域研究、语言学等。医学类和工程技术类期刊品质也很高。其环境科学相关刊物总计 30 余种。

二、检索方法

登录剑桥大学出版社电子期刊主站（http://journals.cambridge.org），系统提供浏览和检索两种查询方式。

1．期刊浏览

可按学科主题或刊名字顺浏览所有期刊。其中环境科学相关主题包括：地球与大气科学（earth and atmospheric science）、环境研究（environmental studies）、生态保护（ecology and conservation）、水生科学（aquatic science）等类目，点击上述类目名称即可浏览相应期刊。部分期刊为跨学科的刊物。

2．检索

网站提供多种检索方式：快速检索（quick search）、高级检索（advanced search）、引文检索（citation search）、互见检索（crossref search）。

检索界面简单友好，其中常用的检索方式有：快速检索可针对期刊或图书内容全文进行检索。引文检索可针对特定作者或特定刊物某一期号进行检索。高级检索为表单式，即在所列 5 个检索框中输入检索词，并选择布尔逻辑组配关系进行查询。可选择的检索字段包括作者、题名、摘要、作者机构、关键词、全文等。

第七节　美国生态学会网络版期刊

一、概况

美国生态学会（Ecological Society of America，ESA）成立于 1915 年，是大学、政府机构和非政府机构的联合体。该学会利用生态学家之间的交流来发展生态科学，提高对生态科学重要性的认识，增加供生态科学研究用的信息资源，促使决策者在制定环境政策时更多地依靠生态科学。该联合体成员均从事相关研究、教育和实际工作，为环境问题的研究提供了广泛的知识参考资料，其中包括生态技术、自然资源管理、生态恢复、臭氧和全球气候变化、生态系统管理、物种灭绝和生物多样性的丧失、栖息地的变化和破坏等多方面。

二、检索方法

登录网址 http://www.esajournals.org，进入美国生态学会网络版期刊主页（图 6-3）。网站提供了 ESA 出版的 6 种网络版电子期刊，包括：*Frontiers in Ecology and the Environment*，*Ecology*，*Ecological Applications*，*Ecological Monographs*，*Bulletin of the Ecological Society of America* 和 *Ecosphere*，其中创刊于 2010 年的 Ecosphere 是一个完全免费的开放杂志，仅提供在线版（图 6-3）。

图 6-3　美国生态学会 ESA 网络版期刊

网站界面友好简单，提供浏览和检索两种查询方式，并支持个性化服务。

1．期刊浏览

如图 6-3 所示，网站首页正中列出了 ESA 旗下 6 种期刊的封面图片，点击各期刊图片下面的“current issue”，即可进入该刊主页浏览最新一期目次及文章；点击“preprints”可浏览该刊先于正式印刷版出版的预印本文章；点击“available issues”可浏览该刊各年期号及其目次。*Ecosphere* 期刊全部可免费浏览下载全文，另外 5 种刊物可免费查看自创刊以来的摘要，授权用户可浏览下载全文。

用户也可以直接点击 ESA 网站导航栏中的期刊名称，进入该刊主页详细浏览。

2．检索

ESA 网站首页右上角提供了快速检索入口，点击“advanced search”可切换到高级检索界面。系统支持布尔逻辑组配，支持截词检索（“?”和“*”）和词组检索，自动扩展词干。如检索特定作者的文章，输入检索词格式为姓的全拼在前，名的缩写字母置后，中间以逗号或空格相隔；或者只输入姓氏再辅以其他检索字段组配。高级检索界面非常简单易用，仅提供作者（author）、题名（title）、全文（anywhere in article）、摘要（abstract）和 DOI 5 个检索字段，系统默认各检索框之间为逻辑“与”关系，可针对特定出版物和出版时间进行检索限定。

3．检索案例

查找有关湿地生态恢复技术和现状的文献。

（1）分析课题：本课题的主要概念包括湿地、生态恢复、技术和现状，可提取的检索词为：wetland，restoration，二者为逻辑“与”关系，可使用无限截词符“*”来扩展“恢复”这一概念。

（2）打开高级检索界面，在左侧“title”检索框内输入检索表达式：wetland and restor*，直接在所有期刊和出版时间内进行检索。

此外还可在“abstract”检索框内输入：wetland restor*，系统默认两词之间为逻辑“与”关系。如此检得的结果比通过题名途径检索更加丰富（图 6-4）。

（3）检索结果：按相关度依次显示匹配文章的题名、作者、来源出处、DOI 号，提供摘要链接、引文链接、网页版全文链接、PDF 格式全文链接，并可保存到个人账号中。

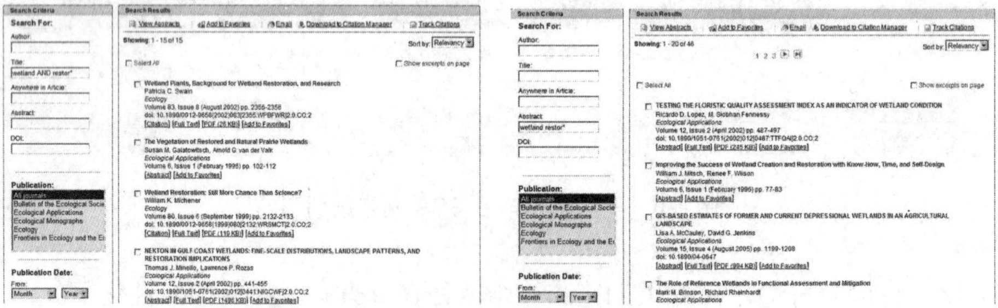

图 6-4　分别从题名和摘要途径检索 ESA 期刊

第八节　ACS Publications

一、概况

美国化学学会（American Chemical Society，ACS）成立于 1876 年，现已成

为世界上最大的科技协会之一，在全球化学界一直享有盛誉。ACS 出版期刊 40 余种，涵盖了分析化学、有机化学、环境科学、材料学、毒物学、环境工程学、燃料与能源、微生物应用生物科技、聚合物、农业学等学科领域，被 ISI 的 JCR 评为“化学领域中被引用次数最多的化学期刊”。这些期刊经常收录与环境科学相关的研究成果，特别是 *Environmental Science & Technology*，*Energy & Fuels*，*Chemical Research in Toxicology* 等期刊更是专门报道环境科学领域的研究论文。

二、检索方法

直接登录美国化学会 ACS 的网址：http://pubs.acs.org，进入其主页。网站提供浏览和检索两种查询方式。支持个性化服务。

1．期刊浏览

网站主页左侧为期刊浏览区（Browse Our Journals），可以按照期刊刊名字顺或学科主题浏览所有出版物。点击某一刊名即可进入该刊在 ACS 的子页面。如浏览环境科学与技术杂志（*Environmental Science & Technology*），按字顺找到并点击该刊刊名，进入该刊子页面（图 6-5）。

图 6-5　Environmental Science & Technology 在 ACS 网站上的子页面

（1）ASAP（最新文章）

期刊主页首先推介最新文章[articles ASAP（as soon as publishable）]。这些文章以网络版优先于印刷版出版，报道文献题名、作者、出版日期和文内图表，提供摘要、引文和网页格式、高画质 PDF 格式（Hi-Res PDF）与可链接 PDF 格式（PDF W/Links）三种格式的全文链接。

（2）Current Issue（最新一期）

显示刊物最近一期出版的文章。

（3）Most Read（被读率最高文章）

一个月和一年内被阅读次数最多的文章，揭示本刊最受欢迎和关注的成果。

（4）Most Read（被引率最高文章）

报道一个月内、一年内、三年内被他人引用次数最高的文章，揭示本刊最有影响力的研究成果和研究团队。

读者还可以通过主页右侧的"browse by issue"功能，选择欲浏览的年卷期号，直接浏览某一期号的目次和文章。

2. 检索

ACS 网站首页和每种期刊的主页右上角均提供了快速检索入口，可针对文章题名、作者、摘要及全文进行检索。

点击快速检索框上方的"Advanced Search"，进入高级检索界面。系统提供了作者、题名、摘要、全文和图表标题五个检索框，支持布尔逻辑检索、截词检索（"？"和"*"）、词组检索和词干扩展。

第九节 OA 开放获取期刊

一、什么是 OA 开放获取期刊

OA（open access，OA）资源是指可以通过互联网免费使用的开放获取资源（也称开放存取）。20 世纪 90 年代末，国际科学界、学术界、出版界、信息传播界为推动科研成果通过 Internet 免费、自由地传播，倡导并发展起 OA 开放获取运动。

目前，OA 开放获取资源主要有 OA 期刊和 OA 仓储两种形式。其中，OA 期刊多由出版商或者学（协）会机构创办，并经严格的同行评审，以确保期刊专业质量。OA 开放获取期刊主要有两种类型，一种是由传统期刊逐步过渡到开放期刊，作者自己选择论文是否采用开放存取模式；另一种是直接创办的开放期刊。近些年来，OA 开放获取期刊的数量不断增长，影响因子也在不断增加，越来越多的传统期刊出版商加入到开放获取期刊行列。如英国牛津大学出版社允许全球科研人员在线免费搜索访问 2002 年以来牛津大学作者出版的学术论文；斯坦福大学的 Highwire 出版社提供其出版的期刊的全文免费网络服务等。这些开放获取期刊网站的内容均可通过 GoogleScholar 检索到。

二、环境科学 OA 开放获取期刊资源

目前比较著名的 OA 开放获取期刊访问平台有 DOAJ，Open J-Gate 等，这些访问平台都只提供资源的链接入口或者部分资源的题录级检索，不提供全文检索功能。下面介绍几个在环境科学领域非常有价值的 OA 开放获取期刊数据库。

（一）DOAJ

DOAJ 即期刊名录，全称为 Directory of Open-access Journals，访问地址为 http://www.doaj.org，是由瑞典 Lund 大学图书馆维护和创建的一个随时更新开放获取期刊列表的网站。该名录旨在覆盖所有学科、所有语种的高质量的开放获取同行评审期刊。DOAJ 于 2003 年 5 月正式发布，可提供刊名、国际刊号、主题、出版商、语种等信息。截止到 2011 年 11 月，网站收录了逾 7310 种 OA 期刊，其中 3400 多种期刊可进行文章内容的检索。涵盖农业和食物科学、生物学与生命科学、化学、地球与环境科学、健康科学、数学与统计学、物理学与天文学、社会科学、技术工程等 17 个学科主题领域，其中地球与环境科学类 OA 期刊超过 500 种。可通过刊名首字母、期刊所属学科主题、刊名关键词来浏览、查找特定期刊（search journals）；或针对题名、刊名、ISSN 号、作者、关键词、文摘等字段进行文章检索（search articles）；支持布尔逻辑组配检索，且同一检索框内输入两个或以上检索词时默认按词组处理。检索结果提供文章题名、作者、所载刊物名称及其年卷期号、摘要等信息，免费全文链接将指向文章所在刊物出版者所提供的该 OA 期刊刊物主页，显示文章原始全文。

（二）Open J-Gate

Open J-Gate 的中文名称是开放期刊之门，访问地址为 http://www.openj-gate.com，是由印度 Informatics 公司于 2006 年创建的世界最大的英文开放获取期刊数据库，提供基于 OA 期刊的免费检索和全文链接。截止到 2011 年 2 月 28 日，对全球 8378 种开放获取期刊进行了索引，其中有超过 5580 种是同行评审的学术性期刊。所收录的期刊覆盖了所有的学科领域，其中环境科学类刊物超过 700 种。

网站提供了快速检索、高级检索和期刊浏览三种检索方式且功能设计友好方便。其中高级检索界面提供三行检索框，可通过题名、作者、文摘、关键词、作者所属机构或全文等途径进行检索，支持布尔逻辑组配（仅限 AND 与 OR），并可根据需要选择匹配模式为模糊匹配（all words）或精确匹配（exact phrase）。

Open J-Gate 还是唯一可在检索中进行时间范围和学科范围限定的 OA 入口平台。其期刊浏览可通过刊名（字顺或关键词）、出版商或学科主题三种途径进行，并设计了良好的分级选择，用户可选择在所有期刊（all journals）、同行评审期刊（peer-reviewed journals）和职业/产业刊物（professional & industry journals）三个不同等级层次进行浏览，以获取更好的检索结果。检索结果按相关度排列，揭示论文题名、作者、作者通信地址、来源刊名及发表年卷期号、关键词、摘要等信息，并提供 PDF 格式全文链接。

（三）PubMed Central

PubMed Central 简称 PMC，是美国国家医学图书馆生物技术信息国家中心开发维护的生命科学和医学期刊文献数字化资源库，访问地址为 http://www.ncbi.nlm.nih.gov/pmc。PMC 目前收录 1 000 多种期刊，所收录的期刊论文均经过同行评审，质量非常高，它收录的很多期刊都是 SCI 来源期刊。数据库提供完全免费的高品质全文服务。其中，环境科学相关的 OA 期刊、部分 OA 期刊（special collections journals）和手稿期刊（manuscript journal）逾百种，在资源开放程度上，由于 PMC 中的论文大多有版权限制，因此全文开放存取的时间有所差异，分为可立即获取（immediate）、1 个月后（after 1 month）、3 个月后（after 3 months）、4 个月后（after 4 months）、5 个月后（after 5 months）、6 个月后（after 6 months）、12 个月后（after 12 months）和 36 个月后（after 36 months）开放获取。其中 83%以上的全文都是可以立即获取的。网站提供按期刊刊名字顺浏览和简单检索功能，检索结果揭示文章题名、作者、来源出处、PMC 号、文摘、网页格式和 PDF 格式全文链接，并提供本数据库中所收录之该作者的其他成果链接和相关文献链接。

（四）Socolar

Socolar 是国内首个向公众开放的 OA 学术资源集成服务平台，由中国教育图书进出口公司推出，访问地址为 http://www.socolar.com。可以检索到来自世界各地、各种语种的重要 OA 资源，并提供全文链接。截止到 2011 年 2 月 28 日，Socolar 已收录 OA 期刊近 11 700 种，仓储超过 1 045 个。其中经过同行评审的期刊超过 4 000 种，被 ISI 收录的期刊超过 1 000 种。资源涵盖所有学科领域，其中环境科学相关 OA 期刊超过 500 种。

网站提供期刊浏览、期刊检索和文章检索三种检索方式。其中期刊检索可按学科主题和刊名字顺进行浏览，期刊检索支持通过刊名、ISSN、期刊关键词、期刊简介等途径查询特定期刊。文章检索包括简单检索和高级检索，简单检索可通过篇名、作者、摘要和关键词途径进行查询。高级检索界面友好方便，为三行检索框式，可通过文章篇名、关键词、作者、摘要、ISSN 号、刊名/仓储名、出版社等字段实现本地化检索，支持布尔逻辑组配检索，支持词组检索，支持通配符（“*”和“?”），支持按出版时间和学科范围限定，也提供按照学科、字顺的期刊浏览功能。检索结果揭示文章的篇名、作者、来源出处、出版商、是否为同行评审期刊、文摘和 PDF 格式全文链接。注册用户可以享有信息定制等个性化服务。

思考题

1. 结合本章知识，熟悉并练习外文全文数据库的特点、使用规则和检索方法。

2. 试应用 ScienceDirect 或 SpringerLink 数据库查找有关水资源可持续利用的文章，要求为近 10 年来的研究成果。

3. 检索有关纳米材料的生物毒性的文献，要求检索专业学会机构出版物。

4. 浏览并收藏与你的研究兴趣相关的开放获取期刊资源，随时浏览检索所需文章。

第七章

环境科学英文参考数据库

在今天这个海量信息的时代，任何一个数据库都不可能收录齐全所有的内容，任何一个人也难以阅尽所有的信息资源。环境科学学习和研究要求我们具备良好的信息筛选能力，既能够在短时间内尽可能全面地获取最有价值的文献信息，又能够充分阅读利用那些最有价值的文献。做到“多数文献看摘要，精华文章研读全文”，以在有限的时间精力下，尽可能全面深入地拓展自己的专业知识和研究视野，这就离不开参考型数据库。参考数据库是帮助我们发掘合乎所需的全文资源的密钥，一般收录期刊、会议论文、学位论文、科技报告、专利等多种文献类型，并提供文献题录及摘要等重要线索。通过阅读分析这些题录及摘要，我们可以判断是否需要进一步阅读全文，以便于继续通过全文数据库、传统纸版馆藏或馆际互借等途径获取全文。

环境科学相关英文参考数据库包括综合性参考数据库和专业性参考数据库。前者如 SCI（科学引文索引）、EI（工程索引）等，是世界科学技术领域著名的权威参考源，也是国际公认的进行科学统计与科学评价的主要检索工具。其收录的文献往往代表了较高的学术水平。后者如美国剑桥科学文摘 CSA、生物学文摘等。

第一节 SCI 与 Web of Knowledge

一、SCI 概况

（一）SCI 及其作用

美国《科学引文索引》（Science Citation Index，SCI）创刊于 1961 年，是美国科学情报研究所（Institute for Scientific Information Inc.，ISI）出版的著名的国际性检索刊物。目前除 SCI 印刷版之外，还有 SCI 光盘版和网络版（通常称核心版）。截至 2011 年 3 月，SCI 核心版收录世界范围内的期刊 3 785 种，以英语文献为主。内容主要侧重基础科学，覆盖了农业与食品科技、天文学、生物化学、生物学、生物医学、化学、计算机科学、电子与通信、工程与制造、环境科学、遗传学、地球科学、机械、仪器、材料科学、数学、物理学、医学、微生物学、植物科学、矿物学、冶金、能源科学、海洋与水产、土木与建筑、神经科学、药理学与制药、精神病学与心理学、统计与概率、技术与应用科学、兽医学、管理科学、教育、科学史与科学、哲学等230多个学科领域。

由于SCI选刊比较科学，具有较严格的评价标准。它运用引文数据分析和同行评审相结合的方法，充分考虑了期刊的学术价值，从而使其收录的文献能全面覆盖全世界最重要和最有影响力的研究成果。因此，SCI 成为国际公认的反映基础学科研究水平的代表性工具。

当前，SCI 不仅是一个重要的检索工具，而且也是一个权威性的科研成果评价体系。其收录的科技论文数量的多寡，被看做是衡量科研工作者、机构甚至一个国家的基础科学研究水平及其科技实力的指标之一。一直以来，我国科技界和高校科研系统对科研成果能否被SCI摘录予以高度重视。无论参考文献资源，还是进行科研绩效评估，或者科研立项评奖，甚至授予博士学位，都要看其发表的论文是否被SCI收录。然而SCI就其本身而言，最重要的功能是帮助科研人员获取最需要的文献信息，特别是通过其独特的引文索引数据关系激发思想创新，指导研究思路，从而追溯科学发展的进程。

通过 Web of Science，我们可以：

❖ 了解某一课题发生、发展、变化过程。
❖ 查找某一重要理论或概念的由来。
❖ 跟踪当前研究热点。
❖ 了解自己以及同行研究工作的进展。
❖ 查询某一理论是否仍然有效，而且已经得到证明或已被修正。
❖ 考证基础理论研究如何转化到应用领域。
❖ 评估和鉴别某一研究工作在世界学术界产生的影响力。
❖ 发现科学研究新突破点，了解世界范围内的学科动态。
❖ 了解个人或机构的成果数量及被引用情况。

SCI 最大的优点是引文索引功能，SCI 的引文检索体系不仅可以从文献引证的角度评估文章的学术价值，还可以迅速方便地组建研究课题的参考文献网络。在这里用户能很快地了解到某一作者的某篇论文是否被他人引用过，通过引文次数可以了解某一学科的发展过程。另外，使用SCI还可以了解到科学技术发展的最新信息。如：有没有关于某一课题的评论；某一理论有没有被证实；某方面的工作有没有被扩展；某一方法有没有被改善；某一提法是否成立；某一概念是否具有创新性等。

SCI 对科技工作者查阅最新文献、跟踪国际学术前沿、科研立项以及及时了解国际学术动态都有很大帮助。同时，SCI 也成为科研评价的一种依据。科研机构被 SCI 收录的论文总量，可以反映整个机构的科研尤其是基础研究的水平；个人的论文被 SCI 收录的数量及被引用次数，也反映了其研究能力与学术水平。

（二）SCIE 数据库及其检索平台 Web of Science

1997 年，ISI 推出 SCI 的网络版，即俗称的 SCI 扩展版——Science Citation Index Expanded，简称 SCI-Expanded 或 SCIE。SCIE 通过 Web of Science 引文检索系统进行查询。

Web of Science 是美国的著名引文数据库，收录了自然科学、工程技术、生物医学、社会科学、艺术及人文科学等多学科领域的高影响力的 10 000 多种核心学术期刊，超过 120 000 个会议的国际会议记录，时间可回溯到 1900 年。它包括 7 个子库，即：3 个独立的引文数据库，2 个国际会议记录引文数据库和 2 个化学数据库：

- ❖ 科学引文索引扩展版（SCIE——Science Citation Index Expanded，1900—）
- ❖ 社会科学引文索引（SSCI——Social Sciences Citation Index，1956—）
- ❖ 艺术人文引文索引（A & HCI——Arts & Humanities Citation Index，1975—）
- ❖ 国际科技会议录引文索引（CPCI-S——Conference Proceedings Citation Index -Science，1990—）
- ❖ 国际社会科学及人文科学会议记录引文索引（CPCI-SSH——Conference Proceedings Citation Index -Social Science & Humanities，1990—）
- ❖ 新化学反应库（CCR——Current Chemical Reactions，1985—）
- ❖ 化合物信息库（IC——Index Chemicus，1993—）

其中，科学引文索引扩展版子库 SCIE 作为一个多学科的综合性数据库，涵盖了 150 多个学科，主要涉及农业、生物及环境科学；工程技术及应用科学；医学与生命科学；物理学及化学；行为科学等领域。截至 2011 年 3 月，SCIE 共收录期刊 8294 种，其中环境科学相关刊物 200 多种。收录内容包括论文与所有的参考文献，其引文记录不仅包括期刊论文，还有图书、会议论文、专利等其他类型的文献。通过独特的被引文献检索，用户可以直接检索某一篇文献发表以来被引用的情况，回溯该研究的起源与历史或追踪其最新的进展。

而社会科学引文索引 SSCI 是社会科学文献检索工具。截至 2011 年 3 月，SSCI 收录了全世界 50 多个学科 2873 种社会科学学术期刊，其中包括环境研究、社会发展等环境科学密切相关领域的近百种期刊。

2002 年，ISI 推出 Web of Knowledge 跨库检索平台，整合了旗下多种资源，

Web of Science 成为这个跨库平台的重要组成部分之一。2011 年 7 月，Web of Knowledge[SM] 新平台在全球推出。新平台提供了更智能的检索和导航功能，使科研人员能够迅速高效地找到所需的信息。新平台所提供的更强大的分析工具，可以方便科研人员更有效地管理检索结果。同时，新平台还整合了 Researcher ID（科学家名片）功能，使研究人员可以借此展示自己的研究成果，并迅速甄别合作者（不论合作者身在何方），轻松开展国际合作研究。

SCIE 及其他 Web of Science 资源均需订购并获授权才可使用。目前，国内部分高校和研究院所都已经开通了该数据库，用户可使用授权 IP 地址直接登录使用。

二、检索方法

通过 Web of Science，授权用户可以直接检索访问 Thomson ISI 集团所出版的三大引文索引数据库（SCIE，SSCI，A&HCI），国际会议记录索引数据库（CPCI-S，CPCI-SSH），以及两大化学信息事实型数据库（CCR，IC）。检索 SCIE 需首先登录 ISI Web of Knowledge 平台。该综合性平台收录了自然科学、工程技术、生物医学等 230 多个学科领域内的期刊 22 000 多种，此外还集合了 BIOSIS Previews，Derwent Innovations Index，MEDLINE 等专题数据库，各库的检索界面与检索方法大同小异。

授权用户可通过所在机构的远程访问代理（通常在图书馆主页上有专门的链接），登录 ISI Web of Knowledge 检索平台（http://www.isiknowledge.com）（见图 7-1）。

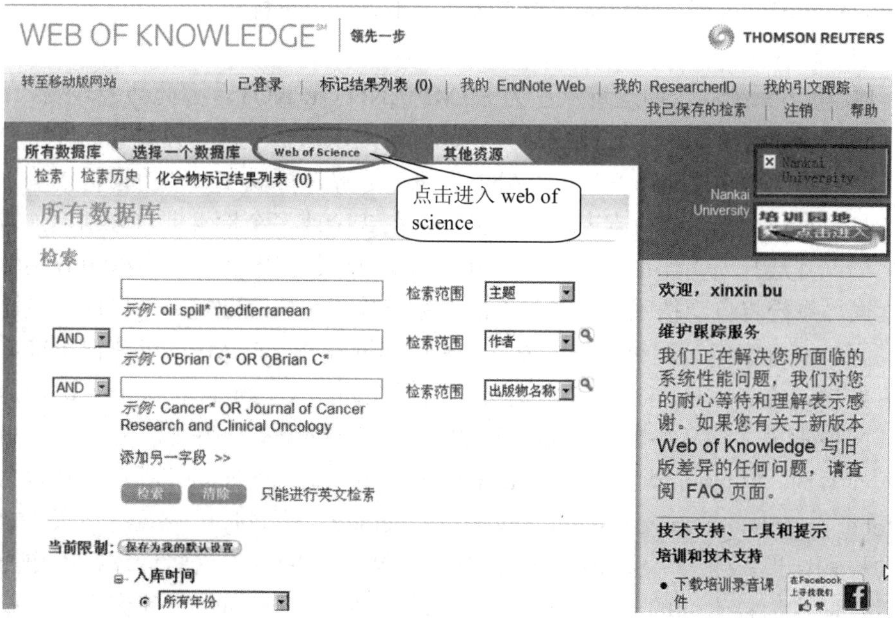

图 7-1　ISI Web of Knowledge 新平台主页

登录到 Web of Knowledge 平台后，点击导航栏中的“web of science”按钮，切换到 SCIE 检索平台（见图 7-1）。系统默认同时在三大引文数据库、两大会议论文库和两大化学库中进行检索。若仅需检索 SCI，则通过主页下端的数据库选择列表勾选“science citation index expanded（SCI-Expanded）”。

检索 SCIE 可通过普通检索（general search）、高级检索（advanced search）、被引参考文献检索（cited reference search）三种检索方式进行（化学结构检索用于检索同为 Web of Knowledge 平台下的两个事实型化学数据库 IC 和 CCR）。

1. 普通检索

普通检索（general search）为表单式检索界面。Web of Science 支持布尔逻辑组配检索、支持词组检索和截词检索，系统还有个特殊的算符——邻近算符“SAME”。

（1）检索字段

普通检索为表单式。系统提供十多个检索字段，包括：topic（主题）、title（标题）、author（作者）、group author（团体作者）、editor（编者）、publication name（出版物名称）、year published（出版年）、address（地址）、conference（会议）、language（语种）、document type（文献类型）、founding agency（基金资助单位）和 grant number（授权号）等。如选择主题途径，则系统将在文献的题名、摘要和关键词中检索。系统默认检索时间范围为所有年份，可通过下拉箭头选定或直接输入检索时间范围。检索词字母不区分大小写、上下标等。

（2）运算符

ISI 检索系统默认的运算次序为 SAME\AND\OR\NOT，因此涉及逻辑“或”关系时，最好将以“OR”连接的检索词或检索式以圆括号括起并放到同一个检索框中，以示优先于“SAME”和“AND”执行运算。可以在一个检索框内输入一个完整的布尔逻辑组配检索表达式，也可以在 2 个或多个检索框内分别填入若干检索词，并选择逻辑组配算符（AND\OR\NOT）。若在各字段检索框中分别输入检索词，系统将自动按照逻辑“与”的关系将检索字段组配检索。同时系统默认单词间的缺省空格为逻辑“与”关系。使用邻近算符“SAME”可获得更准确的检索结果，它表示所连接的检索词必须出现在同一个句子或者一个关键词短语里，而检索词在句子中的顺序是任意的。如欲查找温室气体排放方面的文献，输入检索词：“(greenhouse OR green house) SAME emission”，则返回题名为“Global greenhouse gas emissions inventory method”等同时讨论温室和碳排放问题的检索结果。但当“SAME”，“AND”，“OR”，“NOT”这些运算符不作为运算符，而作为检索词的一部分时，需用双引号标识检索词，将其作为一个整体进行检索。

（3）截词符

截词符可以用于所有字段，有限截词符“?”相当于省略 1 个字符；有限截词符“$”代表 0 和 1 个字符；无限截词符“*”表示省略 1 个或多个字符，“*”可以放在词中或词尾，但不能放在词头，而且使用“*”检索时，在“*”之前至少要有 3 个字母。两种截词符可以同时用于一个检索词中，例如：sm?th r*。

以检索有关多环芳烃污染土壤生物修复的文献为例，则：

在普通检索界面的三个检索框内分别输入：PAHs OR "polycyclic aromatic hydrocabons"（指定检索字段为主题途径）；soil OR sediment（指定检索字段为标题途径）；bioremed*（指定检索字段为标题途径）。并将三个检索框之间的逻辑关系均选定为“AND”（见图 7-2）。

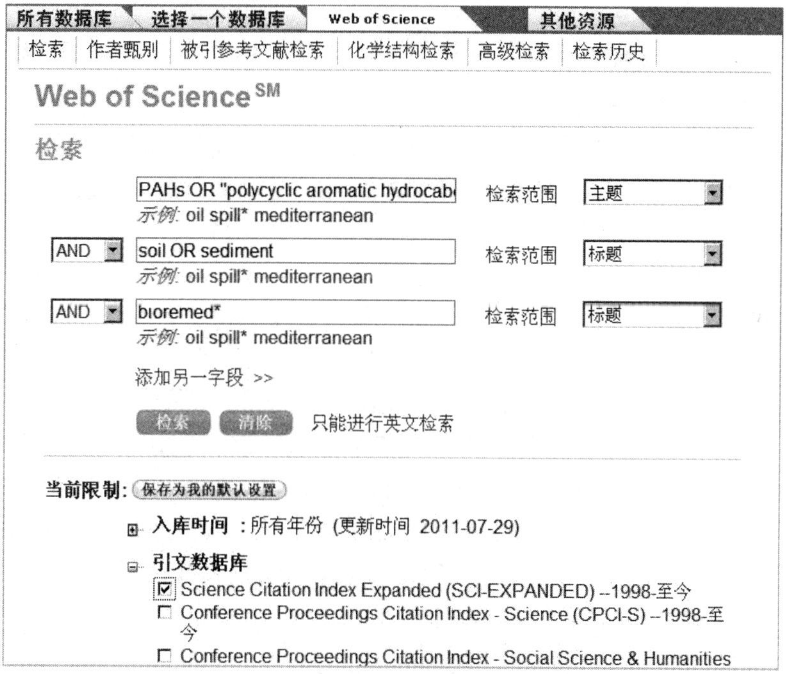

图 7-2 SCIE 普通检索

这里，前两个检索框内均出于查全的考虑而使用“OR”算符连接了代表多环芳烃和土壤这两个概念各自的同义词或近义词。由于系统默认运算顺序为 SAME\AND\OR\NOT，检索表达式中既有“AND”又有“OR”时，要用括号括起“OR”连接的部分，或者把这部分写入同一个检索框内，以示优先于“AND”算符运行。本例中，针对“bioremediation”这个单词使用了截词符，以扩展“生物修复”一词的所有词形词性，利于查全。当然，如果想获得更多更全面的相关结果，也可以将所有检索词或检索式的检索字段均设置为主题途径。本案例也可一次输入完整的检索表达式：（PAHs OR "polycyclic aromatic hydrocabons"）AND（soil OR sediment）AND bioremed*。

（4）辅助索引

针对作者、团体作者和出版物名称字段，系统提供了辅助索引，方便用户通过字顺或关键词查看相关作者、团体作者、出版物的列表，以选择需要的名称，进行特定作者和出版物的检索，提高准确率。

在 Web of Science 中，作者姓名输入格式为：先输入姓，然后输入空格，之后再输入不超过 5 位的名的首字母。例如检索戴树桂教授发表论文及被引用情况，在“Author”检索框中输入：“Dai SG”。在使用作者字段进行检索时，为避免因姓名书写不规范而导致的漏检，最好使用截词符，如 Smi?hs。这时使用作者辅助索引的话就可以避免误检漏检。

2. 被引参考文献检索

被引参考文献检索（cited reference search），又称引文检索，是从被引文献角度进行检索，即用发表文章的参考文献作为检索点进行检索，揭示文献之间引用与被引用的关系，进一步揭示与研究相关的文献信息。引文检索可以追溯多种文献类型。

引文检索界面提供的检索字段：① 被引作者（cited author），输入格式为第一作者的姓（不超过 5 个字符）+空格+名的首字母（不超过 3 个字符）。② 被引著作（cited work），输入引文所在期刊刊名缩写、书名缩写或专利号，可使用算符“OR”。输入框下方列出了期刊缩写列表（journal abbreviation list），点击可显示 ISI 来源期刊的缩写形式。③ 被引年份（cited year），即该被引用作品的发表年代。

例如，欲检索朱坦教授 2006 年在 Environment International 上发表文献的被引用情况：在检索框内分别输入被引文献作者“ZHU T”、被引期刊名“Environment Int*”、被引文献发表年“2006”，点击检索按钮。检索返回为被引文献的索引列表（图 7-3）。

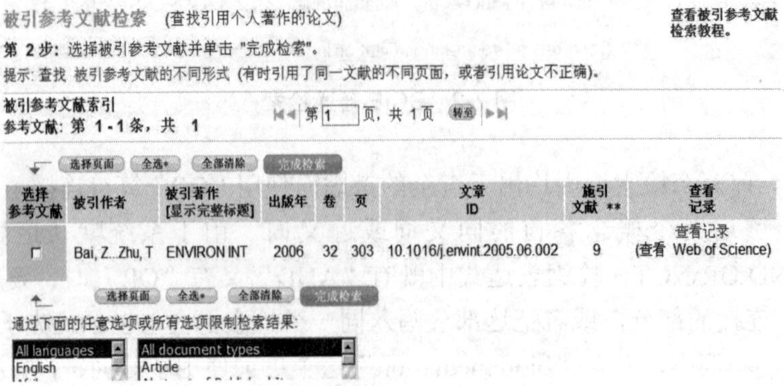

图 7-3 SCI 被引参考文献检索结果

如图 7-3 所示，点击记录右端的“查看记录”，可看到朱坦等于 2006 年所发表的关于室内混凝土墙体释放氨及其对人体影响研究的原文记录，包括原文的刊载出处、摘要等详细信息。勾选被引作者前面的方框，即可看到全部 9 条施引文献的记录，显示继其 2006 年发表成果之后，各国各学者对相关研究的发展继承与最新动态。

3．高级检索

Web of Science 中的高级检索只限于来源文献检索，不用于引文检索。高级检索界面可利用字段标识符、检索词和运算符构建复杂的检索式。高级检索界面可使用的检索字段及标识符包括：TS（主题）、TI（标题）、AU（作者）、GP（团体作者）、SO（出版物名称）、PY（出版年）、AD（地址）、OG（机构）、SG（下属机构）、SA（街道地址）、CI（城市）、PS（省/州）、CU（国家）和 ZP（邮编）。可使用的运算符包括 AND，OR，NOT 和 SAME。界面右端列出了上述字段标识符表。如图 7-4 所示，欲检索南开大学发表的有关空气颗粒物研究的成果构造检索表达式为：TS=（"particular matters" OR PM10）AND ZP=300071。

高级检索下端的检索历史（search history）列表中列出#1 检索式记录及其检索结果数量为 30 条。若需进一步查看白志鹏教授团队的研究成果，可重新在检索框内输入“AU=Bai ZP”，则检索历史列表内出现相应#2 检索结果数量为 84 条。这时，通过检索历史的逻辑组配功能，勾选#1 和#2 历史记录并选择“AND”组配，则系统返回#3 检索结果，即南开大学白志鹏教授团队所发表的有关空气颗粒物研究的成果迄今共 17 条（图 7-4）。点击结果数量“17”，则可查看全部 17 篇结果记录列表。

图 7-4　SCI 高级检索界面

2011 年推出的新平台新增了作者甄别功能，输入作者姓氏和名的首字母，系统可自动查找比较同名作者的文献，便于用户甄别参考。

三、检索结果分析

Web of Science 的检索结果界面提供了便利深入的文献链接和分析功能。下面以上文在普通检索中示例的课题——查找有关“多环芳烃污染土壤的生物修复”的文献为例，说明 SCI 检索结果的筛选、分析和利用（图 7-5）。

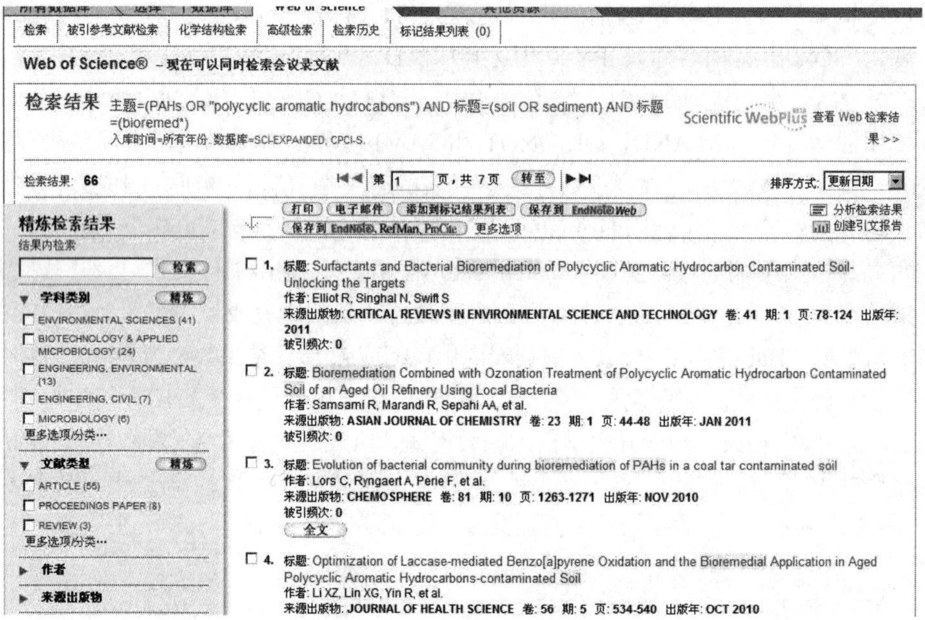

图 7-5 SCI 检索结果页面

1. 检索结果显示

- ❖ 检索结果排序：可将检索结果按照更新日期、相关性、被引频次、第一作者、来源出版物（期刊名称字母顺序）、出版年等排列。默认为按更新日期排序。
- ❖ 显示内容：文献题名、作者、来源出版物、出版年、被引频次及全文链接。
- ❖ 每页显示记录数：默认每页显示 10 条记录，通过页面左下角的显示框还可选择每页显示 25 条或 50 条记录。

2. 检索结果输出

- ❖ 标记（add to market list）：可逐条、整页对全部记录进行标记以便输出。

❖ 输出格式：默认格式是 SCI 的题录格式（包括作者、题名、来源期刊等基本信息），另有书目字段+摘要格式（plus abstract）；完全记录格式（full record）；全记录+参考文献格式（plus cited references）。

❖ 输出方式：主要有打印（print）、发送到指定邮箱（E-mail）、保存到 Endnote Web、保存到文献管理软件（save to EndNote，RefMan，ProCite）。

3．精炼检索结果

在检索结果界面可选择多种方式对检索结果进行精简，如按照学科类别（subject area）、文献类型（document type）、作者（author）、来源出版物（source title）、出版年（publication year）、会议名称（conference titles）、机构名称（institutions）、语种（language）和国家/地区（country/territories）、基金资助机构（funding agencies）等方式进行精炼操作。如图 7-5 中，针对所得 66 条结果欲进一步查看用微生物方法修复多环芳烃污染土壤的研究成果，可通过左侧的学科类别精炼下勾选“biotechnology & applied microbiology（24）”，则右侧记录浏览区将显示 24 篇多环芳烃污染土壤的微生物修复研究的文献。也可以在左侧精炼区的检索框内输入限定检索词“microbiology”或“microbiolog*”，主动在结果中过滤出涉及微生物修复的文献。

4．分析检索结果和创建引文报告

系统在页面左下角和右上角均提供了两个检索结果分析工具链接：分析检索结果（analyze results）和 创建引文报告（create citation report）。

分析检索结果可按照作者（author）、国家/地区（country/territory）、文献类型（document type）、机构（institute name）、语种（language）、出版年（publication year）、来源出版物（source title）、学科类别（subject area）、基金资助机构（funding agencies）等对检索结果进行分析，系统将以统计数字和柱形图的形式揭示相关研究的分布状况，即相关领域有哪些代表学者或代表机构（如图 7-6 示例针对作者分析）；哪些国家或地区进行过相关研究，其中技术力量最强的国家有哪些（针对国家地区分析）；哪些期刊经常登载相关研究成果并且文章质量比较高（针对来源出版物分析）；相关研究涉及哪些学科专业，其中哪一种学科专业在相关领域进展最为深入广泛（针对学科类别分析）；相关研究的起源、发展、高潮及未来趋势如何（针对出版年分析）。

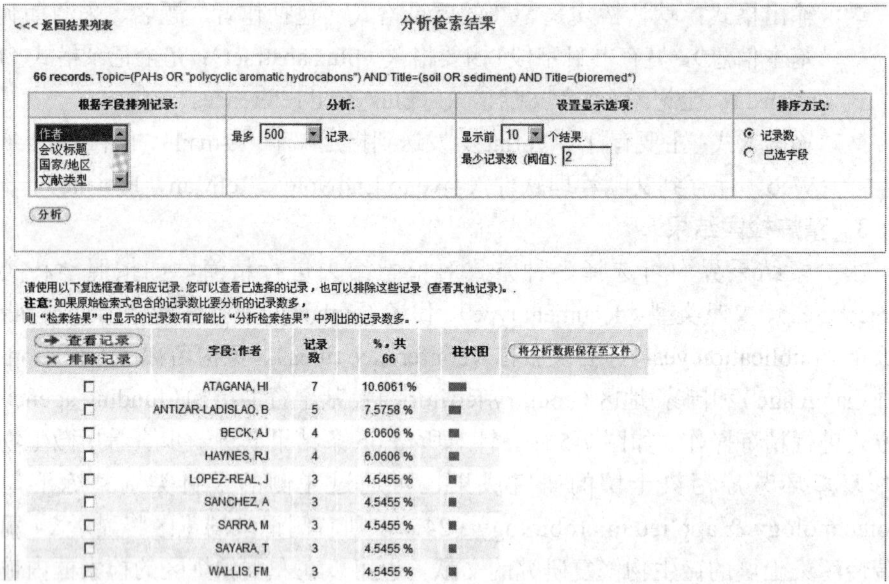

图 7-6　SCI 检索结果分析界面

通过这个检索结果分析功能，我们可以进一步分析课题的技术前沿、优势学者（个人、国家地区）、发文投稿目标等信息，深入了解课题技术现状及前沿。

单击“分析引文报告”链接可生成柱形图，揭示课题领域迄今为止每年出版的文献数量和引文量，通过这两个柱形图可进一步分析相关技术的发展轨迹和前沿趋势。

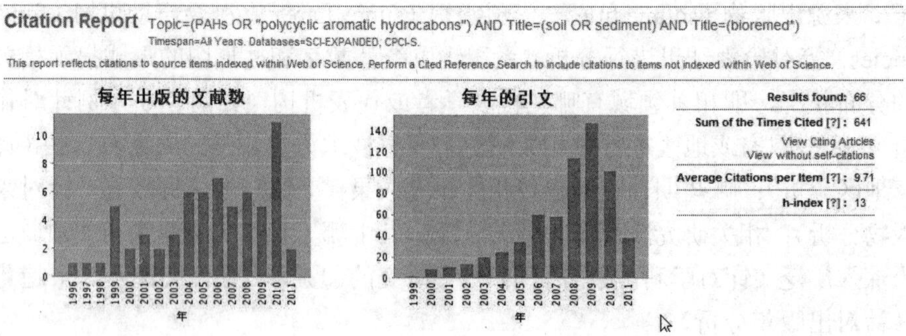

图 7-7　SCI 引文分析报告

四、完全记录

点击检索结果列表中的文献题名，即可看到相应的完全记录。SCIE 单篇文献的完全记录显示内容主要包括以下信息：

- ❖ 论文标题（title）。
- ❖ 国内图书馆 OPAC 馆藏链接。
- ❖ 所有作者姓名（authors）。第一个列出的作者是通讯作者（reprint author），如果期刊提供通讯作者，通常还提供其电子邮箱地址。
- ❖ 来源出版物（source）：刊载原文的期刊名称缩写、出版年、卷期号和页码。
- ❖ 被引频次（times cited）、参考文献（cited references）和相关记录（related records）链接。被引用次数链接显示文章被引用的次数，点击被引频次数字可显示引用该篇文献的所有施引文献；点击参考文献数字可显示该篇文献引用的参考文献列表。页面右端列出了部分施引文献、参考文献和相关文献链接。相关记录指引用过相同的一篇或几篇参考文献的两篇文章。相关记录检索可以快速有效地跨越学科和时间的界限，发现相关的研究。论文摘要（abstracts）：这里不收录非英文摘要。
- ❖ 文献类型（document type）。
- ❖ 文献语种（language）。
- ❖ 作者关键词（author keywords）和附加关键词（keywords plus），后者来自被引参考文献的标题，这为检索提供了更多的检索词，不是所有文章都有附加关键词。
- ❖ 所有作者的地址（addresses）及通讯作者的电子邮箱地址。
- ❖ 出版商（publisher）。
- ❖ 学科类别（subject category）：文章所述学科范畴。
- ❖ IDS 序号（IDS number）：该记录在 SCI 中的独有序号，往往作为研究成果被 SCI 收录的标识。
- ❖ 国际标准刊号（ISSN）。
- ❖ 数字对象唯一标识符 DOI。

完全记录页面还提供了引文跟踪链接（citation alerting），注册了个人账户的用户可以单击此链接建立引文跟踪服务，则每当这篇文章被引用的时候，系统都会自动发送电子邮件通知定制者。

五、JCR 与 SCI 来源刊

（一）JCR 概况

ISI 出版的《期刊引用报告》——JCR（Journal Citation Reports），是期刊评价

的重要工具之一，它全面综合地评价和分析了国际性学术期刊。查找 SCIE 来源刊时离不开 JCR。

JCR 对每种被 SCIE 收录的期刊，都会提供以下的统计数据：总被引数量（total cites）；影响因子（impact factor）；5 年影响因子（5-year impact factor）；立即影响指数（immediacy index）；被引半衰期（cited half-life）；引用半衰期（citing half-life）；源数据列表；主题分类；出版社信息；期刊标题变化等。数据库每年年中更新一次。

其中，一种期刊的影响因子，指的是该刊前 2 年发表的文献在当年的平均被引用次数。一种刊物的影响因子越高，也即其刊载的文献被引用率越高，一方面说明这些文献报道的研究成果影响力大，另一方面也反映该刊物的学术水平高。因此，JCR 成为了世界权威期刊评价工具。研究人员可据此了解学术期刊的重要性，并根据期刊的影响因子排名决定参考阅读和投稿方向。例如：

- ❖ 哪些期刊在学科领域中影响力最大；
- ❖ 哪些期刊是综述性的期刊；
- ❖ 哪些期刊是被学者们经常利用和引用的；
- ❖ 哪些期刊是热门期刊；
- ❖ 指导研究人员有选择地浏览学术期刊，并且结合实际有选择地投稿。

（二）JCR 检索方法

JCR Web 与 Web of Science 平台已经实现了链接。用户可从 ISI Web of Knowledge 主页选择进入 JCR 检索界面，也可以从 Web of Science 检索结果的完全记录页面直接链接至 JCR 数据库内相应刊物的记录，获得文献所在期刊的统计信息。

JCR 提供三种检索选择，包括浏览一组期刊（view a group of journals by）、查找特定期刊（search for a specific journal）和浏览全部期刊（view all journals），数据库默认检索方式为按学科类别浏览一组期刊（view a group of journals by subject category）。

1．浏览一组期刊

点击浏览一组期刊的下拉菜单，可选择按照学科类别浏览（subject category）、按出版商浏览（publisher）和按国别浏览（country）三种途径检索。打开后可进一步看到按字顺排序的学科类别名称、出版商名称和国名清单，以便进一步精炼选择。用户可以选择的排序方式有影响因子、刊名字顺、年度总引文量、被引半衰期、立即影响指数等。例如选定“environmental science”学科类目名称，并限定来源刊按影响因子“impact factor”排序，则页面以表格形式显示环境科学领域所有 181 种来源期刊的基本信息，其中影响因子一栏以黄色高亮突出。

2. 检索特定期刊

可通过期刊全名、缩略名、刊名的部分单词或者 ISSN 号来检索特定期刊的指数。

3. 浏览全部期刊

按字顺浏览所有期刊的基本指标。

4. 检索结果

每一条检索结果都列出了刊名缩写及其 ISSN、年度总引文量（total cites）、影响因子（impact factor）、论文数量（articles）和被引半衰期（cited half-life）。

点击刊物缩写名称，可看到期刊的完整记录，包括期刊编辑出版信息，期刊的影响因子、立即影响指数、总被引数量、被引半衰期、引用半衰期、来源数据等统计数据的具体计算，以及被引统计柱形图、被引用期刊列表、引用期刊列表等。

第二节　EI

一、概况

《工程索引》（Engineering Index，EI）于 1884 年创刊，由美国工程信息公司（Engineering Information Inc.）编辑出版。目前常说的 EI 数据库是 EI 公司在 1995 年合并其 EI Compendex（核心）和 EI PageOne（非核心）而成的网络版 EI CompendexWeb，是目前全球工程领域最全面的二次文献数据库。

EI Compendex 收录年代自 1969 年起，侧重于提供工程科学与应用科学领域的文摘索引信息，涵盖环境工程、机械工程、土木工程、电气工程、结构工程、材料科学、固体物理、超导体、生物工程、能源、化学和工艺工程、照明和光学技术、空气和水污染、固体废弃物的处理、道路交通、运输安全、控制工程、工程管理、农业工程和食品技术、计算机和数据处理、电子和通信、石油、宇航、汽车工程以及这些领域的子学科和其他主要的工程领域。其数据来源于 5100 余种工程类期刊、会议论文集和技术报告。目前包含 1200 多万条记录，每年新增 50 万条文摘索引信息。其中大约 22%的数据是有主题词和摘要的会议论文，90%的文献是英文文献。数据库中涉及环境科学与工程方面的内容包括大气污染控制、水污染防治、废水处理、废物处置与再利用、噪声控制、环境影响评价等广泛领域。

EI 从 1992 年开始收录中国期刊，迄今已收入中国期刊 200 余种。2009 年 1 月开始，EI 数据库收录的中国期刊数据不再区分核心与非核心数据。

二、检索方法

用户可通过 EI 国际站点（http://www.engineeringvillage.com）访问 EI 数据库。数据库提供多种检索方式，包括简单检索（easy search）、快速检索（quick search）和专家检索（expert search），用户可点击网站主页右上端的导航链接按钮来切换检索界面。其简单检索界面简单易行，在此略去不述，只说明后两种检索方式。

1．快速检索

网站主页即快速检索界面，在“search for”下方的 3 个检索框中键入检索词，可通过下拉菜单选择检索字段和布尔逻辑组配关系（AND\OR\NOT），见图 7-8。

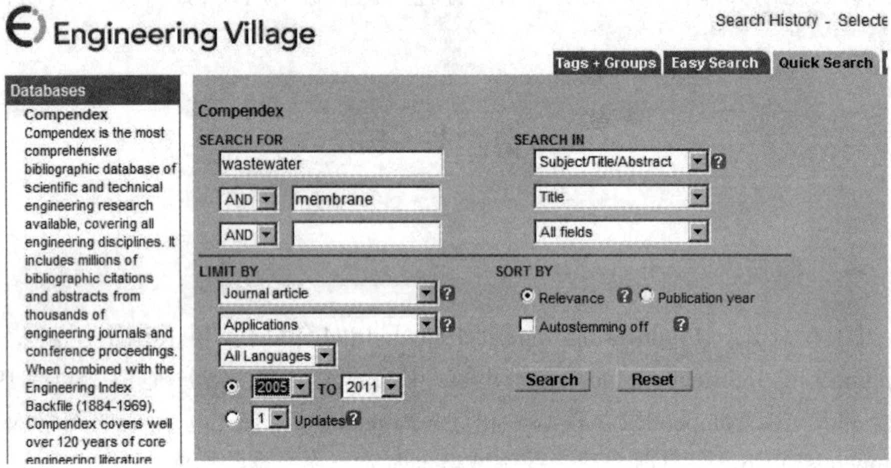

图 7-8 EI 快速检索界面

EI 数据库支持的基本运算符包括：

❖ 逻辑算符：AND，OR，NOT。

❖ 位置算符：NEAR。要求检出的文献同时包含“NEAR”算符所连接的两个词，且两词之间的距离不超过 100 个单词，词序不限。如：air NEAR pollution。

❖ 通配符：包括截词符“*”和词根算符“$”等。“*”用在单词中间（前面至少有 3 个确定的字母）或词尾，可实现对一簇词的检索。如“chemi*”将检索出包含“chemistry”“chemical”“chemist”等词的记录。而“$manager”，将检索出与该词根具有同样语意的多个词，如“managers” “managerial”和“management”等。

❖ 优先算符：括号。括号中嵌套越深的检索式越优先执行。

❖ 精确检索：做精确检索时，词组或短语需用引号或括号标引。

可选检索字段共 15 个，包括主题词/题名/文摘（subject/title/abstracts）、摘要（abstract）、作者（author）、作者单位（author affiliations）、题名（title）、EI 分类码（EI Classification code）、馆藏分类号（CODEN）、会议信息（conference information）、会议代码（conference code）、国际标准刊号（ISSN）、EI 主题词（EI main heading）、出版者（publisher）、刊名（source titles）、EI 控制词（EI controlled term）、国别（country of origin）等，也可以全字段检索（all fields）。

其中，主题词（main heading）是数据库赋予每个记录的一个标题，用来揭示文献的主题。EI 控制词是一个主题词列表，它用尽可能专业规范的形式描述文献的内容。会议代码是某一个会议论文集的记录，以及 Compendex 数据库收录此论文集中每一篇文章的指定的代码。这样用户就可在发现某论文集的某篇文章以后，在相应记录的详细内容中查找到其会议代码，进而迅速查找到此论文集中的所有文章。会议信息（Conference information）包括会议的名称（name）、日期（date）、地点（location）以及主办者（sponsor）等。

同时，EI 数据库提供了限制检索功能（limit by），包括 4 种限制检索选项，分别是：文献类型限制（document type，参见表 7-1）、EI 文件处理类型限制（treatment type，参见表 7-1）、语种限制（language）和出版年代限制（year）。默认状态为检索所有年代和所有类型的文献。

在快速检索中，如选择题名、摘要、全文等字段进行检索，系统会自动进行词根运算（autostemming），此功能将检索以所输入词的词根为基础的所有派生词。例如，输入“pollute”，将检索到“pollute”“polluted”“pollution”“pollutant”“polluting”“pollutional”等。若取消该功能，需勾选“Autostemming off”。需要注意的是，自动取词根功能在检索作者姓名时无效，且不能检索同一个词的英美两种拼写形式。如检索“硫”，考虑到英式英语与美式英语拼写的差异，必须手工输入“sulphur OR sulfur”这样一个检索表达式。

例如，欲查找近年来有关膜法处理废水的应用研究文献，可在第一个检索框内输入“waste water”，选择其检索字段为主题词/题名/文摘（subject/title/abstracts）；在第二个检索框内输入“membrane”，选择其检索字段为题名（title）；并指定两个检索词之间为“AND”逻辑关系。为了获得更精确的结果，在检索限定功能区，选择文献类型为“journal article”（期刊论文）；并选择文件处理类型为“applications”（应用文章）；指定检索年代为 2005 年至 2011 年；最后点击“search”按钮（图 7-8）。

表 7-1 EI 常用检索代码一览表

<table>
<tr><th colspan="2">英文全称</th><th colspan="2">代码</th><th>中文含义</th></tr>
<tr><td colspan="2">Abstract</td><td colspan="2">AB</td><td>摘要</td></tr>
<tr><td colspan="2">Author</td><td colspan="2">AU</td><td>作者</td></tr>
<tr><td colspan="2">Title</td><td colspan="2">TI</td><td>题名</td></tr>
<tr><td colspan="2">Subject/Title/Abstract</td><td colspan="2">KY</td><td>主题词/题名/摘要</td></tr>
<tr><td colspan="2">ISBN</td><td colspan="2">BN</td><td>国际标准书号</td></tr>
<tr><td colspan="2">Conference code</td><td colspan="2">CC</td><td>会议代码</td></tr>
<tr><td colspan="2">Conference information</td><td colspan="2">CF</td><td>会议信息</td></tr>
<tr><td colspan="2">Classification code</td><td colspan="2">CL</td><td>EI 分类码</td></tr>
<tr><td colspan="2">controlled term</td><td colspan="2">CV</td><td>控制词</td></tr>
<tr><td colspan="2">EI main heading</td><td colspan="2">MH</td><td>EI 主题词</td></tr>
<tr><td colspan="2">ISSN</td><td colspan="2">SN</td><td>国际标准刊号</td></tr>
<tr><td rowspan="9">Document Type（文献类型）</td><td>Conference Article</td><td rowspan="9">DT</td><td>CA</td><td>会议论文</td></tr>
<tr><td>Conference Proceedings</td><td>CP</td><td>会议论文集</td></tr>
<tr><td>Journal Article</td><td>JA</td><td>期刊论文</td></tr>
<tr><td>Monograph Chapter</td><td>MC</td><td>专题论文</td></tr>
<tr><td>Monograph Review</td><td>MR</td><td>专题综述</td></tr>
<tr><td>Report Chapter</td><td>RC</td><td>专题报告</td></tr>
<tr><td>Report Review</td><td>RR</td><td>综述报告</td></tr>
<tr><td>Dissertation</td><td>DS</td><td>学位论文</td></tr>
<tr><td>Unpublished Paper</td><td>UP</td><td>未出版的文献</td></tr>
<tr><td rowspan="10">Treatment Type（EI 文件处理类型）</td><td>Applications</td><td rowspan="10">TR</td><td>APP</td><td>应用</td></tr>
<tr><td>Biographical</td><td>BIO</td><td>传记</td></tr>
<tr><td>Economic</td><td>ECO</td><td>经济</td></tr>
<tr><td>Experimental</td><td>EXP</td><td>实验</td></tr>
<tr><td>General Review</td><td>GEN</td><td>一般性综述</td></tr>
<tr><td>Historical</td><td>HIS</td><td>历史</td></tr>
<tr><td>Literature Review</td><td>LIT</td><td>文献综述</td></tr>
<tr><td>Management Aspects</td><td>MAN</td><td>管理方面</td></tr>
<tr><td>Numerical</td><td>NUM</td><td>数值</td></tr>
<tr><td>Theoretical</td><td>THR</td><td>理论</td></tr>
</table>

在快速检索界面右侧，系统提供了索引词典功能（browse indexes），针对作者（authors）、第一作者单位（author affiliations）、EI 控制词（EI controlled term）、刊名（source titles）和出版者（publisher）5 个字段提供相应的索引词典，供选

择使用。在词典中一次可以选择多个检索词，系统默认词间的关系为逻辑“或”关系。

EI引用的作者姓名为原文中所使用的名字。姓在前，接着是逗号，然后是名。因此从作者途径进行检索时，一定要使用规定的格式，否则将检索不到。例如：检索 Smith，A. B. 将查不到作者为 Smith，A. 的文章。如果只输入姓，则所有同姓作者的文章将均被检索到。如果希望检索的结果更加全面，可在名字的首字母后加截词符。例如输入“Bers，D* wn AU”将检索到“Bers，D.M.”“Bers，Donald M.”等。如果作者的姓为复姓，须在此姓的后面加逗号和空格，然后加截词符“*”。例如输入“van der Hart，* wn AU”，将检索到“Van Der Hart，A.”“Van Der Hart，A.W.A.”“Van Der Hart，H.W.”“Van Der Hart，J. A.”“Van Der Hart，L.H.M.”等。

此外，中文刊名在EI数据库中的表达式为：中文刊名拼音/英文刊名。例如，《环境科学》的刊名为：Huanjing Kexue/Environmental Science。因此使用刊名字段查找特定中文刊物上发表的文章时，应优先使用拼音进行检索。

2. 专家检索

EI专为能熟练使用检索技术、构造科学的检索表达式的检索者设计了专家检索功能。检索表达式由字段符、检索词、布尔逻辑算符等组成，可使用截词符、括号等检索技术，规定用 Wn 指定检索位置。检索框下列出了检索字段及其代码说明表，可根据此表提示编制完整的检索表达式，如“(((waste water treatment) Wn KY) AND ((membrane) Wn TI))”。如果不指定检索字段则系统将进行全字段检索。

3. 检索结果

EI检索结果页面和完全记录与 SCI 相似，可参考上一节内容在实践中深入理解。

(1) 检索结果显示

命中记录以题录的形式显示。系统默认对检索结果按相关度排序，也可根据需要在检索界面上选择按EI出版（收录）时间、作者姓名字顺、刊名字顺或出版商字顺排序。每一条检索结果记录都列出了文献题名、作者、来源和所在数据库，其中标注来自于 Compendex 数据库的结果，即为被 EI 核心库收录的文献。检索结果显示中还提供了原文摘要链接、详细记录链接、Scopus 被引次数和全文链接。点击记录下方的“abstract”或“detail record”即可看到文摘或详细记录。点击记录下方的“full-text”黄色按钮可查看原文在其被收录数据库中的全文页面。

(2) 检索结果标记

勾选结果记录前面的单选框，可对该记录进行标记。也可一次标记整页的全部记录（select all on page），或选择记录范围（select range）进行标记。对标记过的记录，可以选择 E-mail 发送、打印（print）、下载（download）、保存到文件夹（save to Folder）等方式，按指定格式进行输出（图 7-9）。“保存到文件夹”是 EI 为用户提供的一项保存功能，即用户可以在 EI 服务器上建立自己的账户和文件夹，并将检索结果保存在所建立的文件夹中。如果需要查看或存取，只要通过 E-mail 地址登录即可。

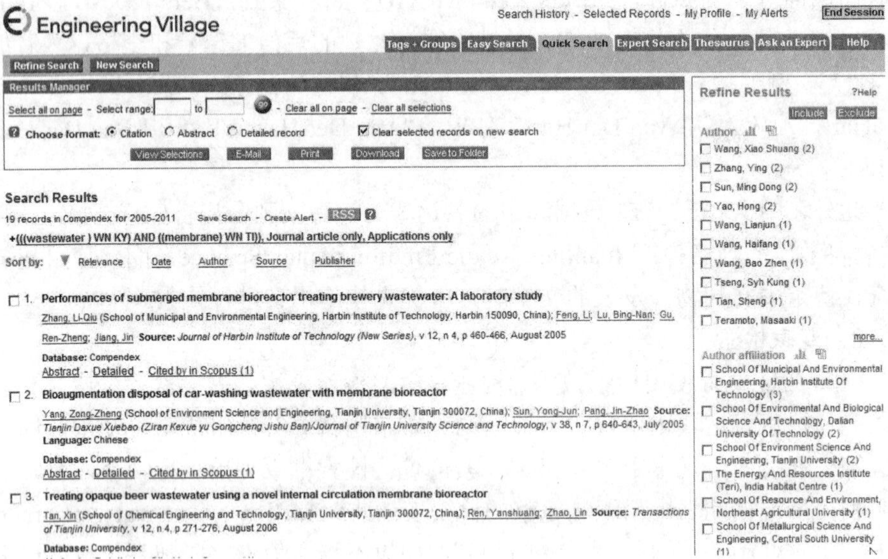

图 7-9　EI 检索结果

（3）完全记录

点击每条检索结果下面的“Detailed”，可看到完全记录。主要包括以下信息：文献记录号（accession number）、题名（title）、作者（authors）、作者单位（author affiliation）、通讯作者（Corresponding author）、刊名（source title）、刊名缩写（abbreviated serial title）、卷（volume）、期（issue）、发行日期（issue date）、出版年（publication year）、页码（page）、语言（language）、国际标准刊号（ISSN）、馆藏分类号（CODEN）、文献类型（document type）、出版商（publisher）、摘要（abstract）、参考文献数量（number of references）、EI 主题词（EI main heading）、EI 控制词（EI controlled terms）、非控制词（uncontrolled terms）、EI 分类码（EI classification codes）、唯一识别号（DOI）、所属数据库（compendex）等。其中，完全记录中有分类码（EI classification codes）和主题词（EI main heading）两项揭示的文献为 EI 核心数据。

（4）结果过滤与分析

EI 检索结果右侧提供了结果过滤和分析功能，分别列出作者、作者单位、控制词、分类码、国别、文献类型、语种、出版年、刊名、出版商等字段下相关文献的分布情况，供用户按个人所需进一步查看、精炼和分析检索结果。也可以在右下角的二次检索框中输入过滤词以实现在结果中的精确检索（因截图篇幅有限，图 7-9 中未显示右下角的二次检索框，请读者结合实践自行参考）。

第三节　CSA 剑桥科学文摘

一、概况

（一）CSA 简介

《剑桥科学文摘》（Cambridge Scientific Abstracts，CSA），已有 30 多年的历史，是由美国剑桥科学文摘公司（后更名为美国剑桥信息集团）出版发行的一个大型文献信息检索系统。目前包含 68 个数据库。主题领域包括航空航天科学、农业科学、水科学、生物学和医学、地球和环境科学、工程专业、计算机科学、材料科学以及艺术和人文科学、社会科学等。可以检索到 1960 年至今公开发表过的期刊论文、图书、会议论文、科技报告、学位论文等各类型文献。

CSA 包括许多著名的专题数据库，例如：美国政府科技报告、生物工程文摘、生态学文摘、污染文摘等。数据库中的记录不仅包括题录，还提供原始文献的摘要，科学地报道原文的研究方法、发现和结论。可同时检索多个数据库和相关的网络资源，并能提供与检索内容相关的网站资源。

（二）CSA 中的环境科学相关数据库

CSA 中集合了大量与环境科学相关的数据库，如专题数据库环境科学与污染管理（Environmental Sciences and Pollution Management）、环境文摘（Environment Abstracts）、环境影响评价报告文摘（EIS：Digests of Environmental Impact Statements）、水资源（Water Resources）、毒理学在线（TOXLINE）等，以及会议论文索引（Conference Papers Index）、美国政府科技报告（NTIS）等综合性特种文献数据库。其中，环境科学与污染管理子库系统地集中收录了环境科学的相关文献，是进行环境相关专业学术文献检索的主要参考工具。

环境科学与污染管理子库是一个多学科的数据库集，全面报道了自 1967 年以来的环境科学文献。其收录的文摘和引文来自10000余种出版物，包括科学期刊、会议论文集、研究报告、专著和政府出版物。

环境科学与污染管理子库主要报道以下领域：农业生物技术（agricultural biotechnology）、空气质量（air quality）、水污染（aquatic pollution）、细菌学（bacteriology）、生态学（ecology）、能源（energy resources）、环境生物技术（environmental biotechnology）、环境工程（environmental engineering）、美国环境影响评价（environmental impact statements（U.S.））、有害废物（hazardous waste）、工业卫生（industrial hygiene）、与产业和环境问题相关的微生物学（microbiology related to industrial & environmental issues）、污染（pollution：land，air，water，noise，solid waste，radioactive）、风险评价（risk assessment）、安全科学（safety science）、毒理学与毒物排放（toxicology & toxic emissions）、水污染（water pollution）、废物管理（waste management）和水资源问题（water resource issues）等。

下面分别介绍CSA中与环境科学相关的数据库的情况（图7-10）：

- EIS: Digests of Environmental Impact Statements
- Environment Abstracts
- Environmental Impact Statements: Full-Text & Digests
- Environmental Sciences & Pollution Management
  - ASFA 3: Aquatic Pollution and Environmental Quality
  - Bacteriology Abstracts (Microbiology B)
  - Ecology Abstracts
  - Environment Abstracts
  - Environmental Engineering Abstracts
  - Health and Safety Science Abstracts
  - Industrial and Applied Microbiology Abstracts (Microbiology A)
  - Pollution Abstracts
  - Risk Abstracts
  - Sustainability Science Abstracts
  - Toxicology Abstracts
  - Water Resources Abstracts

图7-10 CSA中的环境科学数据库

1. 水污染与环境质量（ASFA 3：Aquatic Pollution and Environmental Quality）

随着全球对海洋和水污染的关注日益增加，CSA专门增加了“水污染与环境质量”这个专辑。ASFA 3是唯一的专门报道海洋、湖泊、河流及港湾污染物研究与政策的文摘数据库，是ASFA《水科学与渔业文摘》系列中的一部分。“水污染与环境质量”专辑所报道的内容对于水环境和海洋污染问题方面的专业人员而言是必不可少的信息。

收录的主题领域有：水污染的仪器分析方法，水污染特征，行为与归宿研究，以及污染对有机物的影响、预防和控制；环境质量变化，机制与控制保护，野生动物管理与公共健康，医药与危险有机物等。

数据库提供 1990 年至今的文献摘要，每月更新。

2．细菌学文摘（Bacteriology Abstracts：Microbiology B）

本专辑从医学角度全面报道细菌学的研究成果，有助于研究人员与医师紧跟此领域的最新变化。涉及主题从细菌免疫学和疫苗到人与动物疾病，所收录文献既有临床发现也有纯粹细菌学、生物化学和遗传学内容，对微生物学和环境学研究均有一定参考价值。

收录的主题领域有：攻击素与毒素、动物细菌学、抗菌剂、抗生和抗生素、细胞结构与功能、培养物、生态与分布、遗传与进化、人类细菌学、免疫学、无脊椎动物细菌学、微生物共生、质体、捕食、细菌的识别、方法学、分类学和标本制作等。

数据库提供 1982 年至今的文摘题录，每月更新。

3．生态学文摘（Ecology Abstracts）

当前的生态学研究跨越了多学科领域，并更加关注全球环境变化与环境破坏问题。《生态学文摘》侧重于介绍各类生物体（微生物、植物和动物）与环境的关系以及生物体之间的关系，涉及范围广泛。数据库报道了进化生物学、经济学及系统分析研究的前沿动态，内容涉及从栖息地到食物链，从腐蚀到垦荒的广阔领域，特别收录了资源与生态系统管理和建模方面的文献，并深度报道了气候影响、水资源、土壤等领域和侵蚀、污染等一系列环境问题研究的成果，反映了学科交叉的发现进展。

收录的主题领域包括按动植物种类、门类细分的具体研究，如：哺乳动物、鸟类、昆虫、软体动物、针叶树、藻类/地衣、微生物、真菌、苔藓/蕨类植物等；各类生态系统如：水生生态系统、海岸生态系统、陆地生态系统、湿地、林地、河流盆地、草场、干旱带、高海拔环境等的生态系统研究、污染研究、保护控制与管理，以及人类生态学管理、古生态学研究等。

数据库提供 1982 年至今的文摘题录，每月更新。

4．环境文摘（Environment Abstracts）

本数据库为纸质版《环境文摘》的电子版，报道了人类技术对环境影响的所有方面和改善环境的政策与技术的效果。并于 1994 年后收入了有关能源的研究。数据库收录了近千种环境科学专业期刊，还收录了大量的会议论文、研究报告、专著和新闻通讯，其中包括逾 4 000 份政府报告全文。

收录的主题领域有：农业、大气污染、控制技术、濒危物种、能源、环境设计、环境教育、环境法、环境安全、地球物理与气候变化、全球变暖、国际环境政策、土地利用与污染、海洋污染、噪声污染、人口学、辐射污染、资源管理、固体废物与有害废物、可持续发展、交通运输、毒理效应、废物管理、水污染、野生生物/生物多样性等。

数据库提供 1975 年以来的文摘题录，半个月更新。

5．环境工程文摘（Environmental Engineering Abstracts）

环境工程文摘报道了世界上关于空气和水质量、环境安全与能源生产领域的技术与工程方面的文献。数据主要来源为 500 多种环境工程专业刊物上发表过的学术论文。此外，还收入了专著、会议论文集等其他文献。

收录的主题领域包括：农业设备与方法、北极与热带地区工程、海岸工程、环境影响与保护、有害物质、换热器、水力发电、内燃机、矿石开采设备、核电站、管道工程、空气污染源与控制蒸汽动力、热电能、潮汐发电与风力发电、废水与工业废物处理、涡轮机、水分析与处理技术等。

数据库提供 1990 年至今的文摘题录。数据库中最早的记录出版于 1973 年；50% 的记录来自 1997 年后出版的文献，每月更新。

6．健康与安全科学文摘（Health and Safety Science Abstracts）

本数据库全面及时地报道了有关公共健康、安全与工业卫生方面的研究成果，涉及如何识别、评估、排除和控制环境与职业场所中的风险与危害，反映了航空安全、环境安全、核安全、医药安全、职业安全等领域的前沿技术，报道了与污染、废物处置、辐射、农药、传染病等危及公众健康和环境安全的问题。收录的文献类型既有期刊论文也有政府报告、会议论文集、图书及其他出版物。

收录的主题领域包括：职业安全与健康、交通、环境生态学、食品与药物、杀虫剂、自然灾害、国防与紧急事件管理、消防安全、辐射安全与电力安全、消费者与娱乐安全、生物工程与人类因素、疾病、伤害与创伤、传染病与公共健康、医药安全、毒理学、土木与结构工程等。

数据库提供 1981 年以来的文摘，每月更新。

7．工业与应用微生物学文摘（Industrial and Applied Microbiology Abstracts Microbiology A）

数据库收录了农业、食品与饮料、化学和制药行业的大量文献，主题领域包括：发酵、微生物降解、食品微生物学、微生物毒素、植物疾病、植物保护、森林、土壤微生物、矿物微生物学、物质保护、烃、微生物抗性、抗微生物剂等。

数据库提供 1982 年以来的文摘，每月更新。

8．污染文摘（Pollution Abstracts）

本数据库提供了解决日常环境污染问题和有效处理危急情况所必需的信息，综合科学研究与政府决策实践，广泛报道了大气、排废、数学建模、污染对人类和动物的影响以及应对全球污染问题的行动等焦点问题。数据库不仅收录了相关领域的主要期刊，还收录了会议论文集和一些难以收集的第一手资料。

收录的主题领域包括：空气污染、海洋污染、淡水污染、生活污水与废水处理、废物管理、土地污染、毒理学与健康、噪声、辐射、环境活动与环境法等。

数据库提供1981年以来的文摘，每月更新。

9．风险文摘（Risk Abstracts）

本数据库涉及许多跨学科的研究主题，包括工业、技术、环境及其他方面发生的风险的识别、测量、评估和管理，全面覆盖了从公共与环境健康问题到社会与心理危机的方方面面。

收录的主题领域包括：模型和预测、技术风险、自然危害、生物风险、环境风险、医学与环境健康、产业与劳工、政策与规划、社会因素、心理因素等。

数据库提供1990年以来的文摘，每月更新。

10．可持续性科学文摘（Sustainability Science Abstracts）

可持续发展要求保护自然资源基础，谋求保证当代需求得到持续满足的同时维护后代同等权利，包括维持物种多样性、遗传多样性以及保护物种所赖以生存的生态系统。数据库收录了有关可持续发展研究的期刊论文、来自同行评审期刊的综述、研究报告、图书、会议论文集和灰色文献等。

收录的主题领域包括：可持续发展问题、衡量可持续发展、环境法与政策。可持续资源基础：大气、土地、水与生物多样性、经济范式、经济驱动、可持续生产、可持续能源、可持续交通等。

11．毒理学文摘（Toxicology Abstracts）

本数据库收录了有关毒理学研究的所有主题方面，如物质滥用、立法与推荐标准、毒物毒性测试方法和分析过程等。主要包括：医药品、食品添加剂与污染物、农业化学品、化妆品与家庭用品、工业化学品、金属、毒素与其他自然物质、社会毒害与吸毒、多环烃、亚硝胺与相关化合物、辐射与放射性物质、立法与推荐标准等。

数据库提供1981年以来的文摘，每月更新。

12．水资源文摘（Water Resources Abstracts）

本数据库收录了世界上有关水资源研究的科技文献，涉及水资源的特征、保护、控制、污染、处理、利用与管理等方面的内容。1994年以前，本文摘由美国地理观察会制作，原名《水资源文摘节选》。1994年以后，CSA接手该刊物，并将收录范围扩大，引入更多美国之外其他国家出版的文献。所收录的文献类型包括近千种相关专业期刊。此外还包括物理、生命科学、工程、法律等学科的相关图书、会议论文集、技术报告以及政府出版物等。

收录的主题领域包括：地下水、湖泊、河口、侵蚀与沉降、水供给与保护、脱盐、水生产改进、水量管理与控制、流域保护、水质管理、水资源规划、水法、土木工程与水力学等。

数据库提供 1967 年以来的文摘，每月更新。

13．环境影响报告书（EIS：Environmental Impact Statements）

美国政府每年依法发布《环境影响报告书》（EIS），主要评估影响环境质量的各种人类开发活动，并关注生物多样性问题，以供政府和公众决定是否继续进行开发活动。CSA 从 1985 年起开始发行 EIS 文摘版（EIS Digests），2003 年同时发行 EIS 全文版。全文版并包含了原报告书中的地图与物种影响报告，用户可检索并获取包括图表信息在内的全文资源。在 EIS 中，每一条记录都清晰描述了项目情况、开发活动对环境的正面影响与负面影响分析，以及其适用的法律条款。

收录主题领域包括：航空、国防计划、能源、有害物质、土地利用、公园、避难所与森林、研究与开发、公路与铁路、城市与社会计划、水。

本数据库包括环境影响报告书文摘版（EIS：Digests of Environmental Impact Statements）和全文与文摘合成版（Environmental Impact Statements：Full-Text & Digests）两个子库。其中文摘版提供了自 1985 年以来的文摘题录，全文版提供了自 2003 年以来的《环境影响报告书》全文。数据季度更新。

14．水在线（Aqualine）

本数据库全面收录了有关水资源的科技文献，包括水资源与供水管理、水法、水质、水和废水分析、用水分配、废水收集、水处理技术、工业废水与生活污水处理以及水污染对于生态环境的影响等。共收录了 300 多种专业学术期刊和会议记录论文、科学报告、图书及博士论文文献，是一个重要的水科学研究在线检索工具。

数据库提供 1960 年以来的索引和摘要，每月更新。

15．海洋文摘（Oceanic Abstracts）

海洋文摘专门报道世界范围内有关海洋及微咸水环境研究的技术文献，并久负盛名。包括海洋生物学、海洋物理学、渔业、水产养殖、非生物资源、气象与地质学，及与海洋相关的环境、技术和法律方面等。

收录主题领域包括：生物海洋学、生态学、物理与化学海洋学、海洋地质、地球物理学、地球化学、海洋污染、海洋非生物资源、航海与通讯、海事法、海水淡化、船舶、船运、海洋生物学等。

数据库提供 1981 年以来的文摘，每月更新。

16．毒理学在线（TOXLINE）

本数据库全面收录了毒理学方面的文献，包括化学和制药、农药、环境污染物、诱变剂和致畸剂等，所收录的文献均源于毒理学核心期刊。

收录主题领域包括：大气污染、解毒剂、药物生物效应与副作用、化学致癌物、环境化学与污染物、食品添加剂、基因毒性、有害物质、健康安全、人类与动物毒性、工业与住宅化学品、辐射物质、风险信息、致突变农药等。

数据库提供2000年以来的文摘题录，每周更新。

2003年以后，CSA在原有数据库的基础上整合补充了大量的图表数据，推出了专题深度索引数据库。其中与环境科学相关的有：大气科学深度索引库（ProQuest Deep Indexing：Atmospheric Sciences）、环境科学深度索引库（ProQuest Deep Indexing：Environmental Sciences）、地球科学深度索引库（ProQuest Deep Indexing：Earth Sciences）、水科学深度索引库等，可深入检索环境科学各个领域的文献题录、文摘和图表等一手数据资料。

二、检索方法

2006年底，CSA集团并购了Proquest公司，CSA检索平台也逐步从原来的Illumina平台迁到新平台ProQuest Central上。目前两个平台可供同时使用，其中Illumina平台为中文检索界面。授权用户也可登录CSA网站进入新平台检索，网址为http://www.csa.com。CSA网络数据库无并发用户限制、支持叙词检索，支持图表深度索引，提供原始全文、文件传递、馆际互借等多种全文链接方式；提供快速检索和高级检索两种功能，既可独立检索各个子数据库，又能对多个数据库进行跨库检索；检索结果自动去重。

1．快速检索

CSA数据库支持布尔逻辑算符AND\OR\NOT，支持词组检索（“ ”），支持截词检索。提供数据库范围限定和检索日期限定。

CSA将所有数据库按主题领域分为若干组（select subject area to search），包括艺术与人文（arts & humanities）、自然科学（natural sciences）、社会科学（social sciences）和技术（technology）。用户可选择其中一个主题领域进行检索，默认状态下为全部主题领域（图7-11）。快速检索主页也支持选择“特定数据库”进行限定，用户可点击相应链接，从按字顺排列的数据库列表中勾选所需要的子库进行有针对性地检索。

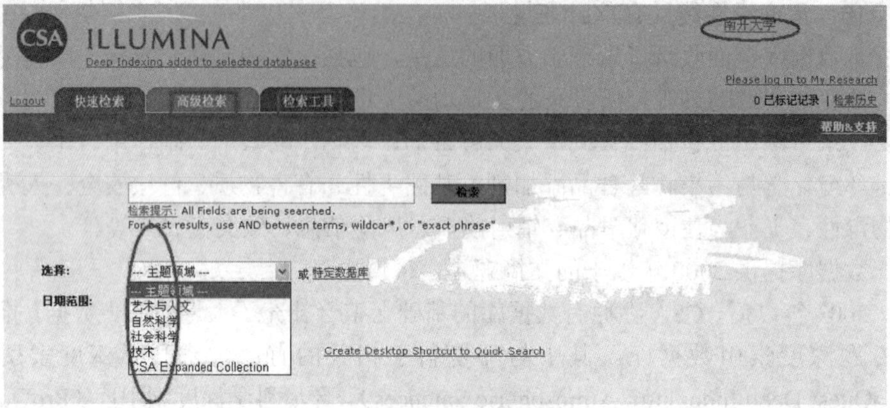

图 7-11　CSA 快速检索界面

2. 高级检索

点击数据库主页导航栏中的“高级检索”按钮，即可进入表单式高级检索界面，支持布尔逻辑组配检索、截词检索、词组检索等。并且数据库为每一个输入的检索词提供了以“OR”连接的同义词或近义词选择框，允许在同一字段内搜索不同检索词，以扩大查全率，见图 7-12。

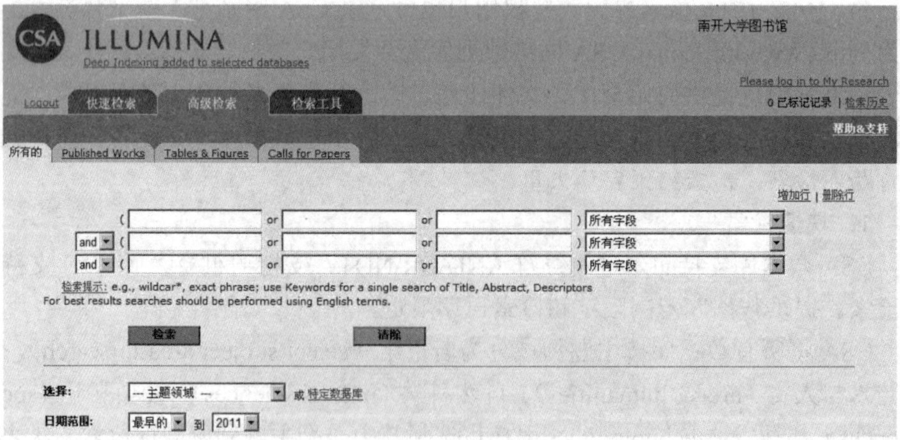

图 7-12　CSA 高级检索界面

可选择的检索字段有：关键词（KW）、作者（AU）、题名、（TI）、摘要（AB）、主题词（DE）、描述符（DI）、会议名称（CT）、会议主办者（CS）、出版年（PY）、出版类型（PT）等。如果选择关键词字段，则系统会同时在题名、摘要、主题词和描述符字段中进行检索（表 7-2）。需要注意的是，在 CSA 中根据数据库的不同，检索字段会有差异。

表 7-2 CSA 检索字段说明

字段名称		字段代码	用法举例及说明
Abstract	文摘	AB	AB=（global warming）and AB=（north America or Canada）
Author	著者	AU	AU=jackson，tm
Author Affiliation	著者单位	AF	AF=（virginia and marine science）
Conference	会议	CF	CF=（benthic ecology and columbia and 1996）
Corporate Author	团体作者	CA	CA=environmental protection agency
Descriptor	叙述词	DE	DE=sea grass* or de=seagrass*
Editor	编者	ED	ED=（Boxshall，GA and Schminke，HK）
Identifiers	标识词	ID	ID=（atomic force microscopy or afm）
ISBN	国际标准书号	IB	IB=971-539-001-3
ISSN	国际标准刊号	IS	IS=0304-8608
Keywords	关键词	KW	KW=automobile
Language	语种	LA	LA=german
Patent Country	专利国	PC	PC=usa
Publication type	出版类型	PT	PT=（journal and review）
Publication Year	出版年	PY	PY=（196* or 197*）
Publisher	出版者	PB	PB=john wiley
Report Number	报告号	RP	RP=FSRBPNW226（限于 ERIC，NTIS 数据库）
Source	来源	SO	SO=J. FISH BIOL
Title	篇名	TI	TI=gibbs energy and nickel chromite

下面举例说明 CSA 高级检索方法：查找近 2 年来 Elsevier 出版集团旗下发表的有关多环芳烃去除的理论和技术应用方面的期刊论文。其检索过程如下：

（1）确定使用高级检索方法。依照前述步骤，首先在首行检索框中输入“PAHs”，限定字段为关键词（KW=）；在第二行检索框中输入“Removal”，限定字段为文摘（AB=）；在第三行检索框中输入“Elsevier”，限定字段为出版商（PB=）。

（2）限定主题领域为技术（Technology）；限定出版时间范围为 2009—2011；限定检索结果为“期刊文章”（Journal Articles Only）。

（3）最后点击“检索”按钮。

3．检索结果

CSA 命中记录以题录的形式显示。系统默认对检索结果按出版时间顺序排序，也可选择按相关度等方式排序。每一条检索结果记录都列出了文献题名、作者、来源和摘要。还提供了原文全文链接、原文内图表链接、详细记录链接（浏览记录）和本地书目链接（图 7-13）。点击“全文链接”按钮可看到提供该文献原文的数据库名称。如果用户所在单位购买了所列数据库的访问权，继续打开链接就可以看到全文。点击“详细记录”链接可看到其详细记录。点击“本地书目”链接可看到原文献在中科院图书馆等国内图书馆纸版馆藏的收录情况。

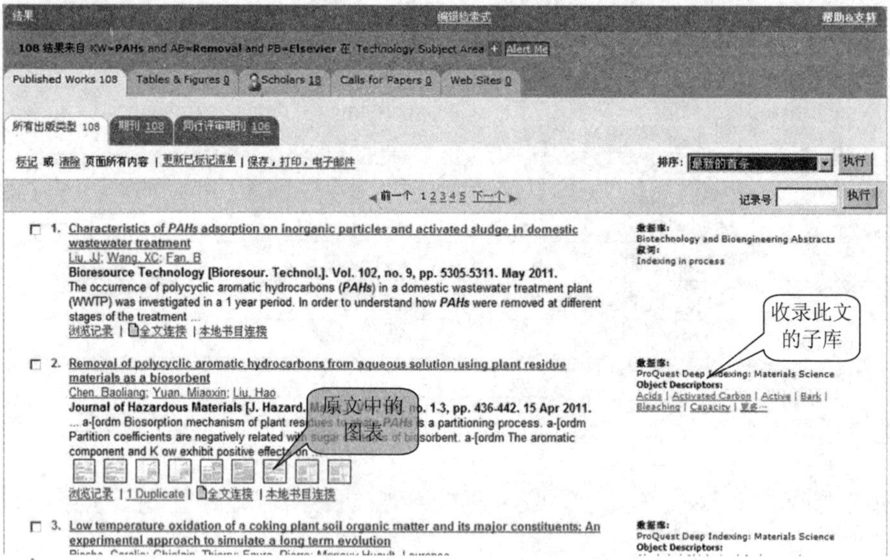

图 7-13 CSA 检索结果界面

4. CSA 检索工具

作为一个专业的大型检索工具系统，CSA 专门设立了检索工具功能，包括检索历史、命令行检索、词表和索引。

（1）检索历史

可自动保存和显示以往操作的检索策略与检索结果，并支持针对已有的检索策略和检索结果进行编辑和组配，以便于进一步查询文献。

（2）命令行检索

命令行检索即专家检索，即在检索框内直接构造复杂的检索表达式（见图 7-14）。

（3）词表

CSA 词表列出了各个学科领域的相关叙词，即从文献内容中抽出的能够概括表达文献内容基本概念的名词或术语，支持用户根据主题概念组配来检索文献（图 7-15）。

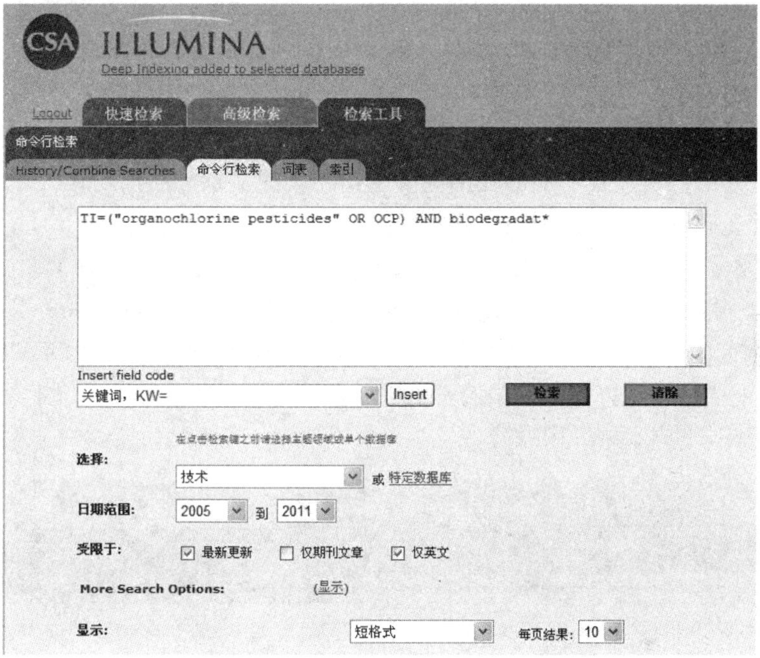

图 7-14　检索工具中的命令行检索

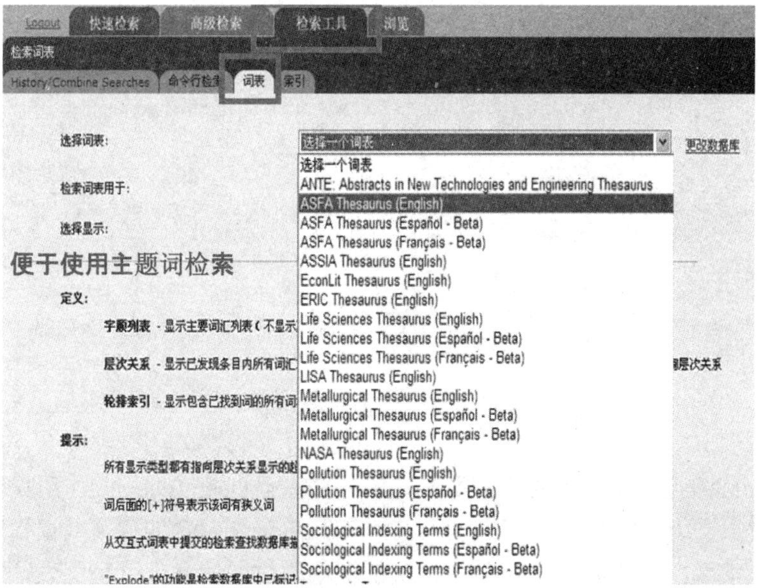

图 7-15　CSA 叙词表

例如，如需通过词表工具查找所有讨论地下水污染的文献，则在词表工具栏中选择“Water Resources Thesaurus（English）”数据库，并在下方检索框内输入“groundwater”，点击“执行”按钮，系统将返回所有涉及地下水这个概念的叙词。从中勾选自己需要的叙词。使用界面左侧的组配功能，便可以检索到所有相关文献。

通过叙词检索，我们能够找出更多密切相关的文献，从而对相关领域的研究现状和发展形成全面而深刻的认识与理解。

（4）索引

根据子数据库的不同，系统分别提供作者名索引、出版物类型索引、期刊名称索引等辅助索引，使用方法与词表功能相似。可点击“选择数据库和索引”选项旁的下拉箭头，选择所需检索的索引进行查找（图 7-16）。例如通过作者名索引，可以找到人名的不同拼写形式。

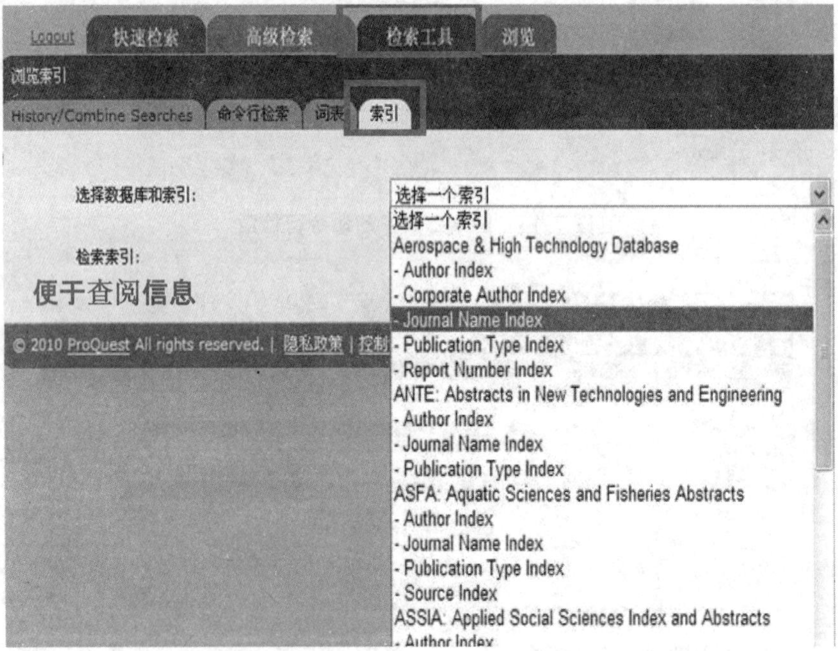

图 7-16　CSA 索引功能

CSA 还推出了图表深度索引数据库：ProQuest Deep Indexing。所谓深度索引是指针对原文中的图表标引而言。CSA 对每张图表内包含的相关数据提炼关键信息并建立索引，以帮助用户精确检索发现隐藏的数据信息。这些图表往往直观反映了原始研究的精华与基础工作，对我们的科研工作助益颇大。如环境科学深度索引库（ProQuest Deep Indexing：Environmental Sciences）。

第四节 其他相关专业文摘数据库

由于学科本身的交叉性，环境科学与很多相关学科，如化学、生物学等存在着天然联系，表现在文献检索领域也体现出了文献信息在不同学科文献系统中的交叉融合。一般而言，CSA 数据库的综合性使它已经能满足绝大部分用户的需要，但是也有一些读者可能更偏爱从化学文摘（CA 网络版）、生物学文摘（BIOSIS）等久负盛名的专业数据库检索所需。本节简要介绍这些著名的专题数据库。

一、化学文摘（CA）

（一）概况

美国《化学文摘》（Chemical Abstracts，CA）创刊于 1907 年，由美国化学协会化学文摘服务社（CAS）编辑出版，被誉为“打开世界化学化工文献的钥匙”。CA 是世界上应用最广泛，最为重要的化学、化工及相关学科的检索工具。收录了世界上 150 多个国家、56 种文字出版的 16 000 多种科技期刊、科技报告、会议论文、学位论文、资料汇编、技术报告、新书及视听资料等，还收录了 50 多个专利机构的文献。其收录的文献占世界化学化工文献总量的 98%，内容涉及化学家感兴趣的所有领域。除包括无机化学、有机化学、分析化学、物理化学、高分子化学外，还包括冶金学、地球化学、药物学、毒物学、环境化学、生物学以及物理学等诸多学科领域，其中与环境科学相关的文献颇为丰富。

CA 不仅收藏信息量大、收录范围广，而且索引完备、收录迅速，美国国内的期刊及多数英文书刊在 CA 中当月就能被收录；网络版更使用户可以查询到当天的最新纪录，因而备受环境和环境工程领域研究人员的欢迎。

目前，CA 可通过印刷版、光盘版（CA on CD）和网络版（SciFinder Scholar）进行检索。印刷版需要先通过卷索引或者累积索引进行查找，然后再到相应的卷期去查看摘要。光盘版提供索引浏览式检索、词条检索、化学物质名称检索和分子式检索 4 种检索方式。1998 年问世的 CA 网络版的检索功能则更加强大，数据库整合了化学文摘 1907 年以来的所有内容和美国国家医学图书馆“Medline 生物医学数据库”以及欧洲和美国等 50 多家专利机构的全文专利资料。内含 CAplus、Registry、CASReact、ChemCATs、ChemList 等子库。另外，它还有分子式、反应式和结构式检索（包括亚结构检索）等多种功能。

CA 网络版超越了检索工具的范畴，被称为是“科学发现的工具”。因为它几乎涉及了化学家和生物学家感兴趣的所有领域，除包括无机化学、有机化学、材料学、分析化学、物理化学、高分子化学外，还包括冶金学、地球化学、药物学、毒物学、环境化学、生物学、生物医学以及物理学等诸多学科领域。

（二）CA 网络版（SciFinder Scholar）的检索方法

1. 检索准备

使用 CA 网络版需要先下载插件 SFS2004-2.exe 和 site.prf。SFS2004-2.exe 是 SciFinder Scholar 的安装程序；site.prf 是连接 CAS 的配置文件。

先安装程序 SFS2004-2.exe。在安装的过程中都选择默认设置，在安装快结束的时候，会弹出一个询问窗口，请选择“否”。然后将 site.prf 文件复制到 C:\SFSCHLR 目录下（如果选择了其他的安装路径，则须复制到..\SFSCHLR 主目录下）。

安装完成后，运行 SciFinder Scholar（点击：开始→程序→SciFinder Scholar 2004.2 Edition→SciFinder Scholar）就可以开始使用了。其检索功能主要有检索查询和目次浏览两种。

2. 检索查询

CAplus 是文摘型数据库，覆盖了超过 9 500 种以上的期刊，收录了从 1907 年至今的 2 400 多万条记录，查询方式有主题、作者、组织名等方式。CASREACT 是化学反应数据库，包括有机反应，有机金属反应，无机反应，生化反应等，可以通过反应式、产物、反应物、试剂检索反应，查找相关反应信息，如产率，催化剂等。REGISTRY 是世界上最大、更新最快的化学物质数据库，收录了 2 900 多万种有机、无机物质等，5 700 多万序列，可通过物质查询（结构，分子式等）。CHEMCATS 是商业来源数据库，可通过物质查询间接获得化学物的最新商业信息及其世界范围内的供应商。管制数据库 CHEMLIST 收录了来自世界 19 个国家和国际组织的法规信息，可通过物质查询间接获得。

数据库检索方式多样，可通过研究主题（research topic）（图 7-17）、著者姓名（author name）、机构（company name/organization）、专利号（patent No.）等途径检索特定文献；也可通过俗名、分子式、结构、相似结构等途径查询特定的物质信息；或者通过结构、亚结构和官能团等途径检索特定的反应信息。

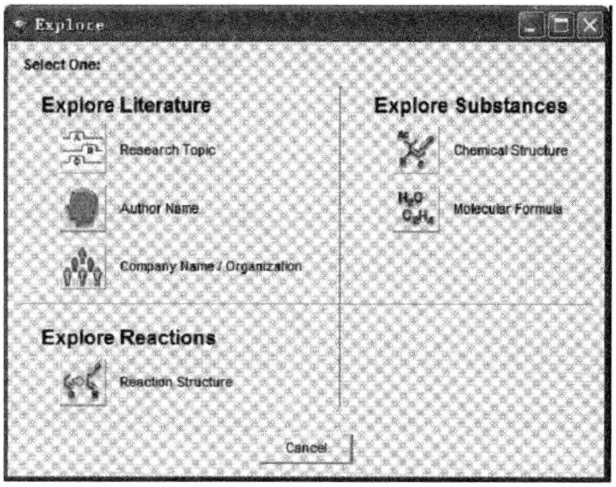

图 7-17 Scifinder Scholar 主题检索

SciFinder Scholar（SFS）智能检索系统会自动考虑同义词、单/复数、同一词的不同拼写形式、索引、缩写、截词等情况，实现广义上的检索。

3．目次浏览（Browse Table of Contents）

可直接浏览 1800 多种核心期刊的摘要及其引文等编目内容，直接点击相关链接即可通过 ChemPort® Connection.SM 获取全文。例如：欲查看《美国化学会会刊》（*Journal of the American Chemical Society*）的目录并阅读全文，首先点击“browse table of contents”按钮，然后选择想查阅的期刊，点击“view”按钮（也可通过“edit”菜单→find，查找所需期刊，注意名称必须完全匹配，一次只能查看一种期刊）。

4．检索结果

（1）默认结果显示的是最新一期的目录，点击“previouse”、“next”、“select”按钮可以浏览其他期的目录内容。

（2）点击“全文”链接图标就可以启动 ChemPort® Connection^SM 获取全文。

（3）在结果的后处理中，analyze/refine 功能用于缩小检索结果范围；get related 则起到扩大检索结果的作用，可以进一步查看相关信息，如查看所选文献引用的参考文献和引用本文的施引文献；所选文献中的物质，所选文献中的反应。

二、生物学文摘数据库（BIOSIS）

（一）概况

BIOSIS Previews 由美国生物学文摘生命科学信息服务社（BIOSIS）编辑出版，

是世界上最大最全面的生命科学及生物医学数据库，通过该数据库还可以获得大量其他相关领域的资料。本库包括《生物学文摘》(*Biological Abstracts*，BA）所收录的期刊和《生物学文摘/报告、综述、会议》(*Biological Abstracts/RRM*（*R*））所收录的会议、报告、评论、图书、专论等多种文献。目前，BIOSIS Previews 收录了世界上 100 多个国家和地区的 5500 多种期刊和 1650 多个会议的会议记录和报告，以及大量的图书章节、专利和综述等。涵盖了传统生物学（分子生物学、植物学、生态与环境科学、医学、药理学、动物学等）、交叉学科（农业、生物化学、生物医学、生物技术、实验、临床和兽医学、实验、临床、遗传学、营养学、公共卫生等）以及相关领域（仪器、实验方法等）的各类型文献。

目前，用户可通过两个平台检索 BIOSIS Previews 数据库，即 OVID 平台和 ISI Web of Knowledge 统一检索平台。国内高校多使用后者，故下文以此平台为例说明该数据库的使用方法。

（二）检索方法

BIOSIS Previews 数据库的检索界面与技术方法与 SCIE 相似，也支持布尔逻辑算符 AND/OR/NOT/SAME 和截词符、词组检索等技术，同样有快速检索和普通检索等途径。特别地，数据库采用了独有的关联性标引（relational indexing），即标引出每一个检索字段和控制词汇之间的关联性。当我们输入一个关键词的时候，系统会自动标引与该词关联的同义词、上级分类和描述词等相关信息，从而使我们能快速全面而准确地找到数据。

BIOSIS Previews 数据库可以从以下几个途径来检索：

（1）常规检索字段：作者（author）、主题词（topic）、来源出版物（source publication）、地址（address）。

（2）专业检索字段：根据生物学专业知识展开检索。如主概念词（major concepts）、生物分类/生物系统名称（taxanomic data）、学科代码（concetp code/heading）、化学与生化名称（chemical and biochemical）。

（3）文献外部信息：会议信息（meeting information）、专利权人（patent assignee）、标识代码（identifying code）。

检索结果显示、结果分析与同一平台上的 SCIE 相同，此处不再赘述。

思考题

1. 熟悉 ISI Web of Knowledge 平台的使用方法，结合自己的专业兴趣自拟检索课题，尝试通过此平台查询被 SCI 收录的相关文献，并重点阅读其中的综述文章；再针对所有检索结果进行结果分析，了解和判断课题相关技术在国内外的发展状况，分析业内领军人物或机构，判断技术发展走势，把握技术前沿并预测未来趋势。

2. 请利用 EI 或 SCI 查询了解你所熟悉的一位导师的学术影响力：最近 10 年来，他（她）是否有论文被 SCI 或 EI 收录，这些论文是关于何种研究领域的？涉及哪些学科专业？被引多少次？原文和引文各自刊载于何种书刊（或被收入什么论文集）？该刊在学术界影响如何？

提高：通过阅读原文和引文的摘要及全文，你对文章或论述的技术或理论的发展趋势有何判断？

3. 火山喷发会影响全球气候变化吗？最近 3 年来有哪些著名的火山喷发事件带来了显著的气候影响？它对大气的作用有哪些方面？试通过 CSA 检索解答上述问题。

第八章

环境科学电子图书与报纸检索

随着技术的进步，越来越多的电子图书报纸进入人们的视线，我们通过电子计算机、iPad 甚至手机都能够轻松下载阅读心仪的作品，其中不乏经典的大学教材、学术著作等专业书籍。一般而言，商业数据库和报业官方网站是我们获得专业电子图书的首选来源。

第一节　中文电子图书与报纸

电子图书（electronic book，E-book）也称数字图书。它是一种以数字代码方式将图、文、声、像等信息存储在磁、光、电介质上，通过计算机或类似设备阅读和使用，并通过网络传播的一种电子出版物。它可能是对纸版图书进行电子扫描后生成的一组图像；也可能直接将原书重新录入到电子图书制作系统中制作而成；或者通过 OCR 识别技术将原书内容转换成电子版；出版社也会将图书的电子文档数据直接转换为电子图书。

电子图书具有如下特征：

- 具有图书的基本特征。
- 以磁、光等非纸介质材料为载体。
- 按一定的文件格式存贮和浏览。
- 有一定的系统要求。
- 除少数免费使用外，多数电子型图书（特别是网络型电子图书）的使用需要授权。

随着互联网和信息技术的发展，电子图书获得快速发展，其内容覆盖了专著、会议记录、参考工具书等各类文献。比起传统的印刷型书籍，电子图书能够以很小的空间存储海量的信息，便于保存、携带、复制（传播）；形式灵活多样，使用便捷，阅读不受时间、地域、绝版等物理因素的限制；特别是电子图书能够简单而又快速地进行全文检索，并且可以随意而方便地择取感兴趣的篇章进行阅读；

一些电子图书还具有多媒体功能，能够通过生动的图像、动画和声音令读者留下深刻的印象，增添阅读乐趣。这些优势使得电子图书在世界范围内受到越来越广泛的关注。

一、超星数字图书馆

（一）简介

超星中文电子图书是目前规模最大的中文在线数字图书馆。图书内容丰富，范围广泛，涵盖了 50 余个学科大类，上网图书资料逾 60 万册。其中环境科学与安全科学分馆图书近 4 000 册，涉及本学科的各个专业领域。

（二）使用方法

1. 登录与阅览器下载

高校校园网用户可通过本校图书馆网页上的链接，进入超星数字图书馆镜像站主页。普通用户可直接登录超星数字图书馆网站，现网址为 http://www.chaoxing.com（原址：http://www.ssreader.com）。

使用超星数字图书馆阅读电子图书之前，必须先下载并正确安装超星阅读器（图 8-1），安装步骤为：

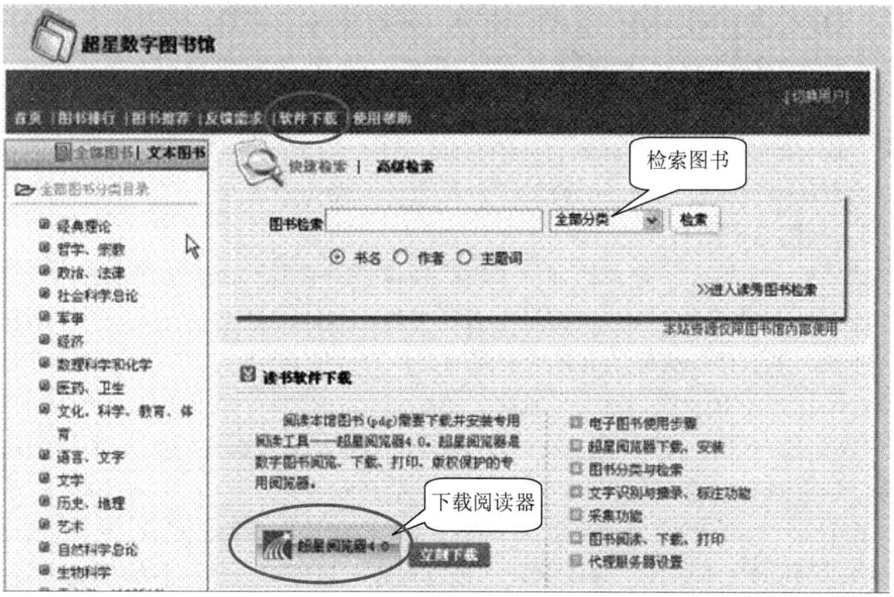

图 8-1　超星数字图书馆首页与阅读器下载

第一步：单击首页导航栏中的“软件下载”频道或首页正中的“超星阅读器立刻下载”按钮；

第二步：在弹出的窗口中点击“保存”，将安装文件保存至本地机器；

第三步：运行安装程序将进入自动安装向导，完成超星阅读器的安装。

注意：超星阅读器不能安装到中文路径下，建议安装过程使用默认设置。需建立个人书签的新用户，必须先注册个人账户，方能使用书签、个人图书馆等个性化服务功能。

2．检索方法

超星提供快速检索、高级检索和分类查找三种检索途径：

（1）快速检索。如图 8-1 所示，在主页正中的检索框中输入检索词，然后通过下拉箭头选择检索范围（学科专业），并限定检索字段（书名、作者、主题词），点击“检索”按钮，系统将在下面的检索结果概览区列出相关书目清单。每一条记录都提供了书名、作者、出版日期、主题词、分类和图书简介等信息。

（2）高级检索。点击“高级检索”按钮切换到高级检索界面。高级检索为表单式，可根据需要选择、输入 2～3 个检索词（书名、作者或主题词），并选定布尔逻辑组配关系算符，限定出版年代后进行精确查找。

（3）分类查找。如图 8-1 所示，超星主页左侧列出了“全部图书分类目录”导航树，超星根据《中国图书馆分类法》，将数据库中全部图书进行学科分类，便于族性检索。用户可逐层点击欲检图书所属的学科专业类目，展开查看该类目下的所有书目。例如点击“环境科学、安全科学图书馆”—“环境污染及其防治”—“水体污染及其防治”，右侧概览区即显示 100 余册涉及水污染防治的图书清单。分类查找一般用于广泛搜罗某一具体专业下的所有出版物，或者配合快速检索和高级检索，限定所查找图书所属的学科范畴，以提高查准率。

3．阅读电子图书

结果列表中每一条记录均列出“收藏到我的图书馆”功能按钮，方便我们收藏到虚拟个人图书馆中（注册超星个人账号后，本地硬盘上会生成一个个人图书馆文件夹，用于存放从超星下载来的图书文件）。点击结果列表中的书名，超星阅读器自动打开图书，显示该书目录页。点击鼠标右键即可弹出功能菜单，可进行翻页、标注、下载、打印、添加书签、缩放、滚屏、文字识别、全文检索等操作。也可以到页面上端的工具栏中点击相应的功能按钮。

其中，“文字识别”功能：框选一段文字，即可将图像格式的文字内容通过内嵌 OCR 识别成文本格式，导入笔记，进行保存，以便下一步进行编辑处理。

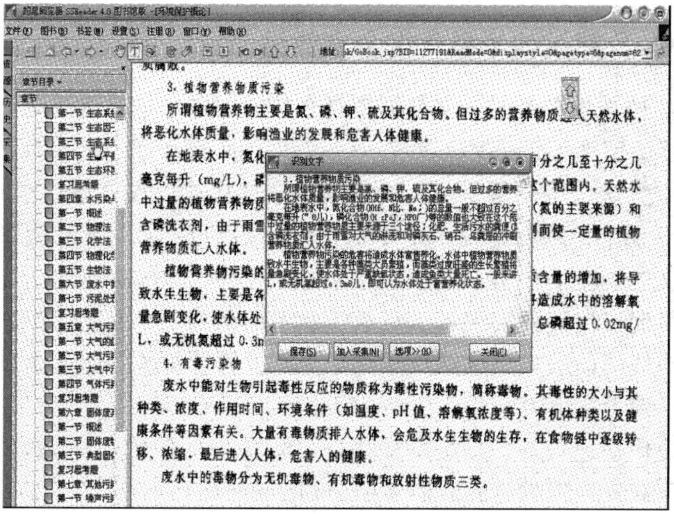

图 8-2　在超星阅读器中阅读原书

二、中国数字图书馆

中国数字图书馆网上读书系统，目前拥有中文电子图书 7 500 多万页，合计 25 万册。图书按《中图法》严格分类，内容覆盖政治、经济、文学、历史、医药卫生、工业、农业、军事、法律、交通等各个门类。系统提供表单式检索功能，可进行初级检索、高级检索与分类导航查询。阅读电子书须先下载安装数图 CDL 阅读器。其功能与使用方法与超星数字图书馆大同小异。

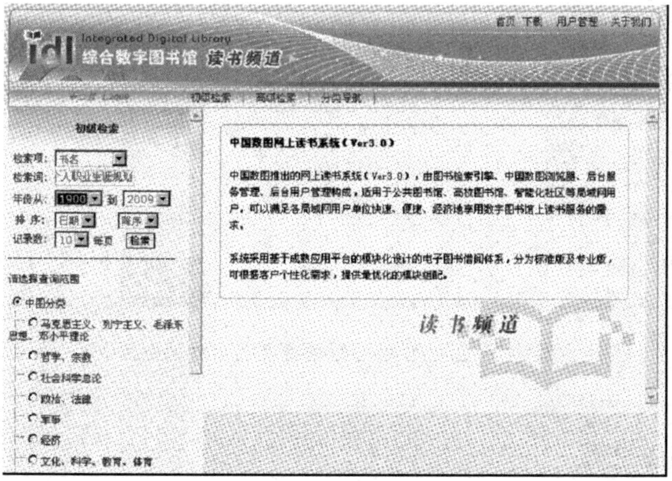

图 8-3　中国数字图书馆

三、CALIS 高校教学参考书全文数据库

CALIS 高校教学参考书全文数据库是高校教学参考信息管理与服务系统，是 CALIS（中国高等教育文献保障系统）“十五”期间重点建设的子项目之一，由复旦大学、北京大学、清华大学、上海交通大学、中国人民大学、天津大学等 51 家“211”大学图书馆联合建设。其目标是为全国高校的教学工作提供高水平的教学信息和全文电子教学参考书文献保障服务。目前，该库提供给所有参建馆免费使用，用户可通过校园网实现各学科教学参考信息的检索、在线浏览和全文电子教学参考书在线阅读服务。包括各学科全文电子教学参考书 2 万余种，出版社推荐的电子教学参考书 4 万余种。

数据库提供快速查询、高级检索和分类浏览三种检索方法。登录和使用该数据库须首先下载安装阿帕比阅读器（Apabi Reader）。

图 8-4　CALIS 高校教学参考书全文数据库

四、书生之家

书生之家电子图书由北京书生科技有限公司创办，主要提供 1999 年以来中国

大陆地区出版图书的全文电子版，涉及社会科学、人文科学、自然科学和工程技术等学科类别。目前可提供10万多种图书全文在线阅读，授权用户可通过镜像站访问。普通用户可以登录“书生读吧网”注册并购买读书卡使用。网址为http://s.du8.com。

使用书生之家资源须首先下载并安装书生阅读器。系统提供一般检索、高级检索和分类查找三种检索途径。

通过“书生读吧网”登录，可免费浏览部分图书全文。科学技术类图书往往仅支持试读若干页，如需阅读全书则须充值才能继续。

五、中文环境科学电子报纸

报纸资源是不容忽视的一大信息源。众所周知，报纸具有信息量大、报道及时、出版周期快等特点，其所报道信息的广泛性、新颖性远远超乎于书刊资料。一般来说，国家的重大举措、指导性政策、各行各业最新研究进展、学术动态等即时信息总是最先出现于报端。

随着互联网与信息技术的快速发展，基于网络技术的电子报纸，又称网络报纸，扑面而来，并且以其独特优势在很短的时间内受到读者的青睐。比起传统的印刷型，电子报纸信息量更大、更长于“即时”传递、版面更灵活、交互性更强，它在检索方面的优势更是传统报纸所无法比拟的。广义上的电子报纸包括大型综合性门户网站，狭义上的电子报纸包括一些纸质印刷报纸的网络版和专门的网上报纸。本书下文重点介绍几个狭义的电子环境报纸信息源。

1. 中国环境报

《中国环境报》是环境保护部直属媒体，是一份面向国内外公开发行的环境保护专业报纸，也是国内唯一一家环境保护新闻媒体。主要报道中国的环境保护政策、法规、环境形势、最新事件、环保科技和产业信息，以及国际环保大事。

其网站中文名称为“中国环境网”(http://www.cenews.com.cn)。网站的内容包括要闻头条、综合新闻、地方新闻、法制、观点、企业界、产业市场、城市、环球、事件、人物、文化、教育、水刊、气刊、固废刊等二十几大板块，并提供《中国环境报》历史数据查询服务，可通过全文或作者名查找以往刊登的文章。

2. 人民网环境频道

人民网（http://env.people.com.cn/GB/index.html）依托《人民日报》，其网站发布的信息较之印刷版更为丰富。其中，人民网环保频道的报道颇具影响力。设有国内动态、部委动态、地方信息、自然生态、曝光台、低碳技术、环保企业、环保产业、环境时评、访谈直播、绿色影集、环保论坛等栏目。值得一提的是，人民网检索系统，能够使读者快速而简单地查到所感兴趣的信息。

3. 上海环境热线

上海环境热线（http://www.envir.gov.cn）前身即《上海环境报》网络版，设有环境新闻、专题活动、环境教育、环境法规、行业信息等栏目，是上海公用环境信息库。

第二节　外文电子图书与报纸

一、Netlibrary

（一）简介

Netlibrary 是全球最大的在线计算机图书馆中心（OCLC）的下属部门。目前，世界上 8500 多个图书馆通过 NetLibrary 存取电子图书，其中包括哥伦比亚大学，斯坦福大学，加州大学伯克利分校，以及世界上其他成千上万的大小图书馆。目前，OCLC NetLibrary 提供来自 800 多个出版商的 22 万多种高质量电子图书。这些电子图书内容新颖，90%是 1990 年后出版的，每月均增加几千种。这些电子图书覆盖所有的主题范畴，约 80%的书籍是面向大学程度的读者，其余 20%的书籍是面向中学图书馆的普通题材。除英文外，还提供其他文种的电子图书，包括法文、德文、日文和西班牙文等。除提供全文的电子书外，还提供 1 800 多种工具书、全文电子期刊和完整版的有声电子图书。

目前，通过联合采购和共建共享，CALIS 成员馆的校园网用户可以免费查看中国集团订购的 4500 多种外文电子图书和 3400 多种免费图书。其中，正式采购图书每种书为“一复本”，即同一本书同时只允许一个用户在线阅读；赠送图书没有复本限制，主要是美国历史、小说、诗歌、人物传记、哲学、宗教等主题。所有电子图书都内嵌了《美国传统英语语言词典》（American Heritage® Dictionary of the English Language（4th Edition）），方便读者查询词义和读音。图书内容不能整本下载，只允许逐页保存和打印，且系统对同一本书在一个小时内能够保存的页数有限制。

（二）使用方法

1. 登录

登录网址 http://www.netlibrary.com，进入 Netlibrary 主页。该站提供英语、西

班牙语、法语、中文简体、中文繁体、韩语、日语、阿拉伯语八种语言版本，读者可通过页面下端的按钮切换语言。

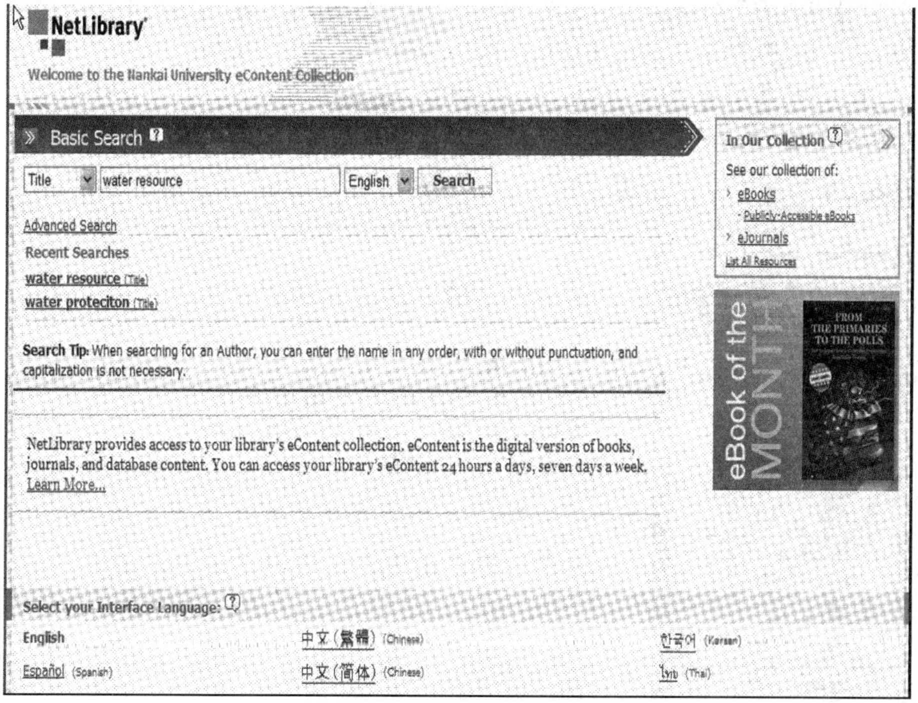

图 8-5　Netlibrary 首页

2．检索方法

系统默认为基本检索界面，如需使用高级检索界面，可点击页面上端的“高级检索”（advanced search）按钮切换。OCLC Netlibrary 提供多语种检索界面，有英文、法文、德文、西班牙文、日文、韩文、泰文和中文（简体、繁体）；支持布尔逻辑检索、截词符、词组检索和优先词序（即圆括号）。

（1）基本检索：提供关键词、书名、作者、全文四个检索字段。如果检索结果太多，可点击“revise search”进行二次检索。

（2）高级检索：检索途径有 title（题名）、author（作者）、subject（主题）、keywords（关键词）、full text（全文）、publisher（出版商）、pub year（出版年）、ISBN（国际书号）等检索字段，在可选的限制条件中可以限制出版年份、格式和图书出版语言。读者可在一个或多个检索字段中输入检索词，并通过下拉箭头选择布尔逻辑算符“AND”、“OR”、“NOT”、“NEAR”。

3．检索结果

检索结果为书目清单形式，显示每一本相关电子书的书名、作者和出版商信息，以及“查看”（view this book）和“详细书目信息”（show details）链接。系统默认按相关性排序，也可选择按题名、时间顺序或逆序排列。

点击某一本书的“view this book”链接，不需要安装任何阅读软件即可以阅读、保存和打印，每次只能保存或打印一页。

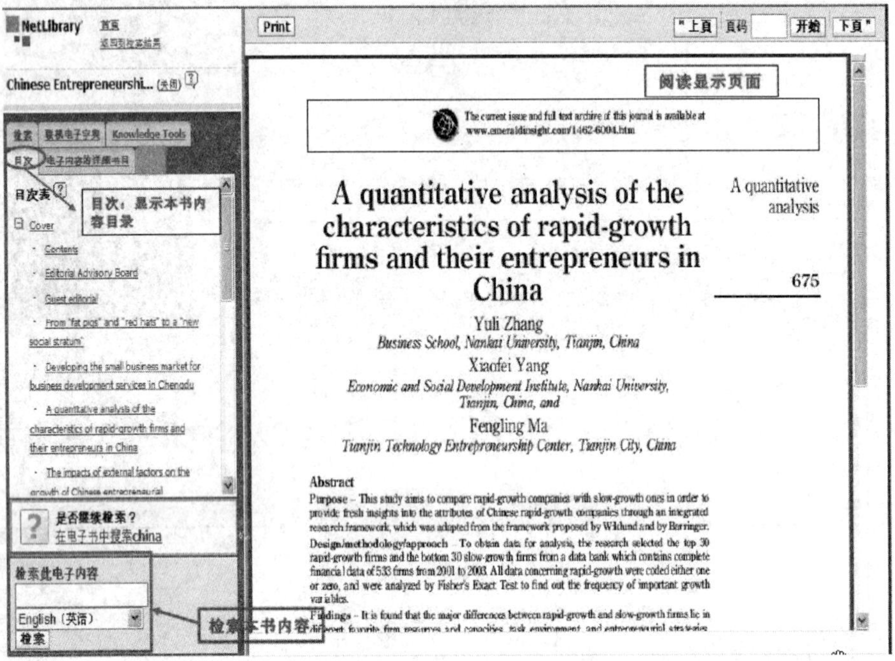

图 8-6　检索结果——在线阅读电子书

阅读页面的左侧显示该书的目录，点击相应的章节名，可阅读该部分内容；在页面右上方可以输入页码，跳到指定页；或使用向前向后翻页功能阅读图书。在页面的左侧有 5 个不同的选项卡。

（1）Content Details：显示该书详细的题录信息。

（2）Dictionary：提供在线词典查询。

（3）Search：可输入检索词，在该书的全文中检索。检索结果会在检索框下显示。页面右侧会自动显示检索词在该书中首次出现的页面；检索词以加深红色显示。点击“next”按钮，可跳到检索词下一次出现的页面。点击“previous”按钮，则显示检索词前一次出现的页面。

（4）Contents：显示图书的目录。

（5）Knowledge Tools：提供一些网络检索的链接。

二、NAP 免费电子图书

The National Academies Press（NAP）是美国国家科学院下属的学术出版机构，主要出版美国国家科学院、国家工程院，医学研究所和国家研究委员会的报告。从 1992 年开始，逐步将印刷本图书转化成电子图书，并提供在线免费浏览。

目前通过其主页站点（http://www.nap.edu）可以在线免费浏览 2500 多种电子图书，包括一批很有学术价值的图书。内容覆盖环境科学、生物学、医学、计算机科学、地球科学、数学和统计学、物理、化学、教育等诸多领域。电子图书采用 PDF 文档格式，保持了书的原貌，还可以进行全文检索、打印（一次一页）。访问无须账号和口令，也无须下载电子图书专用阅读软件。

进入后可以按学科分类浏览，也可以输入检索词，在书名或全文中检索。在每一本书中可以像阅读纸质版图书一样按目次和章节阅读，也可输入检索词进行全文检索，然后直接点击进入有关的章节或页面。

三、Ebrary

Ebrary 公司由三家世界级出版社（Mcgraw-Hill Companies，Pearson plc，Random House Ventures LLC）共同投资组建。该公司与 150 多家出版社合作，将他们的图书以电子方式提供给用户。所提供的电子图书大部分都是近 3 年内出版的新书，且内容不断增加。目前有 2 万多种图书，覆盖商业经济、计算机、技术工程、语言文学、社会科学、医学、历史、科技、哲学等主要科目的书籍种类。

用户通过本单位图书馆主页链接直接登录 http://www.ebrary.com，既可以在全部 Ebrary 数据库内进行全文检索，也可以按作者、书名、出版社或者学科来查找自己所需的图书。用户还可以建立网上个人书架以保存自己对已阅读文章的链接，并具有书签和评注功能。

Ebrary 提供简单检索、高级检索和分类浏览三种检索途径。电子图书采用 PDF 文档格式，保持了书的原貌。书签功能（bookshelf）必须先注册个人账号后才能使用。

四、综合数据库中的电子图书

事实上，很多大型全文数据库在收录期刊论文的同时都会收录一定数量的电子图书，包括专著章节、丛书、工具书等。如本书第六章中所介绍的几个著名西文全文数据库：荷兰 Elsevier 集团出版的 Science Direct 全文数据库收录了 15000 多种图书，包括专著、参考工具书、丛书、手册等；德国施普林格科技出版集团的

SpringerLink 全文数据库更是收录了 80 000 余种电子图书，包括专著、参考工具、丛书和实验室指南等，且以每年超过 3 500 种图书的速度不断增加；美国 John Wiely & Sons 公司的 Wiley Online Library 综合型全文数据库收录 10 000 余册在线电子图书，包括专著、手册、辞典、丛书等，以及几百种大型专业参考书及实验手册和数据。美国 EBSCO 公司发行 EBSCOhost 全文数据库检索系统也收录了大量的电子图书全文和摘要。

有关上述综合型数据库中的电子图书的检索和使用，请参考第六章有关章节介绍。

思考题

1. 熟悉超星数字图书馆与 Netlibrary 数据库的功能和使用方法。
2. 结合你的专业兴趣，试用超星数字图书馆和 Netlibray 查找相关的电子图书并阅读。
3. 试查询下载有关环境保护概论方面的中英文教材。

第九章

环境科学会议文献与学位论文检索

第一节　会议文献检索

会议文献是学术资源的重要组成部分，它是指在各种学术会议上宣读的论文、产生的记录及发言、论述、总结等形式的文献（包括会议前参加会议者预先提交的论文及文摘，在会议上宣读或散发的论文，会上讨论的问题、交流的经验和情况等），会后经整理编辑加工而成的会议论文集等正式出版物。广义的会议文献包括会议论文、会议期间的有关文件、讨论稿、报告、征求意见稿等，而狭义的会议文献仅指会议录上发表的文献。

许多新发现、新进展、新成就以及所提出的新研究课题和新设想，都是以会议论文的形式向公众首次发布的。据美国科学情报所（ISI）统计，全世界每年召开的学术会议约 1 万个，正式发行的各种专业会议文献 5 000 多种。会议文献传递新产生的但未必成熟的科研信息，对学科领域中的最新发现、新成果等重大事件的首次报道率最高，是及时了解有关学科领域发展状况的重要渠道。

学术会议按其组织形式和规模区分，一般可分为以下五大类：国际性会议、地区性会议、全国性会议、学会或协会会议、同行业联合会议。

随着学科的迅速发展，近年来环境科学领域召开的各种规格的国际国内学术会议越来越多，由此也产生了大量的会议文献。这些会议文献涉及的专业内容集中、针对性强，具有较高的专业学术水平；数量庞大且内容丰富新颖，即时性强，反映了环境科学各个专业领域的最新成就和发展动态。同时出版形式多种多样，有会议记录、期刊、科技报告、预印本等形式。这些特点使会议文献一直受到广大教师和科技人员的高度重视，成为获取环境科学科技情报的一个重要来源。但是由于其出版不规律，流通范围有限等因素，会议文献的检索与获取比较困难，被公认为是最难寻求的灰色文献之一。

美国 Thomson Reuters 集团基于 ISI Web of Knowledge 检索平台的 Conference

Proceedings Citation Index 数据库、EI Compendex、CSA、中国知网的中国重要会议论文全文数据库、万方数据中国的学术会议论文全文数据库等国内外一些大型综合性检索系统都将会议论文作为重要的文献类型加以收录。

一、Conference Proceedings Citation Index

（一）数据库简介

Conference Proceedings Citation Index（国际会议记录引文索引），即 ISI Proceedings 的后身，是由美国科学情报所出版的著名的学术会议论文数据库，它允许用户利用被引参考文献来查找国际会议、专题讨论会、研讨会、座谈会、研习会和其他会议文献。数据库包括两个版本：科学技术会议记录索引（CPCI-S：Conference Proceedings Citation Index-Science，前身即 Index to Scientific & Technical Proceedings（ISTP）的网络版）和社会科学及人文科学会议记录索引（CPCI-SSH：Conference Proceedings Citation Index -Social Science & Humanities，前身即 Index to Social Science & Humanities Proceedings（ISSHP）的网络版），共收录了近 250 个学科类别的会议文献，汇集了世界上最新出版的会议记录资料，包括专著、丛书、预印本以及来源于期刊的各种会议论文资料，可查询 1990 年以来各个领域的会议论文。

作为世界上收录最多、覆盖学科最广泛的学术会议记录文献数据库，Conference Proceedings Citation Index 提供全面的会议信息及会议文献信息。其中，CPCI-S 覆盖了所有自然科学与技术领域的会议文献，包括农业与环境科学、生物化学与分子、分子生物学、生物技术、医学、工程、计算机科学、化学、物理等。CPCI-SSH 覆盖了所有的社会科学、艺术与人文领域，包括社会学、公共卫生、管理学、经济学、历史、文学、哲学等。

国际会议记录引文索引检索原通过 ISI Web of Knowledge 平台的 ISI Proceedings 数据库进行，2011 年 7 月后 ISI Web of Knowledge 推出新平台，原 ISI Proceedings 整合为 Conference Proceedings Citation Index 数据库，并纳入新平台下的 Web of Science 数据库中，可与 SCIE 等子数据库同时查询。

（二）检索方法

需经过订购并获授权才可使用。授权用户可通过所在机构的远程访问代理（通常在图书馆主页上有专门的链接）登录 ISI Web of Knowledge 检索平台，选择 Web of Science 数据库，勾选该主页下方的“Conference Proceedings Citation Index-Social Science & Humanities（CPCI-SSH）”子库。

因统一整合于 ISI Web of Knowledge 平台，Conference Proceedings Citation Index 数据库的检索界面和检索方法与 SCIE 相同，并可以通过跨库检索，即在检索国际会议记录引文索引的同时，检索 ISI Web of Knowledge 的其他资源、馆藏记录和免费数据库。与 SCIE 一样，Conference Proceedings Citation Index 也提供了普通检索（general search）、高级检索（advance search）和被引参考文献检索（cited reference search）三种检索途径。详细内容请读者参照第七章内容全面理解。

二、Conference Paper Index（CPI）

Conference Paper Index（会议论文索引），简称 CPI，由美国剑桥科学文摘社编辑出版，创刊于 1933 年，从 1978 年起使用现刊名。主要报道生命科学、医学、工程技术、材料科学、自然科学和环境科学等方面的会议论文，自 1995 年以来，收录的重点主题为环境科学、水生科学和生命科学，同时也包括物理学等其他学科。所收录的数据多为会议进行前的预印本，会议论文摘要，议程，发言纲要，会议的近期通讯或者预告等。1995 年以后集中收录生命科学和环保科学的会议文献。检索界面和方法与 CSA 相同，读者可参阅本书第七章第三节进一步学习。

三、OCLC FirstSearch 会议论文数据库

FirstSearch 是 OCLC 的一个大型综合性数据库系统，覆盖所有学科和领域。通过 OCLC FirstSearch Service 可检索 70 多个数据库。CALIS 工程中心从 1999 年开始每年订购 OCLC FirstSearch Service 的基本组数据库包，其中包括两个会议论文数据库。

1. FirstSearch PapersFirst

FirstSearch PapersFirst 是 OCLC 为在世界各地各类会议上发表的论文所编纂的索引，涵盖了自 1993 年至今的所有来自于英国图书馆文献供应中心的发表过的研讨会、大会、博览会、研究讲习会和会议的资料。数据库以论文为主，按何人、何时、发表何论文排序。目前包括 650 多万条记录，数据每两周更新一次。

2. FirstSearch Proceedings

FirstSearch Proceedings 是 PapersFirst 的相关库，涵盖了自 1993 年至今的所有来自于英国图书馆文献供应中心的发表过的研讨会、大会、博览会、研究讲习会和会议的资料，而且每条记录都包含一份在各次大会上所呈交的文件的清单，从而提供了各次活动的一个概貌。与 PapersFirst 不同的是此数据库以会议名称排序，如：何年、何会、何人、发表何论文。数据每周更新两次。

四、万方中国学术会议论文数据库

（一）数据库简介

万方数据资源系统中的中国学术会议论文数据库是国内颇具影响的学术会议文献全文数据库，收录了自1998年以来国家级学会、协会、研究会组织、部委、高校召开的全国性学术会议及国家性会议论文全文，每年涉及上千个重要的学术会议，数据范围覆盖自然科学、工程技术、农林、医学等所有学科领域，是了解国内学术动态必不可少的帮手。

（二）检索方法

中国学术会议数据库包括三个子库：中国学术会议论文文摘数据库、中国学术会议论文全文数据库和中文会议名录数据库。用户可直接登录万方网站或通过本单位购权镜像站访问数据库。普通用户登录入口为 http://c.wanfangdata.com.cn/Conference.aspx。

中国学术会议论文全文数据库提供了多种检索途径，既可从会议信息，也可以从论文信息进行查找，包括会议分类浏览、高级检索、经典检索和专业检索，其功能界面和使用方法与万方数字化期刊系统相似。

1．分类浏览

与万方数字化期刊数据库一样，万方中国学术会议论文数据库也将全部会议文献按照《中国图书馆分类法》进行分类，并列类目于会议论文数据库主页，点击任一类目名称，便可浏览此分类下的所有会议名录。

2．高级检索和经典检索

中国学术会议论文全文数据库提供的高级检索和经典检索途径为表单式，支持布尔检索、相邻检索（“.”）、截断检索（仅用于英文会议文献检索）、同字段检索（G），同字句检索和位置检索等全文检索技术；二次检索，有较高的查全率和查准率；提供论文标题、会议名称、作者、主办单位、会议时间、会议地点、母体文献、分类号、关键词、摘要、出版时间等检索字段；并具有年度范围限制功能，可以选择针对所需年代进行检索。

点击论文题名，将在弹出新窗口显示此论文的详细信息，包括论文标题、作者、会议名称、会议届次、主办单位、会议时间、母体文献、出版单位、出版时间、出版地、分类号、关键词、文摘等，以及相似文献链接，并提供PDF版全文查看和下载链接。

五、中国知网——中国重要会议论文全文数据库

中国知网旗下的中国重要会议论文全文数据收录我国自 2000 年以来国家二级以上学会、协会、高等院校、科研院所、学术机构等单位的论文集。检索界面与使用方法与知网的中国期刊全文数据库相同。

六、NSTL 国家科技数字图书馆——中外文会议文献数据库

国家科技数字图书馆是由国家科技图书文献中心（National Science and Technology library，NSTL）建立的一个资源共享平台，网址为 http://www.nstl.gov.cn/NSTL。点击首页上的“会议文献”栏目即可进入中外文会议文献数据库免费检索 NSTL 成员单位收录的外文会议论文的文摘。中外文会议文献数据库分别收录自 1985 年和 1980 年以来的世界和全国学术会议论文，报道揭示会议名称、论文标题、作者、主办者、会议时间地点、论文摘要等详细信息。全文可通过原文传递服务来获取。

七、中国学术会议在线

中国学术会议在线（http://www.meeting.edu.cn）是经教育部批准，由教育部科技发展中心主办的一个科学研究与学术交流信息服务平台。网站提供学术会议信息预报、会议分类搜索、会议在线报名、会议论文征集、会议资料发布、会议视频点播、会议同步直播等服务，个别会议提供现场视频资料。

该网站提供会议检索、模糊检索、视频检索、会议论文摘要检索和分类浏览五种检索方式，并提供会议预告、会议述评、会议新闻等详细信息，但没有会议论文全文资料。如需会议论文全文可以利用所查到的信息，进一步向会议主办单位索取会议论文集或相关会议文献全文。

除了本节上面介绍的七种主要途径，读者还可以利用搜索引擎来查找最新会议信息，并进而尝试获得会议文献；或者直接登录研究机构与学会团体的网站，获得会议信息与会议论文集摘要或题录，甚至会议论文全文。

第二节　学位论文检索

学位论文是伴随着学位制度的实施而产生的，是高等院校或科研单位的硕士或博士研究生，为获取学位资格而撰写并递交的学术性研究论文，分为硕士学位论文和博士学位论文。

学位论文是一种原始研究的成果，具有科学性、学术性、新颖性的特点，其

中不少学位论文具有一定的独创性和学术价值，是一种非常重要的信息资源。其选题一般都是本学科需要解决的比较重要的、具有前沿性的理论或应用方面的课题，集中反映了学科动态。如国内学位论文选题大多直接来自国家或者地方科学基金、科技攻关项目，它们的专业性很强，内容新颖，阐述问题较为系统、详细，具有较高的学术价值。

但是，众所周知，学位论文大多数不公开发表或出版，兼之数量众多，难以系统收集和交流，因此很难获得全文资料，必须通过特殊搜集渠道才能获得。一般学位论文只在授予学位的院校或研究机构的图书馆和按国家规定接受呈缴本的图书馆保存有副本。

为发挥学位论文的参考作用，一些国家的大学图书馆将其编制成目录、索引，并形成专门的学位论文数据库。也有少数国家对学位论文进行集中管理，如英国和加拿大的学位论文均由国家图书馆统一管理。

自 1979 年我国恢复学位制度以来，国务院学位委员会指定北京图书馆（现中国国家图书馆）、中国科技情报所（现中国科学技术信息研究所）和中国社科院情报所（现中国社会科学院文献信息中心）为学位论文的法定收藏单位。其中，中国科学技术信息研究所（简称中信所）国内文献馆负责收藏我国自然科学领域的硕士、博士和博士后的公开、秘密和绝密的学位论文。公开的学位论文可借阅复印，秘密和绝密的学位论文收藏于该所保密室，一般不提供阅览。中国社会科学院文献信息中心负责收藏社会科学方面的学位论文。国家图书馆负责收藏自然科学和社会科学方面的博士论文。

除了各个高校图书馆统一建设的全校学位论文数据库，很多高校的环境科学院系都收藏有本院系历届毕业生的学位论文，一些单位还自建了学位论文数据库供检索和有限浏览，这些资源都能帮助我们快速全面地了解科研课题。

下文主要介绍 PQDT 欧美博硕士学位论文库、CNKI 中国优秀博硕士学位论文全文库和万方中国学位论文全文库等大型检索系统。

一、欧美博硕士学位论文库

（一）数据库简介

PQDT（ProQuest Digital Dissertations & Theses）即数字化博硕士论文文摘数据库，前身为 PQDD（ProQuest Digital Dissertations），是由美国 ProQuest 公司开发出版的博士、硕士论文数据库，收录了自 1637 年至今美国、加拿大和欧洲各国 2 000 余所大学的 160 多万篇博士、硕士学位论文的摘要和索引，是目前世界上最大和使用最广泛的学位论文数据库，专业范围覆盖了理工和人文社科等广泛领域。数据库中除收录与每篇论文相关的引文外，1980 年后出版的所有博士论文信息中还包含了作者本人撰写的 350 字左右的文摘；1988 年以后出版的所有硕士论文信息中含有 150 字左右的文摘；1997 年以后出版的论文可免费浏览前 24 页 PDF 格式全文。

（二）PQDT 检索与使用方法

用户可直接访问 PQDT 网站（http://proquest.umi.com/login），或者通过本单位图书馆主页链接进入系统。PQDT 提供基本检索（basic search）、高级检索（advanced search）和按学科国别浏览三种检索方式。

1．基本检索

系统默认的检索方式为基本检索，基本检索默认在引文和摘要中进行检索，可进行日期范围限定、出版物限定、作者限定等以便缩小查询范围（图 9-1）。支持布尔逻辑算符（AND/OR/NOT）；支持邻近算符（W/n、PRE/n）、同段落检索（W/PARA）；支持截词符“*”（无限截词）和“?”（有限截词）；支持词组检索和位置检索。在检索中，系统会自动忽略 the/a/an/it/and 等常用虚词，如需要将这类词汇作为关键词进行检索，需用双引号把它们括起来。检索时直接在输入框中输入检索词、字段代码、逻辑算符等构建一个检索表达式，如：TI（wastewater treatment）AND AB（design）AND DG（PHD）。

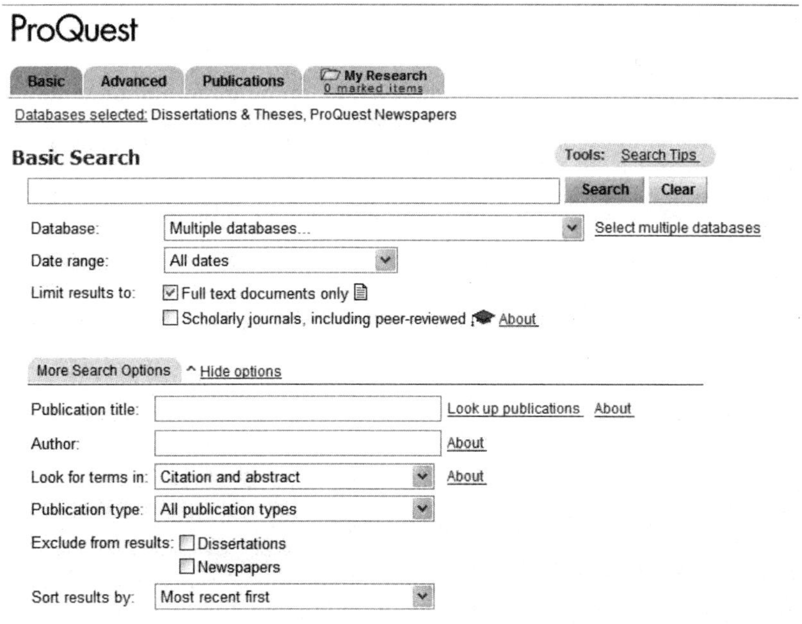

图 9-1　PQDT 学位论文数据库基本检索界面

2. 高级检索

高级检索为表单式检索。输入框之间提供布尔逻辑算符（AND/OR/NOT）选择。用户在检索词输入框中输入检索词，并点击下拉箭头选择检索字段以限定检索。如果希望几个检索词分别限定在不同的字段中，可在三个输入框中输入检索词并选择其所在字段，并选择逻辑算符将三个输入框中的检索词连接起来，以实现多字段组配检索。系统提供论文标题（title）、摘要（abstract）、作者（author）、引文（citation）、导师、学校名、代码、出版物编号、学位、学科名/代码等检索字段。

除了通常的布尔逻辑检索、词组短语检索、截词检索等功能，PQDT 系统还支持组合检索。既可以使用布尔算符将检索主题、短语和/或以前使用过的检索联合起来建立一个新的检索，也可以重复使用在“search history”中已有的任何检索式，只要使用集合号数字代表以前的第几次检索即可，例如：

#2 AND ti（computer）

#3 NOT #4

点击“更多检索选项”（more search options），可进行导师、学校名/代码、学科名/代码、索引短语等限定或查看相应辅助索引。

PQDT 数据库常用字段名称、字段代码及应用举例见表 9-1。

表 9-1　PQDD 字段名称与字段代码一览

字段名称		字段代码	实例
Abstract	文摘	AB，abs，abstract	AB（Iowa and caucus?），AB（ozone）
Adviser	导师	AD，adviser，advisor	AD（Kani），adviser（Amith，Amn?）
Author	著者	AU，at，author	AU（Hart，william）
DegreeDate（year）	获学位年	DDT，DA，date，YR，year	DDT（1996），DA（<1990），yr（1980:1990）
Degree Awarded	学位	DG，ddn，degree	DG（PHD），degree（MILS）
Dissertation Database ID	文档 ID	Disdb	Disdb（DAI），DISDB（MAI）
Dissertation Volume/Issue	论文对应的刊物的卷期	Disvol	Disvol（DAI-B 56-02），disvol（B）
ISBN	国际标准书号	ISBN	ISBN（91-554-3527-0）
Keyword（Basic Index）	关键字（索引短语）	BI，keyword	BI（mooring?），keyword（Cuba or Haiti）
Language	论文语种	LA	Language la（French）
Publication/Order Number	出版物/订单编号	PN，no，publication	PN（AAT9634098）
School Name/Code	学校名/代码	SC，sch，school	SC（Wayne State），SC（0254）
Subject Name/Code	主题名称/代码	SU，sub，subject	SU（Cinema），SU（0900）
Title	论文标题	TI，title	TI（fuzzy logic），TI（NASA Astrophys?）

3．浏览

点击 PQDT 首页导航栏上的“浏览”（Browse）按钮，可按论文所属学科类目字顺或国别字顺浏览所有论文。

4．检索结果

系统默认检索结果（search results）显示界面为每屏显示 20 条记录的题录，提供论文标题、作者、学校名、出版年以及论文 ID 编号等信息。一般来说，系统将检索结果按学位获得年降序排列；如果年代相同，再按著者姓名字顺排列。用户也可根据需要选择按相关度排序（图 9-2）。

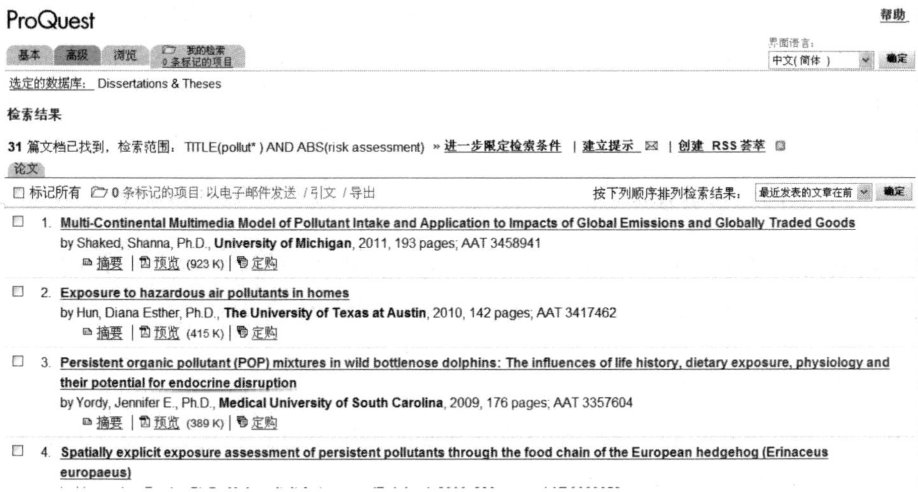

图 9-2　PQDT 检索结果页面

每一条记录下方并提供摘要链接、全文链接、预览链接、订购链接。其中预览链接为原文内容的前 24 页缩微图片。这 24 页通常包括该论文的目录和概要。用户可以点击任意一张图片来放大阅读，也可以用浏览器的“打印功能”打印。

（三）ProQuest 学位论文全文检索系统

从 2002 年开始，为满足国内对博士论文全文的广泛需求，CALIS（中国高等教育文献保障系统）组织国内各高等院校、学术研究单位以及公共图书馆，以优惠价格共同采购 PQDT 中的一部分论文全文，并由此建立了 ProQuest 学位论文全文检索系统（http://pqdt.calis.edu.cn）。

该全文库主要收录了来自欧美国家 2000 余所知名大学的优秀博士、硕士论文，目前中国集团可以共享的论文已经达到 3 万多篇，涉及文、理、工、农、医等多个领域，是学术研究中十分重要的信息资源。

系统提供学科导航、基本检索和高级检索三种检索方式。检索结果为题录式，每一条记录都提供了论文标题、作者、摘要、学位、来源、出版日期等信息，并提供了原文的 PDF 格式全文链接，授权用户可免费浏览和下载论文全文。

二、CNKI 中国优秀博士、硕士学位论文全文数据库

（一）数据库简介

中国知网（CNKI）的中国优秀博士、硕士学位论文全文数据库是目前国内相关资源最完备、收录质量最高、连续动态更新的博士、硕士学位论文全文数据库，包括中国博士学位论文全文数据库和中国优秀硕士学位论文全文数据库两个子库。前者收录全国 380 多家博士培养单位的博士学位论文，覆盖了所有的学科专业领域。其老版检索界面与检索方法与中国期刊全文数据库相同。

（二）新版检索方法

授权用户可通过本单位图书馆主页上的链接进入中国知网镜像站，或直接登录中国知网（http://www.cnki.net），点击“中国博士学位论文全文数据库”或者“中国优秀硕士学位论文全文数据库”进入数据库检索系统。

系统提供快速检索、标准检索、专业检索、科研基金检索、句子检索五种检索方式和学科分类导航、学位授予单位导航两种浏览方式。首页默认为标准检索方式。下面以中国博士论文全文数据库检索为例说明。

1. 标准检索

标准检索为表单式，分为检索控制条件和内容检索条件两个选项，可同时在这两个选项中分别输入检索词，也可以只择其一输入检索词。其中内容检索条件是必须输入检索词的。

检索控制条件选项，允许用户从学位年度、更新时间、学位单位、优秀论文级别、作者、支持基金、导师、第一导师、作者单位等条件进行检索限定，支持模糊匹配和精确匹配。内容检索条件选项则针对学位论文的内容特征进行限定，包括论文的题名、关键词、摘要、目录、全文、参考文献、中图分类号、学科专业名称等检索字段，支持同字段检索、相关词检索、精确匹配和模糊匹配，默认中英文扩展检索，支持二次检索。

例如，欲检索南开大学李铁龙博士的有关纳米铁技术修复地下水的学位论文，则检索步骤如下（见图 9-3）：

（1）检索控制条件选项中，限定学位年度为 2000—2010 年；限定学位单位为“南开大学”（精确匹配）；限定作者为“李铁龙”。

（2）内容检索条件选项中，在题名字段输入框内输入“地下水”“并且包含”“纳米铁”。

（3）点击“检索文献”按钮，即可查到所需博士论文记录。

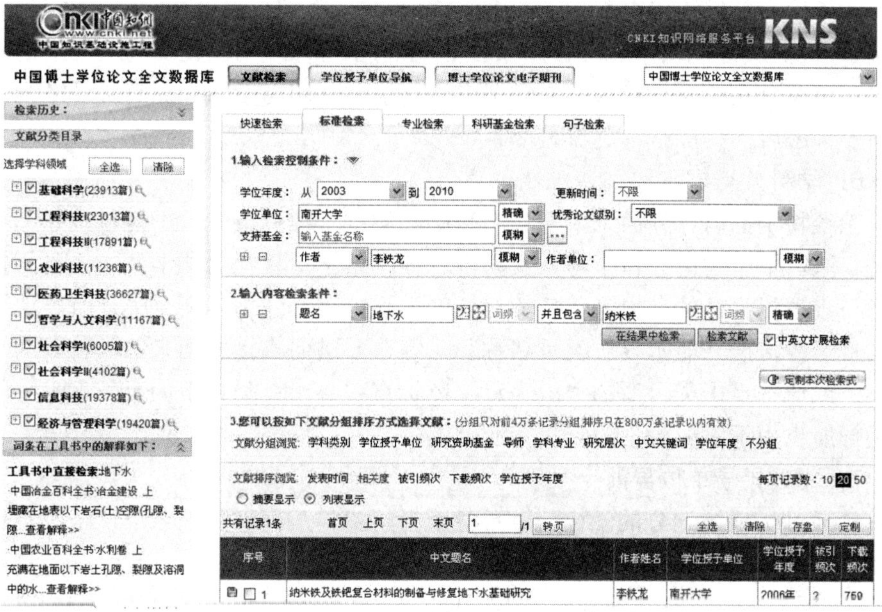

图 9-3 CNKI——中国博士学位论文全文数据库标准检索界面

2．快速检索

快速检索提供了类似搜索引擎的检索方式，用户只需要输入所要找的关键词，点击就可以查到相关的学位论文文献，但误检率较高。

3．专业检索

专业检索即使用逻辑运算符和关键词构造检索表达式进行检索，需要熟练的检索技能。可用下列 15 个检索字段构造检索表达式，包括：主题、题名（篇名）、关键词、目录、摘要、全文、作者、导师、学位授予单位、引文（参考文献）、发表时间、学位年度、基金、中图分类号和被引频次。多个检索项的检索表达式可使用 AND\OR\NOT 逻辑运算符进行组合；三种逻辑运算符的优先级相同；如要改变组合的顺序，需用英文半角圆括号“()”将条件括起。点击“检索表达式”按钮，可以查看专业检索语法表。

4．科研基金检索

科研基金检索是通过科研基金名称，查找科研基金资助的文献。通过对检索结果的分组筛选，还可全面了解科研基金资助学科范围，科研主题领域等信息。

在检索中，可直接在检索框中输入基金名称的关键词，也可以点击检索框后的选项按钮，选择相应支持基金输入检索框中。

5．句子检索

句子检索是通过用户输入的两个关键词，查找同时包含这两个词的句子。由于句子中包含了大量的事实信息，通过检索句子可以为用户提供有关事实的问题答案。可在全文的同一段或同一句话中进行检索。同句指两个标点符号之间，同段指五句之内，支持布尔逻辑组配。

6．学科分类导航

系统将全部内容分为十大专辑：基础科学、工程科技Ⅰ、工程科技Ⅱ、农业科技、医药卫生科技、哲学与人文科学、社会科学Ⅰ、社会科学Ⅱ、信息科技、经济与管理科学。各专辑又包括相对应的学科内容。使用学科分类导航可层层点击类目名称，展开显示各层类目名称和类级，并进而直接导出末级类目下的全部文献；或通过点击类目后的“放大镜”图标直接导出该类目下的全部文献。学科分类导航也用于限制检索的学科专业范围。

7．学位授予单位导航

可通过按地域划分的学位授予单位或者“211 工程”院校名单，来浏览特定高校的全部学位论文。

三、万方中国学位论文全文数据库

中国学位论文全文数据库是万方数据资源系统组成部分之一。数据库资源由国家法定学位论文收藏机构——中国科技信息研究所提供，收录了自 1977 年以来我国自然科学领域的博士、博士后及硕士研究生论文。涵盖自然科学、数理化、天文、地球、生物、医药、卫生、工业技术、航空、环境、社会科学、人文地理等各学科领域，是我国收录数量最多的学位论文全文库。

普通用户可以登录万方数据资源网站，点击“资源指南”栏目，选择“学位论文数据库”进入系统，但仅能检索和浏览文摘题录等基本信息。包括：论文题名、作者、作者专业、授予学位、导师姓名、授予学位单位、分类号、论文页数、授予学位时间、关键词、摘要、语种等信息。授权用户可以经本单位图书馆镜像链接进入中国学位论文全文数据库系统，免费浏览和下载 PDF 格式全文。

四、CALIS 学位论文库

CALIS 高校学位论文数据库收录包括北京大学、清华大学等全国著名大学在内的 80 多个 CALIS 成员馆的硕士、博士学位论文。访问地址为 http://etd.calis.edu.cn，授权 IP 范围内的用户可直接登录，并注册个人账号使用。

数据库提供简单检索和复杂检索两种检索方式，也可以通过学科浏览和参建馆浏览逐层查看相关记录。检索结果为题录式，报道论文题名、作者、答辩日期。点击题录下方的“摘要信息”链接可看到中英文摘要；点击“详细信息”链接还可看到除上述信息之外的导师姓名、专业、学校、关键词等详细信息；点击“馆际互借”可在线提出馆际互借原文的申请；点击“通过开放连接方式获取全文”则可通过文献传递获得协议馆提供的论文全文，部分论文还提供了前16页预览信息。

五、国家科技图书文献中心学位论文查询

国家科技图书文献中心的国家科技数字图书馆设有外文学位论文数据库和中文学位论文数据库，后者收录了自1984年至今我国高等院校、研究生院及研究院所的博士论文、硕士论文和博士后报告，涉及自然科学各专业领域，并兼顾人文社科。访问地址为http://www.nstl.gov.cn/NSTL/。点击首页上的“外文学位论文数据库”和“中文学位论文数据库”即可以进入相应学位论文数据库进行免费检索。检索结果为题录式，提供摘要、学位授予单位等信息，可有偿传递原文。

六、中国国家图书馆馆藏学位论文库

国家图书馆学位论文收藏中心是国务院学位委员会指定的全国唯一负责全面收藏和整理我国学位论文的专门机构，也是人事部专家司确定的唯一负责全面收藏博士后研究报告的专门机构。20多年来，国家图书馆收藏博士论文达20多万种。此外，还收藏部分院校的硕士学位论文、台湾博士学位论文和部分海外华人华侨学位论文。

其博士论文全文影像资源库以书目数据、篇名数据、数字对象为内容，提供简单检索、高级检索、二次检索、关联检索和条件限定检索。检索结果提供中英文题名、论文作者、导师、学科专业、学位授予单位、学位授予日期、关键词、中英文摘要、目录等信息，并免费提供PDF格式的前24页预览内容。访问地址为http://res4.nlc.gov.cn/home/index.trs?channelid=3。

除上述大型学位论文数据库之外，很多高校院系也自建本单位的学位论文数据库或系统收藏纸版论文，这也是我们了解前人工作和课题进展的重要途径。

思考题

1. 结合自己的专业兴趣，试通过Conference Proceedings Citation Index数据库和本书中所介绍的主要中文会议论文数据库查询：最近5年内有无相关文献？

若有，该论文所在的会议开过几届？

2. 了解本校或本院系的学位论文收藏情况，有无电子版？

3. 试检索 PQDT 和中国知网博硕士论文数据库，查询有关地下水资源可持续管理的博士论文。

第十章

环境科学专利与科技报告检索

第一节 环境专利信息检索

一、专利知识简介

（一）专利

专利是政府授予个人或法人的一种权利，它是知识产权的一种，指国家专利管理机关依法授予专利申请人及其继受人在一定时期内享有的实施其发明创造的独占权或专有权。它既可以是一项产品，也可以是一种生产方法，或者是解决某个问题的技术方案。专利持有人自其发明被授予专利起，在法律规定的有效期内，可以独占其发明的制造、使用和销售权。专利一旦过期就可以被任何人使用。因此，专利具有排他性（也称独占性）、时间性和地域性特征。

目前世界上已有 140 多个国家和地区实行了专利制度，我国也已于 1984 年 3 月 12 日通过了《中华人民共和国专利法》，并于 1985 年 4 月 1 日正式实施。1992 年和 2000 年分别进行了有关修改。

专利是科学发现的重要组成部分，无论从事技术发明，还是致力于科学研究，专利文献都是学术资源中不可或缺的参考来源。据欧洲专利局统计，世界上所有技术知识的 80%都能够在专利文献中找到。世界知识产权组织（WIPO）有关部门也做过统计，世界上 90%～95%的发明成果以专利文献的形式问世，其中约有 70%的发明成果从未在其他非专利文献上发表过。显而易见，利用好专利文献将对我们的专业学习和科研起到事半功倍的效果。在环境科学研究中，为了节省时间和资金，避免重复劳动；跟踪查新，了解和掌握环保工艺技术的最新进展；保护自己辛苦研究而得的工艺技术的知识产权，都需要经常查询专利文献。

（二）专利的类型与特点

1. 专利的类型

中国专利权包括三种类型：发明专利、实用新型专利和外观设计专利。其中发明专利有效保护期20年；实用新型有效保护期10年；外观设计有效保护期10年，均自申请之日起计算。

2. 专利文献的特点

- 范围广泛、数量庞大。
- 内容新颖、报道迅速。一般80%以上的专利不会再以其他形式（论文、会议等）发表。
- 内容详尽、实用性和连续性强。作为获取专利权的条件，专利制度要求发明人必须以说明书的方式公布技术内容、细节。因此一份专利（申请）说明书就是一份实用、详尽的技术方案，往往反映了科学技术的发展史。
- 跨国申请、交叉重复。
- 技术保密、实施性低。

（三）专利文献的内容

专利文献指实行专利制度的国家及国际性专利组织在受理、审批专利过程中产生的各种文件及出版物的总称。包括专利说明书、专利公报、专利索引、专利分类表等，其中专利说明书是专利文献的核心部分。

目前国内公开出版的专利文献广义上主要有：专利申请说明书、专利说明书、实用新型说明书、工业品外观设计说明书、专利公报、专利索引等。狭义上的专利文献就是指专利说明书。

一般专利文献通常包含三部分：题录部分；说明书正文；附图。

题录部分包含：文献号（如专利号、公开号、公告号）、专利国别、专利申请号、专利申请日期、国际专利分类号、本国专利分类号、发明名称、申请人、发明人、受让人（专利权人）。

说明书正文是关于发明内容的详细介绍，一般包括序言、发明细节叙述、权利要求三部分。序言通常是关于发明技术水平及其产生背景的报告。其后是发明的详细描述，并结合实例进行说明。

附图用于解释或说明发明内容或原理，一般放在说明书的最后。

二、专利文献检索

（一）专利信息检索种类

从专利信息检索的目的出发，一般将专利信息检索划分为以下六种：

1. 专利技术信息检索

通过任意技术主题对专利文献进行检索，从而找出一批参考文献。包括追溯检索和定题检索。

2. 专利性检索

为确定申请专利的发明创造是否具有新颖性，查找可进行新颖性对比的文献。专利性检索属于技术主题检索，通过对发明创造的技术主题进行对比文献的查找来判断一项发明创造是否具备新颖性、创造性。根据检索要达到的目的可分为新颖性检索和创造性检索。

3. 侵权检索

侵权检索，包括防止侵权检索和被动侵权检索，是一种与专利技术的应用有关的检索种类，指为防止该项专利新的工业生产活动侵犯别人的专利权而进行的检索。

4. 专利法律状态检索

对专利的时间性和地域性进行检索。专利法律状态检索是指对专利的时间性和地域性进行的检索，包括专利有效性检索和专利地域性检索。

5. 同族专利检索

指对一项专利或专利申请在其他国家申请专利并被公布等有关情况进行的检索，目的是找出该专利或专利申请在其他国家公布的文献（专利）号。

6. 技术贸易检索

技术贸易检索一方面要查找出是否是专利、专利的有效性、专利的地域效力等法律信息，另一方面还要了解欲引进的技术的水平及实施的可能性等技术信息。

（二）专利信息检索途径

一般而言，获取专利文献信息有如下渠道：

- ❖ 图书馆购买的专利电子资源；
- ❖ 国家和地区知识产权局收藏的专利文献；
- ❖ 利用网络搜索引擎查找免费专利文献。

在进行专利信息检索时，经常以某一项或多项专利信息特征（或称专利文献特征）作为检索依据或检索途径。可以用作检索依据或检索途径的专利信息特征有：专利申请号、专利文献号、专利权人、主题词、专利分类号、专利公布日期或专利申请日期、化学式、优先权项、专利引文等。据此，专利信息检索大体有以下几种检索途径：

- 分类途径；
- 发明人、专利权人、专利受让人途径；
- 代码途径：申请号检索、专利号检索等；
- 主题途径。

（三）传统专利检索工具

1. 中国主要专利检索工具

我国权威的专利文献主要有以下几种，读者可利用这些工具检索专利信息。

- 专利公报：《发明专利公报》《实用专利公报》《外观设计专利公报》；
- 《中国专利索引》；
- 《中国专利分类文摘》；
- 《专利文献通报》；
- 《中国专利数据库》；
- 《中国专利数据库》光盘。

关于中国专利号的识别说明如下：

例如：中国专利号：ZL92106598.1。

其中，ZL：专利；

92：年；

1：专利类型（“1”为发明专利，“2”为实用新型专利，“3”为外观设计专利）；

06598（后五位数字）：当年专利申请的流水号；

1：计算校验码；

申请号：92106598.1。

2. 国外主要专利检索工具

国际专利分类表（International Patent Classification，IPC）采用功能（发明的基本作用）和应用（发明的用途）相结合，以功能为主的分类原则，是类分专利文献和通过主题来检索国外专利文献的重要工具。IPC 采用等级形式，将全部科学技术领域分为 8 个部，分别用 A～H 中的一个大写英文字母表示：A 部——生活需要；B 部——作业、运输；C 部——化学、冶金；D 部——纺织、造纸；E 部——固定建筑物；F 部——机械工程、照明、加热、爆破；G 部——物理；H 部——电学。同时，IPC 又将技术内容按部（section）、分部（subsection）、大类

（class）、小类（subclass）、主组（main group）、分组（subgroup）逐级分类，形成完整的分类体系，成为国际公认的专利文献专用分类依据和检索工具。

此外，各国也分别出版了本国的专利公报、专利索引，这些都是我们查找传统专利文献的工具。

鉴于绝大多数环境工作者精力时间有限，不可能花很大精力埋首于专利文献堆中检索，故有关上述传统专利文献的详细介绍和检索方法均略去，感兴趣的读者可以查阅相关专门出版物。

下面重点介绍网上专利文献检索途径与方法。

三、专利信息的 Internet 检索

Internet 上分布着丰富的专利资源，便于用户检索利用。一般而言，查找国内专利首选中国国家知识产权局的专利库；查找国外综合性的专利检索应首选德温特商业专利数据库，其次是美国、欧洲、日本等国家或地区的专利局官方网站发布的数据库检索系统。

（一）国内专利检索

国内提供专利信息检索的网站很多，如：国家知识产权局的专利数据库、中国知识产权网和中国专利信息网。其他非官方的专利检索网站的功能和信息更新远不能与上述三个网站相提并论。其中，又以国家知识产权局的专利检索为国内最全面的免费资源。我国是从 1985 年开始实施专利法的，因此，各个专利数据库均收录了自 1985 年至今公开的所有中国专利，数据按法定公开日每周更新，是每周出版的《专利公报》和《专利说明书》的电子版数据。

1．国家知识产权局专利数据库

登录国家知识产权局网站（http://www.sipo.gov.cn），点击主页右端的“专利检索”按钮即可进入数据库检索界面。该库收录了自 1985 年 9 月 10 日以来公布的全部中国专利信息，包括发明、实用新型和外观设计三种专利的著录项目及摘要，并可浏览到各种说明书全文及外观设计图形。用户可免费获得 TIF 格式全文，支持直接打印。搜索功能先进，提供了申请（专利）号、公开（公告）日、公开（公告）号、摘要及专利名称等 16 个字段的检索入口。检索时，可单字段查询，也可多个检索字段组配查询，并可使用截词符“%”进行模糊检索，支持布尔逻辑运算，查全率较高。还可查阅专利的法律状态，以了解所查询的专利是否已授权、受保护或终止，并提供国外产权局及专利数据库链接。

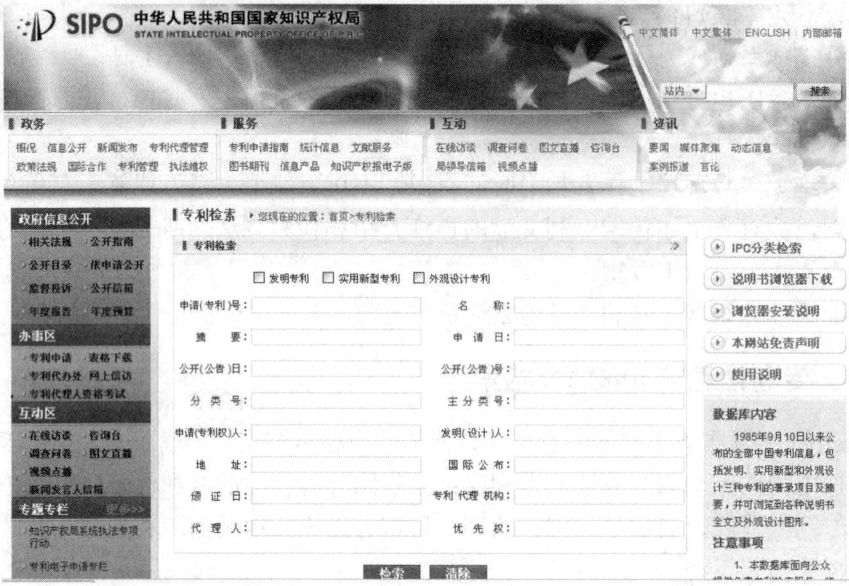

图 10-1 中国国家知识产权局专利数据库高级检索

2. 中国专利信息网

登录中国专利信息网（http://www.patent.com.cn），用户需注册后方可使用专利检索功能。能够检索自 1985 年 4 月 1 日《中华人民共和国专利法》实施以来的 172 万件专利的题录信息。免费用户可以自由浏览专利说明书全文的首页；普通和高级用户可以查看并打印、下载发明专利和实用新型专利说明书的题录和摘要信息，以及说明书的全部内容（外观设计另行收费）。

3. 中国知识产权网

登录中国知识产权网（http://www.cnipr.com）。收录了自 1985 年《中华人民共和国专利法》实施以来公开的全部中国发明、实用新型、外观设计专利和发明授权专利，以及其他 90 多个国家的数据资源。注册会员可以使用“中外专利信息服务平台”检索全部中国专利信息数据和美、日、英、法、德、瑞士六国，以及世界知识产权组织和欧洲专利局两大专利组织的专利资源。

4. 万方数据资源系统专利数据库

登录万方数据资源系统主页（http://www.wanfangdata.com.cn），点击“专利”频道即可进入按国际专利分类表 IPC 类分的分类浏览页面，按专利所属分类浏览所有相关专利记录。数据库收录了国内从 1985 年至今受理的全部专利数据信息，还收录了大量欧美国家和日本的专利文献（英文）。提供快速检索、高级检索、经典检索等多种检索方式，检索界面和使用方法与万方数字化期刊系统相似。详细记录提供专利公开（公告）日、公开（公告）号、主分类号、申请发明人、主权项、分类号、申请（专利）号、申请日、优先权、法律状态等数据项。授权用户可以浏览和下载全文。

（二）国外专利检索

1. 德温特专利数据库（DII）

德温特专利文献检索系统是世界上最著名、应用最广泛的专利信息检索工具，出版有印刷版、磁带版、光盘版、国际联机版及网络版。其中网络版即《德温特创新索引》专利数据库（Derwent Innovations Index，DII），是德温特公司（Derwent）与美国科技信息所（ISI）合作开发的基于 ISI Web of Knowledge 统一检索平台的网络版专利数据库。

DII 数据库收录自 1963 年迄今全球 40 多个国家或地区和专利组织的 1300 多万条基本发明专利，3000 多万条专利信息，涉及全球化学、电气电子及工程领域的专利成果。DII 不但收录全面，而且特别针对研究人员设计了完善易用的标引和分类系统，检索效率很高。每条记录除了包含相关的同族专利信息，还包括由各个行业的技术专家重新编写的专利信息，如描述性的标题和摘要、新颖性、技术关键、优点等，从而揭示了发明的内容与创新性。数据库提供 PDF 版专利全文，且能够与 ISI 的 SCIE 期刊论文、Conference Proceedings Citation Index 会议记录等子库实现跨库检索，并通过学术论文和技术专利之间的相互引证关系，建立了专利与文献之间的链接。

用户可通过所在机构的远程访问代理（通常在图书馆主页上有专门的链接）登录 ISI Web of Knowledge 检索平台，选择数据库“Derwent Innovations Index”即可进入 DII 检索界面。系统提供表单式普通检索、高级检索、被引专利检索和化合物检索四种检索方式；默认在所有年份（1963 年至今）和所有引文子库（化学、电气电子与工程）中进行检索；其检索界面和使用方法与本书第七章所述的 SCIE 大同小异，读者可参阅相关章节进行学习。

普通检索可选择的检索字段包括：主题、标题、专利权人（assignee）、发明人（inventor）、专利号（patent number）、国际专利分类（international patent classification）、德温特分类代码（Derwent class code）、德温特手工代码（Derwent primary accession number，Derwent 手工代码相当于一个广义的同义词表，将具有相似含义的不同词汇归入一个单一的代码）、Derwent 主入藏号、Derwent 注册号等。

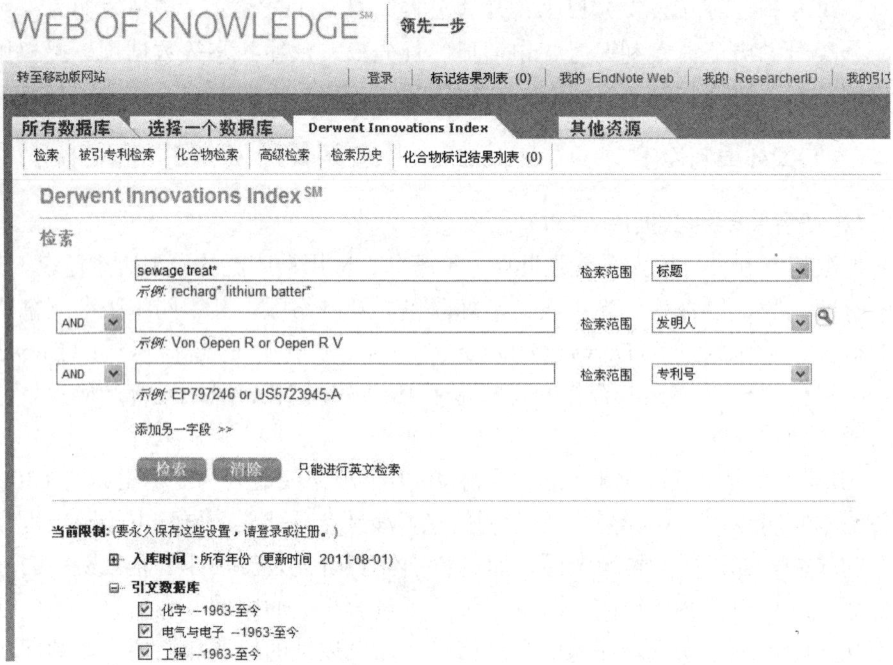

图 10-2 德温特创新索引 DII 普通检索界面

许多专利发明人在提交专利申请说明书时，会列出自己发明过程中所参考过的论文及已有专利；同时某些专利授予机构的专利审核员也会列出自己审核某一项专利授予权过程中所参考过的文献及已有专利。DII 中专门列出了“引用专利”（citing patent）链接和“被引专利”（cited patent）链接来显示这些参考文献及参考专利情况。引用专利链接显示某一项专利发明以来，被哪些专利引用过，从而可以迅速追踪到一项技术自诞生以来，最新的进展情况。通过被引专利检索（cited patent search）功能则可以快速查询到被引专利信息。用户可通过被引专利号（cited patent number）、被引专利受让人（cited assignee）、被引专利发明人（cited inventor）、被引专利德温特入藏号（cited derwent primary accession number）等途径在专利的引文中进行检索。

2. 美国专利与商标局 USPTO 专利数据库

美国是世界上最早建立专利制度的国家之一。早在 1790 年 4 月，美国政府批准公布了第一部专利法，并于同年 7 月批准公布第一件专利，1836 年成立专利与商标局。今天，美国是世界上拥有专利最多的国家之一，而且其专利一般质量较高，参考价值较大。美国专利与商标局（USPTO）目前通过 Internet 免费提供自 1790 年到最近一周发布的美国所有专利文献，被称为 USPTO Web Patent Databases。现访问地址为 http://patft.uspto.gov。

该数据库用于检索美国授权专利和专利申请，分为授权专利数据库和公开专利申请数据库两部分。授权专利数据库提供了自 1790 年至今各类授权的美国专利，其中有自 1790 年至今的图像说明书，自 1976 年至今的全文文本说明书（附图像）；公开专利申请数据库只提供自 2001 年 3 月 15 日以来美国专利申请公开的题录、文摘、全文信息。专利类型包括：发明专利、外观设计专利、再公告专利、植物专利等。

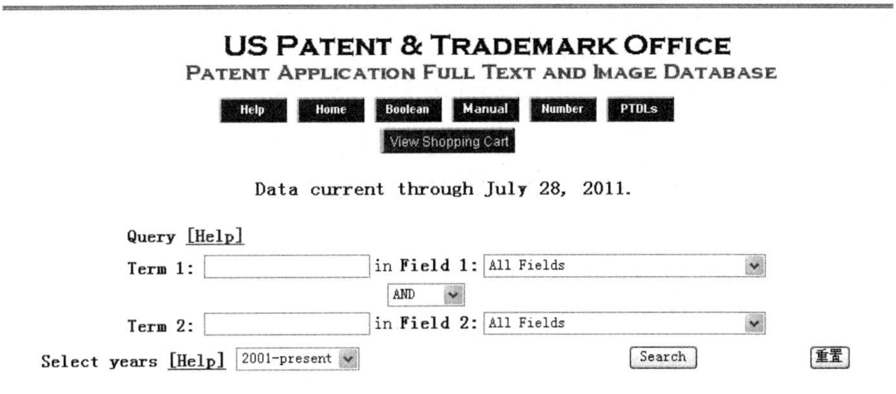

图 10-3　美国 USPTO 快速检索界面

数据库每周更新，支持布尔逻辑检索、词组检索、截词检索（右截词符“$”），提供快速检索、高级检索、专利号检索等多种检索途径，并提供 HTML 格式和 TIF 图像两种格式的全文。

3. 世界专利——PCT 国际专利公报数据库

由于专利具有地域性特点，为了减少专利申请人和专利局所做的重复工作，1970 年在华盛顿制定了《国际专利合作条约》（Patent Cooperation Treaty，PCT）。该条约于 1978 年生效，我国于 1994 年加入 PCT，成为 PCT 的正式成员国。截止到 2011 年该条约已拥有 144 个成员国。PCT 也称世界专利，专利的国别代码为 WO，如 WO/2011/083131。

为了方便国际专利申请和交流，世界知识产权组织（WIPO）建立了 PCT 国际专利公报数据库，访问地址为 http://www.wipo.int/pctdb/en。该数据库提供自 1997 年 1 月以来公开的所有 PCT 申请说明书的扫描图像，包括题录、摘要和附图等信息。1997 年 1 月之前的说明书只能进入欧洲专利局网上专利检索系统（见下条）进行检索，数据库每周四更新。

主检索界面为表单式结构检索，可选用英语、法语、西班牙语和日语四种语言界面。支持布尔逻辑检索（AND/OR/NOT/NEAR）、位置检索、词组检索和右截词检索。用户可免费检索下载世界专利全文，注册用户还可以进行保存检索策略、删除更新检索功能、RSS 定制等个性化操作。

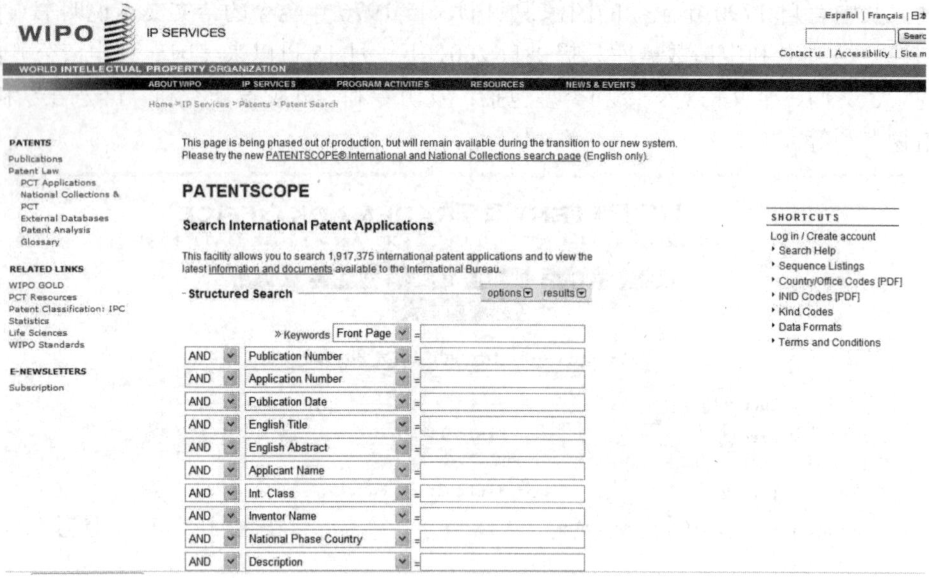

图 10-4 世界专利——PCT 专利数据库检索界面

4．欧洲专利检索数据库（ep@cenet）

1988 年，欧洲专利局、欧洲专利组织成员国及欧洲委员会合作开发了 esp@cenet 免费在线专利服务，提供欧洲专利组织（EPO）及其成员国、世界知识产权组织（WIPO）出版的专利信息，可以免费检索 80 多个国家和地区的专利。其中大部分专利说明书可以在线浏览和逐页下载全文。访问地址为 http://worldwide.espacenet.com。

该检索系统包含 EP、Worldwide、WIPO 三个子库。其中，EP 欧洲专利数据库收录了欧洲各成员国最近 24 个月公开的专利，每周更新；Worldwide 是世界范围专利数据库，收录了自 1920 年以来（各国的起始年代有所不同）世界上 80 多个国家的专利信息；WIPO 则收录了世界知识产权组织最近 24 个月公开的专利信息。但检索数据不完整，只有部分国家的题录数据有英文发明名称及英文文摘，如果仅从英文发明名称或英文文摘字段进行检索就会造成漏检。其中，在数据库中可以查到文摘、题录信息和说明书全文的国家有：欧洲专利组织（EP）、法国、德国、瑞士、英国、美国、专利合作条约组织（PCT）；可以查到文摘和题录信息的国家有：中国、日本；其他国家仅可看到专利文献的题录信息。

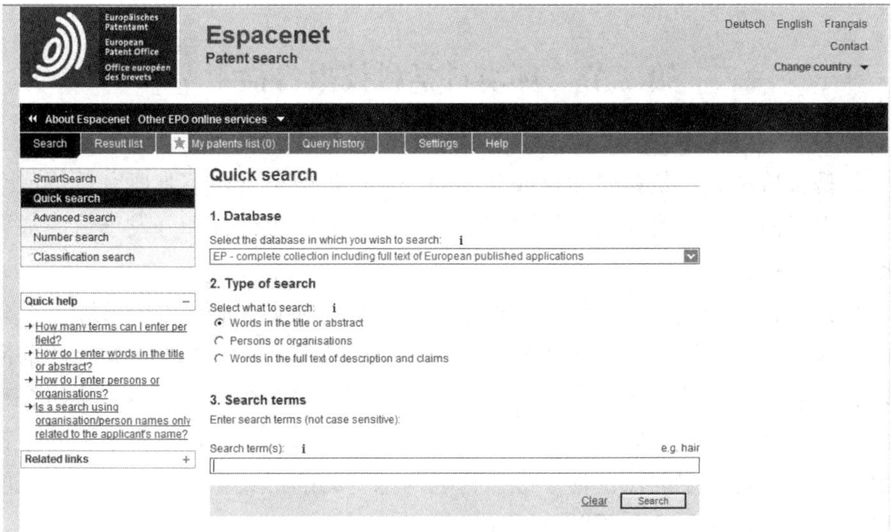

图 10-5　欧洲专利局 ep@cenet 专利检索快速检索界面

提供快速检索、高级检索、专利号检索、分类浏览等多种检索方法。支持布尔逻辑算符检索、词组检索、截词检索（无限截词“*”和有限截词“?”）。

5. 日本专利厅 IPDL 专利检索系统

日本专利分为专利特许、实用新案、意匠三种，分别对应于我国的发明专利、实用新型专利和外观设计专利。日本专利说明书被称作“公报”，它是日本各类专利说明书的全文，包括《特许公报》《实用新案公报》《公开特许公报》《商标公报》等。《特许公报》从 1885 年开始，发表较重要的创造发明，俗称大专利；《实用新案公报》从 1906 年开始，发表小的创造以及结构、形式等的新设计，相当于实用新型，俗称小专利；《公开特许公报》（从 1888 年开始）和《商标公报》（从 1884 年开始）分别公布外观设计和商标设计的专利说明书。

日本专利厅 IPDL 专利检索系统由日本专利局（JPO）工业产权数字图书馆（英文缩写 IPDL）提供，访问地址为 http://www.ipdl.inpit.go.jp/homepg_e.ipdl。该系统可以供公众免费检索日本专利局数据库中的专利信息。IPDL 号称世界上最大的工业产权信息数据库，收集了各种公报的日本专利（特许和实用新案），有英语和日语两个版本。英文版收录自 1993 年至今公开的日本专利题录和摘要，日文版收录自 1971 年至今的《公开特许公报》（专利申请公开说明书），1885 年开始的《特许》（专利说明书），1979 年至今的《公表特许公报》（国际申请说明书日文译本）等专利文献。

第二节 环境科学科技报告检索

科技报告是关于某科研项目或活动的正式报告或记录，多是研究单位或个人以书面形式向提供经费和资助的部门或组织汇报其研究设计和开发项目的成果的进展情况的报告。

科技报告不拘形式，每份报告无论篇幅大小均独立成册；内容新颖，多为最新研究成果，时效性强，报道速度快；并且研究内容往往涉及尖端项目和前沿课题，有较强的前瞻性；内容翔实专深，往往附有详尽的数据、图表和事实资料。因此，科技报告对于科研工作者具有特别重要的参考价值。但是由于科技报告在内容上一般具有一定的保密性，故往往以内部资料的形式出现，或在相当长的一段时期后才被解密公开，所以很不容易获取。

一、美国政府科技报告 NTIS 数据库

各国都出版科技报告，其中尤其是美国政府科技报告以其数量大、品种多、收集整理加工规范而著名。美国政府科技报告由美国商务部下属的国家技术情报服务局（National Technical Information Service，NTIS）编辑出版，涉及学科范围覆盖了数学、物理、化学、生物、环境保护、能源、农业、工程、航空航天、军工、交通运输等许多领域，系统全面地记录了 50 多年来美国科技发展的成就与经验，是美国科技信息的一个重要组成部分。

NTIS 联机检索数据库以收录美国政府立项研究及开发的项目报告为主，少量收录西欧、日本及世界各国（包括中国）的科学研究报告。其中历史悠久、数量丰富、参考和利用价值最大的主要有四类，即通常所说的“四大报告”：PB 报告、AD 报告、NASA 报告和 DOE 报告。

PB 是美国商务部出版局的缩写。PB 报告内容已逐步从军事科学转向民用，现主要侧重于民用工程技术、城市规划、环境污染和生物医学等方面。

AD 报告是美国陆海空三军科研机构的报告，也包括公司企业及外国的科研机构和国际组织的研究成果及一些译自前苏联等国的文献。其内容不仅包括军事方面，也广泛涉及许多民用技术，包括航空、军事、电子、通信、农业等 22 个领域。

NASA 是美国国家航空航天局的缩写。NASA 报告内容侧重于航空和空间技术领域，同时广泛涉及许多基础学科和技术学科。

DOE 是美国能源部的缩写。DOE 是原子能和能源管理系统的报告。

NTIS 数据库中 75% 的文献是科技报告，此外还收录了一些专利、会议论文、期刊论文、翻译文献等；90% 的文献是英文文献。其访问地址为 http://www.ntis.gov。检索结果为报告题录和文摘，部分报告可免费浏览全文。但网站仅提供报告题目、作者和主题词等题录信息，如欲索取文摘，需付费后才能看到。

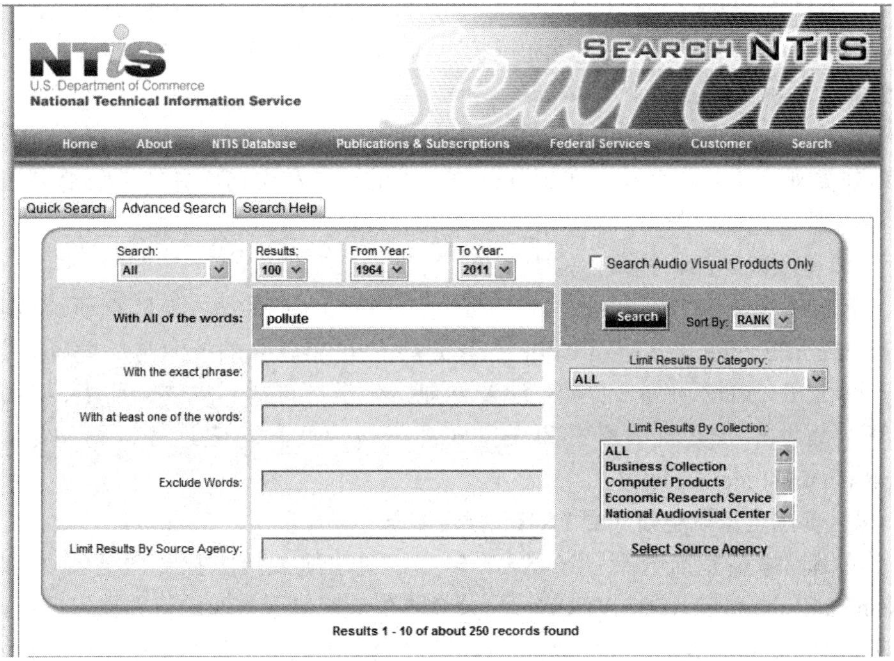

图 10-6 美国政府科技报告 NTIS 高级检索界面

二、Internet 上的其他免费科技报告

就环境科学研究而言，近些年 Internet 上出现了一些科技报告或工作论文服务网站，可以免费获得全文，本书择其影响较大的介绍如下。

1. 美国国家环境保护局 NEPIS 科技报告全文数据库

该数据库由美国国家环境保护局（EPA）建立维护，称为国家环境（科技报告）出版物服务中心 EPA-National Environmental Publications Internet Site（NEPIS）。数据库可检索美国国家环保局提供的近万篇环境研究报告，内容涉及水质、废水、生态问题、湿地、大气污染、饮用水、辐射、气候变化、固体废物等所有的环境科学研究领域。提供简单检索、高级检索、字段检索、按 EPA 报告号浏览、按报告标题字顺浏览等多种检索方式。可免费浏览下载 PDF 格式、TIF 格式或文本格式的全文，访问地址为 http://www.epa.gov/nscep/index.html。

2. 美国国会研究服务中心（CRS）环境科技报告

美国国会研究服务中心（The Congressional Research Service，CRS）多年来提供美国环境研究委员会（Committee for The National Institute for The Environment）的研究报告，这些报告涉及环境科学的所有方面，由非营利性组织——美国国家科学与环境委员会（The National Council for Science and The Environment，NCSE）负责建立和维护更新。CRS 环境科技报告数据库的访问地址为 http://ncseonline.org/NLE/CRS。

目前该网站提供 2200 多篇来自 CRS 的环境科技报告，数据库提供高级检索和分类浏览功能，可检索和浏览科技报告的题录和文摘，并能下载 PDF 格式全文。

3. 美国能源部科技报告检索系统

美国能源部（Department of Energy，DOE）的科技报告信息通道 DOE-Information Bridge Report of Collection 提供 1995 年以来的能源与环境研究发展报告的全文（PDF 格式），内容涉及物理、化学、材料、生物、环境、能源等领域。数据库提供简单检索和表单式高级检索两种检索途径。访问地址为 http://www.osti.gov/bridge。

4. 美国国家航空航天局 NTRS 报告服务

美国国家航空航天局（NASA）建立了航空航天技术报告服务器（NASA Technical Reports Server，NTRS），向公众提供航空航天方面的研究报告，也收录有期刊论文、会议论文、视频资料等，部分全文可免费下载。数据库可进行简单检索、高级检索和分类浏览，访问地址为 http://ntrs.larc.nasa.gov。

5. 世界银行报告

世界银行组织的资料与研究报告库（Documents & Reports of the WorldBank Group），可以免费检索和浏览 6 万多篇 PDF 格式的全文，其中包括大量的环境科学研究报告。可按国家、专题、文件类型和语种四种方式分类浏览文章，其中按专题浏览是根据学科专业层层细分主题。网站也提供了简单检索和高级检索功能，访问地址为 http://www-wds.worldbank.org。

6. 经济学论文门户（ECONPapers）

提供指向世界上最大的在线经济学工作论文（work paper）服务网站 RePEC 的链接，适用于环境经济学和环境管理等交叉领域研究。大部分报告可看到全文。数据库提供快速检索和高级检索两种检索功能。访问地址为 http://econpapers.repec.org/paper/。

思考题

1. 专利有何特点？我国的专利包括哪几种？常用专利检索渠道有哪些？

2. 某同学正在进行电去离子技术处理含镍废水的研究，请帮他查询一下国内外有无成熟技术？试检索国内外相关专利若干，并查找相关的研究报告文献。

3. 熟悉掌握美国政府四大报告及其检索方法，可结合个人专业兴趣进行练习。

第十一章

环境科学法规标准与在线工具书检索

环境保护是一项法律政策规范性很强的工作。伴随着环境保护事业的发展，环境法律法规体系越来越丰富和复杂，产生了大量的环境法律法规与环境标准文献，这些特种文献构成了环境科学文献的重要组成部分，也是我们进行环境科学学习和研究的重要参考资料。环境法律法规和环境标准文献不仅数量繁多，而且日趋严格和细化，数量不断增加，如何快速准确地获得这些特种文献就成为环境科学信息检索的一个重要内容。

本章同时介绍了一些重要的在线参考工具书。

第一节　环境法律法规信息检索

一、我国环境法律法规体系

环境保护法律法规指国家和地方政府以及其他相关部门为保护和改善生活环境与生态环境，防治环境污染和其他公害而制定颁布的法律、行政法规、规章。

1979 年，我国正式颁布了《中华人民共和国环境保护法》（试行），这标志着我国环境保护工作步入了法制轨道。此后陆续颁布了《中华人民共和国海洋环境保护法》、《中华人民共和国大气污染防治法》等法律法规，形成了以《中华人民共和国宪法》为基础，以《中华人民共和国环境保护法》及有关专项法律法规为主体的环境资源法律体系：

（1）《宪法》中有关环境资源保护的法律规定，在我国环境保护法律法规体系中处于最高的地位，是环境保护法的基础，是各种环境保护法律、法规、规章制定的依据。

（2）环境保护基本法：《中华人民共和国环境保护法》，除宪法外占有核心地位。

（3）环境保护单行法：针对特定的环境保护对象、领域或特定的环境管理制度而进行专门调整的立法，是宪法和环境保护基本法的具体化，是实施环境管理、处理环境纠纷的直接法律依据。地位和效力仅次于环境保护基本法。

如：《中华人民共和国大气污染防治法》、《中华人民共和国水污染防治法》。

（4）国家环境资源保护行政法规：是国务院依照宪法和法律的授权，按照法定程序颁布或通过的关于环境保护方面的行政法规，其效力低于环境保护基本法和环境保护单行法。可以起到解释法律、规定环境执法的行政程序等作用，在一定程度上弥补环境保护基本法和单行法的不足。

如：《水污染防治法实施细则》、《建设项目环境保护管理条例》。

（5）国家环境保护行政规章：环境保护行政主管部门以及其他有关行政机关制定的关于环境保护的行政规章，效力低于环境保护行政法规。

如：《排放污染物申报登记规定》。

（6）环境资源保护地方性法规和地方政府规章。

（7）环境标准：环境标准为各项环境保护法律法规的实施提供依据。

（8）环境资源保护国际条约和协定。

如：我国已加入《保护臭氧层维也纳公约》等国际条约。

二、环境法律法规信息检索

般而言，我们可通过下列途径来查找环境法律法规文献和信息：

（1）通过有关环境保护法律法规目录、索引、汇编、选编等工具检索印刷版环境法律法规文献。如由国家环境保护总局政策法规司编写的《中国环境保护法规全书》系列。

（2）利用年鉴检索。年鉴作为一种集中反映一年间大事的工具书，法规法令的制定、颁发、修改、废除等必然要载入其中，所以年鉴是了解和掌握有关法规、法令最新情况的一个重要工具。专门的法律年鉴如《中国法律年鉴》和专业性的《中国环境年鉴》都能帮助我们检索到最新的环境法律法规标准资料。而查找地方性的法律法规资料，则可以利用地方出版的年鉴，如《天津年鉴》中收入当年度天津市政府和环保局颁布的地方环境法律法规与标准。

（3）利用政府出版物检索。某些政府出版物如《国务院公报》、《最高人民检察院公报》、《中华人民共和国全国人民代表大会常务委员会公报》及时报道了最新法律法规信息；美国环保局的出版物则报道了美国环境法案全文。

（4）利用报纸和期刊检索。报刊出版周期短、信息更新速度快，紧随国家发展形势，因此，许多法律法规、条约的颁布、修改、废除等情况常常首先在报纸上予以报道。我国具有权威性的《人民日报》、《光明日报》、《中国环境报》，以及《环境保护》杂志每逢有新的法规出台，就会辟专栏对其做详尽介绍。因而养成随时浏览名报名刊的习惯，也能使我们在需要的时候迅速记忆起某项新法规颁布或修改的大致时间，从而进一步到有效时段内的报刊上查找全文。更方便的是，目前这些权威报刊已经有了自己的网站，能够快速查询检索文章。

（5）利用计算机手段检索。包括各类法律法规数据库、相关政府部门官方网站和法律法规专业网站，特别是高校法学院的专业站点。尤其是国外的官方网站、专业学会网站往往都提供本国的环境法律法规。这些信息源往往报道了系统的法律法规标准全文，有的还具备完备的检索功能，使用非常方便。也可以利用搜索引擎查找一些重大法律法规。

下面详细介绍一些相关的网站。

1. 环境保护部官方网站

环境保护部官方网站政策法规司主页（http://zfs.mep.gov.cn）分类公告了我国环境保护的最高法律法规和政策，是最权威的环境法规法律信息源。主要栏目有：法律、法规、规章、环境经济政策、法制建设、执法解释等。可浏览法律法规条目名称并点击查看全文。

2. 北大法律信息网中国法律检索系统

北京大学法律信息网（http://www.chinalawinfo.com）的中国法律法规数据库是北大法制信息中心之法律查询软件——“北大法宝”的一个组成部分。该数据库收录了自1949年至今的法律法规，内容不断更新，全面涵盖法律法规规章。包括中央法规司法解释、地方法规规章、合同与文书范本、港澳台法律法规、中外条约、外国法律法规、法律动态、立法背景资料等，数据内容均经过严格的分类整理。其中，对环境资源保护领域的各级各类法律法规收录相当完整。系统提供了快速检索和高级检索两种检索方式，快速检索可以从法律法规标题或全文途径查询；高级检索为表单式。检索功能完善，支持二次检索、精确检索、模糊检索、同句检索和同段检索。

3. 中国环境法网

中国环境法网（http://www.riel.whu.edu.cn）是由武汉大学环境法研究所建设的专业网站。其“环境法规”栏目广泛收录了国内各种环境法律法规。检索字段有关键字、颁布部门、效力类别、颁布时间和生效时间。

4. 中国农业生态环境政策法规数据库

中国农业生态环境网是目前国内农业生态环境信息最全面的权威站点，其政策法规数据库（http://www.cae.org.cn/fagui.asp）全面收录了农业环境政策法规，提供名称查询功能，可免费浏览全文。

5. 国信中国法律网国家法律法规数据库

国信中国法律网（http://www.ceilaw.com.cn）的国家法律法规数据库可免费查

询到自1949年以来全国人大法律、国务院行政法规、最高人民法院和最高人民检察院司法解释等。可以通过标题词、颁布日期和内容分类查询法规正文。

6．北京市环保局官方网站“法规标准”栏目

北京市环保局官方网站（http://www.bjepb.gov.cn）的“法规标准”栏目提供环境保护国家法律法规、地方法规、执法解释、国家环境标准、（北京）地方环境标准等相关内容，可免费浏览全文。

7．上海环境热线“政策法规”栏目

上海环境热线（http://www.envir.online.sh.cn）的“政策法规”栏目分类报道国家环保法律、国家环保行政法规、环保部部门规章、上海市环保法规、上海市政府规章及市局规范性文件等信息。提供站内检索功能，点击标题可免费浏览全文。

8．中国法律信息网“法律之星”法规库

中国法律网（http://www.law-star.com）的“法律之星”——中国法律检索系统，内容涵盖了我国的法律、行政法规、司法解释、部门规章、地方性法规、香港和澳门地区的法规、中外经济和科技协定，部分国际公约、数百种合同范本和司法文书范本以及政府白皮书、国家强制标准、法律论文、法律考试资料等信息内容。其中环境保护类各级各种法律法规达15000多条。数据库提供快速检索和高级检索，可免费查询，浏览法律法规摘要，全文需付费获取。

9．中国环保网“政策法规”数据库

中国环保网是目前国内知名公益型环保网站，其政策法规数据库（http://www.ep.net.cn/cgi-bin/dbfg/list.cgi）收录了环境保护、职业安全卫生等方面的国家行政法规、部门规章、法律解释、地方法规和中国已缔约的国际环境条约等。系统提供搜索功能，可针对法律法规所属类别、内容、适用对象和名称关键字进行检索，可免费浏览全文。

10．欧洲环境法网

欧洲环境法网（http://www.eel.nl），提供了欧盟环境条约及欧盟成员国的环境保护法律法规、指令和决定，包括欧盟条约、欧盟派生法、国际公约、国家法规等，并提供环境法案例和新闻等服务，逐层点击可浏览法律法规全文。如：点击栏目名称“National Legislation”（国家法规），可以在页面左侧看到按字顺排列的国家名称，在国家列表中点击“Germany”即可浏览德国的环保法律法规题录和全文。

11．美国国家环保局官方网站法律法规专栏

美国国家环保局官方网站的法律法规频道（http://www.epa.gov/lawsregs）公示了美国各种环境保护法律法规，资料大多是英文版。网站将全部法律法规按环

保专业主题（Topics，如空气、废物、水等）、业务部门（Business Section，如：农业、石油、交通运输等）和法律法规性质（法律、法规、规范、执行等）分类列出，逐层点击类目名称即可浏览法律法规全文。

12. LexisNexis Environmental 环境资源数据库

LexisNexis Environmental 环境资源数据库是目前世界上唯一的有关环境政策法律法规的专题数据库。提供以下环境主题：能源问题、空气污染、毒理学、土地使用和污染、水资源污染、野生动植物保护、人口增长、全球变暖、废弃物管理和农业问题等。数据库不仅收录了世界范围内的环境法律法规，还收录了大量相关案例、新闻、期刊、环境摘要等信息，并专辟了废弃物与原材料子库。检索和下载全文信息需要付费和获得数据库开发商授权。

第二节　环境标准文献检索

一、环境标准文献

环境标准是指为保护环境和有利于生态平衡，对环境中污染物的允许含量和污染源排放污染物的数量和浓度等所作的技术规范。环境标准是环境保护法律法规体系的重要组成部分，是环境保护的重要规范之一。

20 世纪 60 年代之后，各国相继开始制定各种环境标准。国际标准化组织于 1972 年开始制定基础标准和方法标准，以统一各国环境保护工作的名词、术语、单位、取样和监测方法等。我国于 1973 年发布了第一个环境标准——《工业“三废”排放试行标准》。从 1979 年开始，在原有环境标准的基础上制定了一系列环境标准。经过数次清理和调整，形成了较为完善的环境标准体系。

我国现行的环境标准体系由国家环境标准、环境保护行业标准和地方环境标准三级标准构成。其中，国家环境标准包括国家环境质量标准、国家污染物排放标准、污染物测定方法标准、标准样品标准和基础标准五大类；环保行业标准的内容是在全国的环境保护工作中需要统一的、除国家环境标准以外的技术要求；地方标准包括地方环境质量标准和地方污染物排放标准两类。

在制定环境标准时，为了对环境中各种污染物对人体、生物以及物质财富等的危害影响进行综合研究，分析污染物剂量、效应之间的相关性，必须以环境基准为依据。确切地说，环境基准就是环境中污染物对特定对象（人或其他生物物）不产生不良或有害影响的最大剂量或浓度。具体是指各个环境要素的基准，如大气环境基准、水环境基准和噪声基准等。近年来有关环境基准文献的需求也在不断增加。

二、环境标准信息检索

传统的环境标准可通过以下工具书检索：中国标准出版社编写的《中国国家标准分类汇编》（简称《分类汇编本》）；《中国环境保护标准汇编》（包括环境质量与污染物排放；环境保护综合卷；大气质量分析方法；废气废水废渣分析方法、水质分析方法等若干卷）；以及《中国环境保护标准年度汇编》等权威性出版物。按国家标准编号或标准名称，或标准按所属级别类目逐条查找。

像环境法律法规一样，互联网上也分布着大量环境标准信息，下面介绍几个主要站点。

1．中国环境标准网

中国环境标准网（http://www.es.org.cn）由环境保护部环境标准研究所主办，提供中国环境标准与环境法律法规权威全文及相关新闻。主要栏目包括：工作动态、标准发布、标准文本、标准管理、标准理论、修改与解释、环境法规、地方标准、技术政策等。网站的中国环境标准数据库提供快速查询、高级检索和分类浏览三种查询方式。其中快速检索可通过标准名称、标准编号和关键词查询；高级检索为表单式，提供标准编号、标准名称、标准关键词、介质分类、标准性质、标准等级等检索字段，支持布尔逻辑检索；首页上的分类浏览按介质属性分别列出水环境标准、大气环境标准等各类标准名录，点击可看到详细记录，可免费下载 PDF 版全文。

2．国家环境保护总局“环境保护标准”栏目

环境保护部官方网站科技标准司环境保护标准栏目（http://kjs.mep.gov.cn/hjbhbz）分类公告了我国各级各类环境保护标准文本，是权威的国家级环境标准信息源。主要分类栏目包括：水环境保护标准、大气环境保护标准、环境噪声与振动标准、土壤环境保护标准、固体废物与化学品环境污染控制标准、核辐射与电磁辐射环境保护标准、生态环境保护标准及其他环境保护标准等，点击标准名称就可以浏览 PDF 版全文。并提供高级检索功能，支持通过标准号、标准名称、标准发布形式和标准要素查询。

3．中国标准网

中国标准网（http://www.chinabzw.com）可免费检索主要国家标准、行业标准、部分国际标准（ISO、IEC）、标准新书目、标准图书目录、作废标准情况等，可免费下载标准全文。

4．万方数据资源系统的中外标准类数据库

万方数据资源的中外标准数据库（http://c.g.wanfangdata.com.cn/Standard.aspx）

收录了国内外的大量标准，包括中国国家发布的全部标准，某些行业的行业标准如各级环境保护标准，国际标准化组织标准，欧洲标准、美英德等国家标准，还收录了某些国家的行业标准等。数据库检索界面和检索方法与万方数字化期刊系统相同，提供标准编号、标准名称、发布日期、分类号、关键词等基本信息。

5．中国标准服务网

国家标准馆“国家标准文献共享平台”门户网站（http://www.cssn.net.cn）向社会开放服务，提供标准动态信息采集、编辑、发布，标准文献检索，标准文献全文传递和在线服务等功能。网站向注册会员提供中国国家强制标准数据库检索并免费查看全文的功能。标准检索提供三种检索方式：标准模糊检索、标准分类检索和标准高级检索。可检索中国国家标准、中国行业标准、地方标准、国际标准、国外标准、国外学（协）会标准、技术法规、标准化期刊等百余种数据库的权威性信息。需注册后方可进行检索。

6．国际标准化组织官方网站

国际标准化组织（ISO）官方网站（http://www.iso.org）是由来自世界上 140 多个国家和地区的国家标准委员会组成的世界性联盟，其任务是促进标准的开发及有关活动，在全球实现交流和合作。该网站可检索 ISO 的所有已颁布标准，提供浏览和检索两种查询方式，可按国际标准分类法（ICS）类目名称或制定标准的技术委员会（TC）名称浏览，或通过标准名称关键词、标准号等途径检索标准。可免费检索浏览摘要，浏览全文需订购。

7．美国国家标准化组织 ANSI 官方网站

美国国家标准学会（The American National Standards Institute，ANSI）的官方网站（http://web.ansi.org）收录了世界上 600 多个单位制定的各种标准 25 万多件，可检索 ANSI、ISO 和 IEC 等标准数据库。

除了上述站点以外，本章第一节所介绍的用于检索环境法律法规的网站大部分都可同时检得环境标准，在此不再赘述。

第三节　在线参考工具书

参考工具书（reference book）是根据特定的需要，对知识进行分类、提炼、加工、浓缩和重组而形成的一种以图书形式出版的检索工具。参考工具书属于三次文献，它能为人们迅速提供某方面的基本知识或资料线索，是专供查阅的特定类型的图书。

根据所收录的内容及所具备功能，参考工具书可分为：百科全书、字词典、年鉴、手册、名录、地图、工具书指南等。

参考工具书因其参考性、易检性、知识性、权威性等众多的优点而成为人们学习和研究不可缺少的助手。随着互联网的快速发展，网络版参考工具书，又称在线参考工具书或虚拟参考工具书，也越来越丰富。与传统的印刷型工具书相比，它具有许多无可比拟的优点：内容更丰富，超脱于印刷版参考工具书的局限，普遍使用多媒体技术；使用更方便，突破阅读的时空限制，且具有印刷版所不具备的快速检索功能；数据更新快，内容新颖。

许多大型综合性全文数据库都收录了在线参考工具书，例如本书第六章中所介绍的 Wiley Interscience、SpringerLink、ScienceDirect 等著名数据库，此外还有著名的电子参考工具书 SAGE 数据库（SAGE Reference Online）等。本节重点介绍与环境科学领域有关的一些免费在线参考工具书。

一、百科全书

百科全书是荟萃一切门类或某一门类知识，以概要方式提供有关信息的多功能工具书。多用于查找背景性知识。其条目多由标题、释文、图表和参考文献组成，是补充知识的常用工具。

1. 环境百科全书

环境百科全书（enviropedia）（http://www.enviropedia.org.uk）是一个在线环境问题指南，覆盖了环境科学领域内 300 多个主题，所有资源按学科主题分类排列，主要子类目包括：可持续发展、气候变化、空气污染、臭氧、天气与气候，提供开放链接。主页左侧列出按字顺排列的所有条目目次（content），点击条目名称可浏览该条解释，文中涉及的可链接的名词术语以褐色字体区别出来，点击可直接转到相关链接。此外，点击主页上方的五个分类栏目按钮可以直接浏览本主题下的相关出版物题录和购买信息，也可以在检索框中输入关键词直接进入亚马逊网上书店搜索所需图书。

2. 环境污染物百科全书

环境污染物百科全书（environmental contaminants encyclopedia）（http://www.nature.nps.gov/hazardssafety/toxic/list.cfm）是由美国环保局提供的免费在线专业百科全书，内容包括对近 120 种环境污染物的环境毒理学解释，并报道有关一般危险毒性、致癌性、发展、归宿、新陈代谢等方面的文摘资料。

3. 职业健康与安全百科全书

职业健康与安全百科全书（encyclopedia of occupational health and safety）（http://www.ilocis.org/iloencyc.html）是有关职业安全与健康多学科领域的权威性信息源，第四版，收入 1 000 多篇文章。

4．中国大百科全书网络版

中国大百科全书网络版（http://210.45.210.9:918/web/index.htm）以《中国大百科全书》和中国百科术语数据库为基础，共收录条目 78203 条，计 12568 万字，图表 5 万余幅。内容涵盖了哲学、社会科学、文学艺术、文化教育、自然科学、工程技术等 66 个学科领域。提供分卷检索、全文检索、条目顺序、组合检索、大事年表等功能页面，点击图标，可进入相应的页面进行浏览或检索。

5．加拿大百科全书网络版

加拿大百科全书网络版（http://www.thecanadianencyclopedia.com/）提供了在线的资料查询服务，它提供了不同学科不同形式的知识资料，并且给出了详细的词条解释和相关参考读物，以及更深层次的研究报告和原始资料等。该工具书有英语和法语两个版本，可免费检索或按主题浏览。

6．大不列颠百科全书网络版

非常权威的参考书，著名的《不列颠百科全书》的电子版——大不列颠百科全书网络版（http://www.britannica.com），在保留原百科全书的质量和特点的基础上，又增加了许多新的功能，如功能强大的检索功能和按照主题字顺排列的浏览功能；互联网指南（由百科全书的编辑们搜集、选择和推荐一些最好的互联网站点）；以及一些选自最顶尖杂志和报纸上的文章等。该工具书两周更新一次，需付费使用，提供免费试用 72 小时。

7．美国 Encyclopedia.com

美国 Encyclopedia.com（http://www.encyclopedia.com）是 Internet 上最优秀的免费电子百科全书之一，收录了《哥伦比亚百科全书》（第六版）、《牛津世界百科》和《世界书目百科》等世界著名百科全书。网站提供了超过 57000 篇全文以及电子图书馆中几百万篇文献和图片的链接。

8．维基百科全书

维基百科是一个自由、免费、内容开放的百科全书协作计划，参与者来自世界各地。创始于 2001 年，每天都有来自世界各地的许多参与者进行数千次的编辑和创建新条目，更新迅速。中文维基百科（http://zh.wikipedia.org）正式开始于 2002 年 10 月。

9．Infospace 免费在线百科全书

Infospace 免费在线百科全书（http://www.infoplease.com/encyclopedia）是年鉴、字典、地图等结合的综合性百科全书，内容来自哥伦比亚大百科全书第六版，可输入检索词或按主题分类浏览进行查找，免费浏览词条释义。

二、字典词典

1. 水资源术语表

水资源术语表（http://www.edwardsaquifer.net/glossary.html）为免费的在线水资源术语词汇表，全部词汇按字顺排列并释义。

2. 环境领域常用术语

由美国国家环保局整理的环境术语表（terms of environment），以及一些缩写词和只取首字母的缩写词表，术语表和缩写词表均按字母顺序排列。访问地址为 http://www.epa.gov/OCEPAterms。

3. 农业与环境生物技术注解词典

农业与环境生物技术注解词典（http://filebox.vt.edu/cals/cses/chagedor/glossary.html）为有关农业与环境生物技术的词典，按字母顺序排列。

4. 农药词典

农药词典（http://www.epa.gov/pesticides/glossary）是由美国国家环保局整理的免费在线农药术语词典，按字母顺序排列。

5. 水电知识网在线英汉辞典

水电知识网在线英汉辞典（http://www.waterpub.com.cn/onlinedic）收录了水利水电相关的英汉词汇，可按英文字顺浏览，也可输入中文或英文词汇的关键词，查看其对应的英文或中文。该网站还可以检索并浏览 2001 年的《中国水利年鉴》全文。

6. 元素周期表

元素周期表的访问地址为 http://www.webelements.com。

三、年鉴、指南和手册

1. 联合国环境规划署年鉴

联合国环境规划署年鉴（UNEP Yearbook）（http://www.unep.org/yearbook/2011）可免费在线浏览自 2003 年以来的 UNEP 年鉴，年鉴报道过去一年来的全球环境问题和最近的环境发展趋势，可浏览和下载 PDF 版全文。

2. 环境可持续性指数

环境可持续性指数（environmental sustainability index，ESI）（http://www.ciesin.columbia.edu/indicators/esi）是衡量环境可持续性的测量指标，由 142 个国家共同提出。该指标体系由 20 个核心指数构成，每个指数又包含 2～8 个变量，总共 68 个根本变量。利用 ESI 可以对不同国家的环境可持续性发展状况进行对比。该网站提供了 2000—2005 年的 ESI 报告、ESI 国家排名等相关信息。

3．环境观察

环境观察（http://www.envirowatch.com）是一虚拟参考咨询工具，为政府企业、私立与公立企业、教育机构与公众提供便于利用的在线环境科学知识库。该网站包含全球综合的、详细的环境科学在线资源，提供最新环境信息分析，相关新闻与热点，全球、区域与本地系列资源的实时监控数据。

4．环境信息资源（EnviroInfo——Environemtal Information Sources）

环境信息资源网站（http://www.deb.uminho.pt/Fontes/enviroinfo）提供了大量环境科学技术方面的网络资源，包括组织机构、出版物、网络数据库与软件、研究与教育信息等各种类型。涉及的主题包括：空气污染、生物技术、化学、生态学、可持续发展、土壤与湿地、水与废水等。

5．环境中化学品实情说明

环境中化学品实情说明（Chemical Fact Sheets）（http://www.epa.gov/chemfact）是由美国环保局提供的免费在线手册，揭示环境中某些化学品对人体健康及环境的影响。

四、地图

1．世界气象组织臭氧地图中心

世界气象组织臭氧地图中心（http://lap.physics.auth.gr/ozonemaps）是由世界气象组织根据来自世界气象组织全球臭氧观测系统（GO_3OS）的 90 多个监测站获取的臭氧数据制成。该网站提供了有关世界气象组织臭氧地图中心的简史，最近的臭氧地图，北半球所有活动臭氧地图和活动偏差图、每月偏差图、地面臭氧数据和卫星臭氧数据以及有关臭氧的国际组织的链接等。

2．中国农业资源分布图集

中国农业资源分布图集（http://www.data.ac.cn/ny/cdroom/tx1.asp）是由中国科学院地理科学与资源研究所建设的“人地系统主题数据库”的一个子库，提供我国农业环境、农业资源等方面的详细信息。

3．中国自然资源分布图集

中国自然资源分布图集（http://www.data.ac.cn/ny/cdroom/tx2 new.asp）是由中国科学院地理科学与资源研究所建设的“人地系统主题数据库”的一个子库，包括水资源分布图、土地资源分布图、林业资源分布图、草畜资源分布图、渔业资源分布图、农村能源分布图、农业气候资源分布图、自然地理背景图、中国农业区划图集等子库。

4．美国地下水地图集

美国地质调查局水科学教育网的美国地下水地图集（http://pubs.usgs.gov/ha/

ha730/gwa.html）系列共包括 13 个图集，描述了遍及美国 50 个州的各区域地下水分布情况。

思考题

1. 熟悉常用国内外环境法律法规检索途径，查找中国、美国环境保护基本法。

2. 熟悉国内外环境标准检索途径。试检索中美空气质量标准，并加以比较。

第十二章

常用环境科学网络信息资源

第一节　环境科学核心期刊/SCI 来源刊及其评价

一、核心期刊评价

（一）核心期刊的概念

核心期刊原意是指那些刊载某学科文献密度大，引文率、文摘率及利用率相对较高，代表该学科现有水平和发展方向的期刊。通常泛指某一学科中高水平、高影响力的期刊，核心期刊有两个主要特性：一是学科性；二是学术性。目前国内外核心期刊的认定是由不同期刊评价体系来确定，我国高校和科研院所基本上是以 SCI Expand（美国科学引文索引数据库）、EI Compendex（美国工程索引数据库）、中国科学引文数据库的来源期刊作为核心期刊的。

（二）学术期刊评价指标与因素

国内外各研究机构在学术期刊的选取和评价方法上大同小异，基本都会考虑以下几个评价指标与因素。

1．影响因子（Impact Factor，IF）

影响因子是指某一期刊的文章在特定年份或时期被引用的频率，是衡量学术期刊影响力的一个重要指标。早在 1972 年，美国科学情报研究所（ISI）创始人尤金·加菲尔德便提出了影响因子这个概念，现在它已成为国际通行的一个期刊评价指标。一般来说，影响因子越大，其学术影响力也越大。

影响因子是以年为单位进行计算的，其计算公式为：

影响因子 = 该期刊前两年发表的论文在统计当年被引用的总次数/该刊前两年内所发表的论文总数

例如，某期刊 2010 年度的影响因子计算公式为：期刊影响因子（2010）=2010 年引用该刊 2009—2010 年发表文章的引文数/该刊 2009—2010 年发表文章的总数。

从以上定义可知，影响因子的三个决定因素分别为时间（两年）、论文总数（该刊连续两年内所发表论文总数）、被引用次数（上述论文在第三年被引用的总次数）。此外，一种期刊的影响因子还会受到以下因素的影响：

- 论文因素，如论文的出版时滞、论文长度、类型及合作者数等。
- 期刊因素。如期刊大小（发表论文数）、类型等。
- 学科因素。热门学科和“冷”学科内的期刊的数量、受到关注和引用的机会显然也大不相同。
- 检索系统因素。如参与统计的期刊来源、引文条目的统计范围等。
- 名人效应的影响。

2. 总被引频次

总被引频次指该期刊自创刊以来所登载的全部论文在统计当年被引用的总次数。该指标可以客观地说明该期刊总体被使用和受重视的程度，以及在学术交流中的作用和地位。

3. 他引率

他引率是指某期刊全部被引次数中，被其他刊引用次数所占的比例。具体算法是：他引率 = 被其他刊引用的次数/期刊被引用的总次数。

因此，一种期刊的影响因子不是一成不变的，不同评价机构和评价标准也会造成同一种刊物的学术地位差异。

二、环境科学国内核心期刊评价

目前，国内较权威的核心期刊评价体系有：中国科学院文献情报中心开发的《中国科学引文数据库来源期刊》（又称中国科学引文数据库，CSCD）、中国科技信息研究所开发的《中国科技期刊引证报告》（又称中国科技论文统计源期刊或中国科技论文引文分析数据库，CJCR）、北京大学图书馆和北京市高校图书馆期刊工作研究会联合开发的《中文核心期刊要目总览》、南京大学开发的《中文社会科学引文索引》（CSSCI）、中国社会科学院文献信息中心开发的《中国人文社会科学核心期刊要览》、清华大学图书馆和中国学术期刊（光盘版）电子杂志社开发的《中国学术期刊综合引证报告》（又称中国引文数据库，CCD）等。

1.《中国科学引文数据库》

中科院文献情报中心出版的《中国科学引文数据库》（CSCD）已有 20 多年的历史，作为国内首个和规模最大的引文数据库，其在国内科技文献检索及文献计量评价等方面发挥了重要的作用，数据库所收录的期刊被很多高校和科研机构认定为核心期刊。

《中国科学引文数据库》分为核心库和扩展库，数据库的来源期刊每两年评选一次。核心库的来源期刊经过严格的评选，是各学科领域中具有权威性和代表性的核心期刊。目前已收录我国数学、物理、化学、天文学、地学、生物学、农林科学、医药卫生、工程技术、环境科学和管理科学等领域出版的中英文科技核心期刊和优秀期刊千余种。

2.《中国科技期刊引证报告》

中国科学技术信息研究所每年发布年度《中国科技期刊引证报告》（CJCR），选择总被引频次、影响因子、即年指标、被引半衰期、论文地区分布、基金论文数和自引总引比等十几个期刊评价指标，按期刊所属学科、影响因子、总被引频次和期刊刊名字顺分别排序，列出各核心期刊的影响因子，便于科技工作者和科研管理部门科学快速地评价期刊、客观准确地选择和利用期刊。

《中国科技期刊引证报告》分为核心版及扩刊版。其核心版选用的是中国科技论文统计源期刊，即中国科技核心期刊，是经过严格的定量和定性分析选取的各个学科的重要科技期刊。本书附录 1 所列出的环境、资源生态与安全学科相关中文核心期刊的影响因子即来源于 2010 年版《中国科技期刊引证报告》。

3.《中文核心期刊要目总览》

北京大学图书馆《中文核心期刊要目总览》从 1992 年起每 4 年出版 1 次，2008 年出版了第五版，是国内高校和科研机构普遍公认的中文核心期刊来源目次。2008 年版采用了被索量、被摘量、被引量、他引量、被摘率、影响因子、获国家奖或被国内外重要检索工具收录、基金论文比、Web 下载量等 9 个评价指标，经过定量评价和定性评审，从我国正在出版的中文期刊中评选出 1980 余种核心期刊，分属 7 大篇 73 个学科类目。

4.《中文社会科学引文索引》

由南京大学中国社会科学研究评价中心开发的《中文社会科学引文索引》（CSSCI）用来检索中文人文社会科学领域的论文收录和被引用情况。目前，教育部已将 CSSCI 作为全国人文社会科学重点研究基地评审、研究成果评奖、科研项目结项、高级人才培养等方面的重要评审依据。

从 1998 年起该系统对来源期刊进行了 4 次评选，每年动态评价 1 次。目前收录包括法学、管理学、经济学、历史学、政治学等在内的 25 大类的 500 多种学术期刊，其中不少是环境经济学与环境管理学刊物。

三、SCIE 收录期刊、影响因子及分区

美国《科学引文索引》扩展版（Science Citation Index Expand，SCIE）是由美国科学情报所（ISI）于 1961 年创办并编辑出版的，其出版形式先后有印刷版、光盘版、联机数据库。1977 年该所发行了 Web 版的数据库 SCIE，目前可检之于 ISI Web of Science 检索平台。数据库涵盖 200 多个学科，覆盖数、理、化、工、农、林、医及生物学等广泛的学科领域，其中尤以生命科学、医学、化学和物理所占比例最大。截至 2010 年已收录全球范围内的学术期刊 8 000 多种，被公认为是世界范围内最权威的科学技术文献索引工具。

ISI 每年都会重新对期刊进行计量评价，并在年中出版上一年度的《期刊引用报告》（Journal Citation Report，JCR），在 JCR 中详细报道 SCIE 的所有来源期刊的影响因子、总被引数、被引半衰期等评级指标和期刊的 ISSN、编辑出版地址、所属学科等基本信息。详见本书第七章第一节的介绍。

所谓的 SCI 期刊分区则是由中国科学院文献情报中心进行的期刊等级划分，以有效衡量论文水平的高低。分区以当年 SCI 来源期刊的影响因子为主要依据，结合该期刊在本学科的影响度和期刊的难度，将各学科的全部 SCI 来源期刊分为 1 区（最高区）、2 区、3 区和 4 区 4 个等级。第 1 分区一般是各领域的顶级期刊，第 2 分区为高水平的期刊。通常，各高校和科研机构认为发表在 1、2 区的论文是该学科的标志性成果。

本书附录 2 至附录 10 为环境科学各相关分支领域的 SCIE 来源期刊、期刊影响因子及分区数据等信息。

第二节　环境科学学科信息门户

形象地说，学科信息门户就是一个提供“一站式”情报服务的“信息超市”。了解和熟悉本学科领域的信息门户对于我们快速查找环境科学信息、及时追踪研究动态具有相当重要的意义。

一、简介

1. 含义

学科信息门户也被称为学科导航、信息门户或门户集成网站，它针对专业研究用户的需要，将特定学科领域的网上信息资源、工具和服务集成到一个整体（独立的或分布集成的信息门户网站）中，为用户提供一个权威可靠的信息查询服务

入口，实现某一学科或某几个学科信息资源导航作用。通常由高校或科研机构的图书馆、专业协（学）会创建维护，并由专业人员对网络信息进行选择和标引，为用户找到信息资源的全部具体内容提供帮助与指导。

2．特点

学科信息门户与搜索引擎最大的不同在于它是针对专业研究型用户来搜集和加工信息资源的，其主要特点是：

（1）专业性：针对特定的专业领域，主要针对学术研究信息和教育科研用户。

（2）集成性：把专业领域所需要的各种信息资源与服务集成到一个网络平台上。

（3）知识性：根据对知识内容及其关系的分析来选择、描述、组织资源和服务。

（4）智能性：提供符合专业领域特征的检索浏览方式。

（5）可靠性：经过严格的资源选择、规范描述和持续的校验与更新，从而保障信息的可靠性。

3．主要功能

（1）学科信息资源导航功能。学科内容和资源类型覆盖全面；提供资源的链接和对资源的评价；按规范的知识组织体系（分类、主题、资源类型划分等）组织资源；提供资源的浏览和检索。

（2）通过对信息资源和信息服务过程的整合，提供集成化的信息服务功能。

（3）提供信息的个性化定制与推送。

（4）提供讨论组服务。

4．一般使用方法

（1）按学科主题浏览。

（2）按资源类型浏览。

（3）按关键词检索。

学科信息门户集中了高质量的学术信息资源，是我们进行专业网络信息检索的重要工具，利用好环境科学学科信息门户就相当于掌握了检索本专业信息的捷径，往往可以收到事半功倍的效果，使我们能够在最短的时间内获得最权威的信息资源。

二、国内环境科学信息门户

1．国家数字图书馆（CSDL）资源环境学科信息门户

CSDL 是中国科学院国家科学数字图书馆的简称，其五大学科信息门户包括：物理和数学学科信息门户、化学学科信息门户、生命学科信息门户、资源环境学

科信息门户和图书情报信息门户。

其中，资源环境学科信息门户（http://www.resip.ac.cn）由中国科学院资源环境科学信息中心开发维护，是目前国内最权威的资源环境科学领域的学科信息门户网站。

该网站收录的信息按学科和资源类型两种分类方式组织和查询。其中，按学科分类划分为地球科学、农业科学、资源科学、生态科学、环境科学技术以及综合性资源。其中环境科学技术类细分为环境科学基础学科（包括环境化学、环境生物学、环境地学、环境生态学、环境毒理学、环境管理学、环境经济学、环境法学等）、环境学（包括大气环境学、水体环境学、土壤环境学、区域环境学等）、环境工程学（包括环境保护工程、大气污染防治工程、水污染防治工程、固体污染防治工程、“三废”处理与综合利用、噪声与振动控制、环境质量监测与评价、环境规划、环境系统工程等）、环境科学技术其他学科。

该网站提供的信息按资源类型分为机构网站、资源集合、文本资源、数据集、事件、图形图像、交互式资源、服务、软件、多媒体资源等。

资源环境科学信息门户网站对所有信息进行了严格评价和标引，著录了每个资源的名称、网址（URL）、内容特征描述、关键词等信息，用户既可以通过点击学科类目和资源类型逐层浏览有关信息，也可以通过首页左侧的快速关键词检索和高级检索查询网站内的信息。快速关键词搜索默认在以下字段搜索词组：标题，副标题，描述，编纂者，投稿者，出版社，分类，URL。支持词组检索，可使用双引号括起检索词以获得更精确的检索结果；以减号作为检索词的前缀表示排除掉含有该搜索词的搜索结果；相反，在词组之前加上加号作前缀，则表示需要含有该搜索词的搜索结果。高级检索为表单式，支持布尔逻辑组配和检索限制。

此外，读者还可以访问由中国科学院工程所创建的化学学科信息门户（http://chemport.ipe.ac.cn）。该门户网站汇集了国内外化学化工以及相关领域的权威网络信息资源，其中不少信息涉及环境科学领域，特别是环境化学领域。

2. 长江流域资源生态环境信息门户

长江流域资源生态环境信息门户（http://changjiang.whlib.ac.cn）由中国科学院武汉文献情报中心创建。该门户网站集合了大量有关长江流域资源生态环境方面的网络信息资源，可按资源类型、学科分类和主题分类三种方式浏览信息。其中，资源类型包括：多媒体、研究机构、大学院系、参考信息源、讨论组、公司、学会与组织、图书、新闻、就业、图书馆、专利、搜索引擎/门户、数据库和软件等。学科分类包括：地球科学、农业科学、生态科学、环境科学技术、资源科学、经济学、水文学与水利工程、环境地学、污染防治、种质资源保护、经济地理等类目。主题分类包括：机构、网络、新闻媒体、生物专题、专业网站、专家学者、湿地、保护区专题等。网站提供了简单检索和高级检索两种检索方式。

3. 国家科技图书文献中心——水资源可持续利用热点门户

水资源可持续利用热点门户由国家科技图书文献中心创建，该网站以水资源可持续利用研究为立足点，收集整合了多种来源、多种类型、多种层面的信息，提供水文学（水文气象学、陆地水文学、应用水文学）、水资源（大然降水、地表水、地下水）、水资源利用（生活用水、生产用水、生态用水）、水资源保护（水体污染与防治、水源枯竭与防治）、水管理（水资源管理、水处理管理、水环境管理）、水资源评价（地表水评价、地下水评价、土壤水评价）、水利工程（防洪除涝工程、灌溉工程、发电工程）等学科分类信息。提供快速检索和高级检索功能，也可按资源类型分类浏览。

4. 中国西部环境与生态科学知识积累平台

中国西部环境与生态科学知识积累平台（http://seekspace.resip.ac.cn）由中国科学院国家科学图书馆兰州分馆和中国西部环境与生态科学数据中心合作共建。该网站收集了中国西部环境与生态科学重大研究计划产出的科学论文、专著、报告、野外考察资料、照片和视频资料等。汇集了与“西部计划”有关的其他科学文献，对相关研究领域文献信息进行了整合与集成。可按中国西部环境和生态科学研究计划、环境与生态科学期刊资源、环境与生态科学信息网关、环境与生态科学开放知识资源 4 个主题分类进行浏览。并提供快速检索和高级检索功能。

5. CALIS 重点学科网络资源导航库

CALIS 重点学科网络资源导航库（http://navigation.calis.edu.cn）由西安交通大学牵头，北京大学图书馆、清华大学图书馆、上海交通大学图书馆、南京大学图书馆、武汉大学图书馆等 54 所高校图书馆协作完成。系统包括哲学、经济学、法学、教育学、文学、历史学、理学、工学、农学、医学和管理学等 11 个学科门类，环境科学与工程学隶属于工学大类下。提供快速检索和高级检索功能。

6. 上海交通大学图书馆“环境科学与工程重点学科网络资源导航”

上海交通大学图书馆重点学科导航（http://www.lib.sjtu.edu.cn/view.do?id=144）的“环境科学与工程重点学科网络资源导航”集中了网络上有关环境科学与工程的资源，包括研究机构、产品及市场、电子出版物、会议通告以及一些其他的链接地址。

7. 南开大学“环境科学网络资源导航”

南开大学环境科学与工程学院资料中心“环境科学网络资源导航”（http://ce.nankai.edu.cn/lib/resNavigation.asp）系统整合了国内外环境科学领域的一些重点网络资源，可分别按二级学科（专业）和资源类型分类浏览资源，并对所有的资源标引了网站名称、内容特点、语种及是否免费等信息。

三、国外环境科学信息门户

1. The EnviroLink Network——环境链接网

环境链接网（http://www.envirolink.org）创建于 1991 年，是一个非营利性组织。该网站作为一个在线环境信息交换场所，联合了世界上 150 多个国家的数百个环境机构和上百万志愿者，提供全球几千种在线环境资源信息。它既是一个环境科学、农学与生态学搜索引擎，又是一个专题资源导航。

该网站提供大量综合性且及时更新的环境信息和新闻，资源类型包括环境行动指南、全文文章、地图集、组织机构、出版物、教育资源、事件、政府资源、邮件列表、相关资源链接等多种格式的信息。主题覆盖环境科学的所有方面，涉及农业、生态、环境、污染、气候、海洋、可持续发展等诸多领域。

EnviroLink 主页上列出了按字顺排列的 29 个主题类目，如空气质量、气候变化、生态系统、能源、环境灾难、环境经济、环境教育、环境伦理、环境法、自然史、海洋、人口、可持续发展、交通、城市问题、废物管理、水质、野生动物等。每个主题下又细分若干个本领域内的下级类目，通过逐级点击浏览全文信息。例如，单击“air pollution”类目，可看到 acid rain（酸雨）、air pollution（空气污染）、criteria pollutants（标准污染物）、fossil fuels（化石燃料）、indoor air quality（室内空气质量）、industrial pollution（工业污染）、pollution prevention（污染预防）、transportation pollution（交通污染）等二级类目；再单击“acid rain”，还会看到 actions you can take（可采取措施）、articles（文章）、Email-lists 等说明资源类型的三级类目；每一个类目名称后面都表明了此类信息数量。

网站也提供了简单关键词检索和高级检索功能，高级检索界面可对国家或地区、主题、资源类别等条件进行限定检索。

此外，用户还可以通过 E-mail 的形式订阅网站信息或通过 EnviroLink Forum 论坛与专家进行在线沟通。

2. Webdirectory——环境机构目录

环境机构目录（http://www.webdirectory.com）是规模较大的环境科学门户网站之一，收集了 100 多个国家的几千个环境组织机构的网络链接。以主题分类方式组织链接，所有链接分为自然科学、农业、林业、可持续发展、能源、野生动植物等 30 个大类，覆盖农业、大气科学、生物学、生态学、环境工程、地球化学、地理学、地质学、水文学、海洋学、土壤科学等领域。单击主题类目，可以进一步浏览细分的下级类目，直到找到所需的信息。每一个链接资源均提供简短说明。

3. Environmental Site on The Internet——因特网上的环境网站

因特网上的环境网站（http://www.ima.kth.se/im/envsite/envsite.htm）由瑞典皇家技术学院产业生态系创建，提供了大量环境相关的网站链接。资源类型包括：会议信息、资源目信息、资学科导航目录、期刊杂志、网络工具等。可按资源类型分类查询，也可通过按字顺排序的主题分类浏览相关信息。

4. Best environmental directories——最佳环境目录

比利时最佳环境目录（http://www.ulb.ac.be/ceese/meta/cds.html）广泛收录了与环境科学相关的网站目录，覆盖了650多个主题，所有资源按主题字顺排列。

5. 环境法律信息门户 ECOLEX

环境法律信息门户 ECOLEX（http://www.ecolex.org）由联合国粮农组织、国际自然与自然资源保护联合会、联合国环境规划署创建。提供全球领域的环境法律信息。资源类型包括条约、国家法规、法院决议、法律文献4个数据库。提供简单检索和高级检索功能。

6. 可持续发展虚拟图书馆

可持续发展虚拟图书馆（The World Wide Web Virtual Library：Sustainable Development）（http://www.ulb.ac.be/ceese/meta/sustvl.html）由比利时布鲁塞尔大学环境经济与社会研究中心创建，是万维网虚拟图书馆（WWW VL）的一个组成部分。该网站提供大量与可持续发展研究相关的网络资源链接，按资源类型分类列出，包括组织机构、计划活动、新闻事件、课程、讨论组、文档与参考文献、电子期刊、数据库、工具软件等。

7. 城市环境管理虚拟图书馆

城市环境管理虚拟图书馆（The WWW Virtual Library：Urban Environmental Management）（http://www.gdrc.org/uem）由非营利组织全球发展研究中心（GDRC）创建维护。该网站提供了大量与城市环境管理相关的网络资源链接，资源类型包括组织机构、文章报告、指标指南、地方政府网络、可持续城市/生态城区、绿色建筑、环境法、污染问题、信息管理问题、各国各地环境部门、可持续社区与公众参与、高校项目、电子期刊等。

8. 废水工程虚拟图书馆

废水工程虚拟图书馆（The WWW Virtual Library：Wastewater Engineering）（http://www.cleanh2o.com），提供了一些与废水工程相关的链接，包括市政废水、高校研究机构、专业和贸易组织、咨询、预处理部门、文献与图书馆、政府及一般环境信息等。

第三节 环境科学相关政府机构

一、国内相关政府机构

1. 环境保护部

环境保护部（http://www.zhb.gov.cn）是我国环境保护工作的最高权威机构，网站全面报道我国环境保护领域各方面的政策法规、进展动态，网站栏目包括政务公开、公众服务、环保业务、专题栏目和各下属部门的职能、新闻动态与相关政策法规标准等。网站提供中国环境保护相关的重大环境公告、法律法规和环境标准的全文下载，提供全国各地环境局网站链接。

2. 香港特别行政区政府环境保护署

香港特别行政区政府环境保护署官方网站（http://www.epd.gov.hk/epd）有繁体中文、简体中文和英文三个版本，全面报道香港特区环境信息，提供香港特区环境资料与数据以及环境教育帮助。

3. 国土资源部

国土资源部（http://www.mlr.gov.cn）负责土地资源、矿产资源、海洋资源等自然资源的规划、管理、保护与合理利用；承担规范国土资源管理秩序的责任；承担优化配置国土资源的责任；负责规范国土资源权属管理。网站提供国土资源状况、资源规划、各种国土资源管理、政策法规等栏目，并发布国内国际重要国土资源相关新闻和政务信息。

4. 国家海洋局

国家海洋局（http://www.soa.gov.cn/soa/index.htm）是国土资源部下属的监督管理海域使用和海洋环境保护、依法维护海洋权益、组织海洋科技研究的行政机构。网站提供海洋新闻、海洋公报、政策法规文件下载、国际合作等栏目，以及海洋灾害预警报信息、海洋环境预报、海洋数据共享、海洋科普、海洋环境监测与评级等公益服务。

二、国外相关国际组织与政府机构

1. 联合国环境规划署

联合国环境规划署（UNEP）的官方网站（http://www.unep.org）包括气候变化、灾难与冲突、生态系统管理、环境管制、有害物质、资源效率等主题栏目，提供新闻、出版物、音像资料等类型的信息。

联合国环境规划署全球环境信息交流网（http://www.unep.org/infoterra）是当今世界上规模最大、影响最广的环境信息交流系统。该网站提供数据库和会议报告等类型的资源。

2．美国环保局

美国环保局（EPA）官方网站（http://www.epa.gov）有许多联机信息库。包括政府报告、研究计划、新闻事实、相关软件、会议纪要、环境法律法规、环境公告、教育资源等，以及关于湿地、有毒物质、濒危物种、大气、废物、水、农药等方面的联邦监测记录。

3．欧洲环境署

欧洲环境署（http://www.eea.eu.int）为欧洲环境信息门户，提供简报、科技报告、欧洲环境概貌、数据集、指标、国家报告等信息。

4．世界银行

世界银行（http://www.worldbank.org）创建于1944年，包括五个紧密联系的机构，是世界上最大的发展资助者，近年来对环境保护领域关注较多。

5．德国联邦环境、自然保护和核安全部

德国联邦环境、自然保护和核安全部（http://www.bmu.de）是德国政府最高环境保护部门，网站有德语、英语两个版本。

第四节　环境科学相关学术组织

一、国内相关学术组织

1．中国环境科学学会（Chinese Society of Environmental Science，CSES）

中国环境科学学会（http://www.chinacses.org）成立于1978年，是国内成立最早、专门从事环境保护事业的非营利性的全国性非政府科技社团组织。是中国科协所属的全国一级学会，也是我国环境学科最高学术团体和目前规模最大的环保科技社团组织。除设有理事会、常务理事会、秘书处之外，还下设7个工作委员会，28个分会及专业委员会。网站主要栏目包括学术交流、国际合作、环保科普、出版刊物、技术咨询和学会工作动态等，是环境科学研究者获取交流信息的重要场所。

2．中国生态学会（Ecological Society of China，ESC）

中国生态学会（http://www.esc.org.cn）是中国生态科学技术工作者和热爱生态学事业的社会各界人士自愿结合、依法成立的全国性、公益性、非营利性、学术性的社会团体，是中国科学技术协会的组成部分。中国生态学会于 1980 年加入中国科协。1984 年作为团体会员加入国际生态学会（INTCOL）。学会下设 17 个专业委员会，5 个工作委员会。全国 31 个省、市、自治区成立了地方生态学会组织。学会现挂靠在中国科学院生态环境研究中心。

3．中国环境保护产业协会（China Association of Environmental Protection Industry，CAEPI）

中国环境保护产业协会（http://www.caepi.org.cn）成立于 1993 年，是由在中国境内登记注册的从事环境保护产业的科研、设计、生产、流通和服务单位以及中国境内从事环境保护产业的行业专家自愿组成的社会团体，是具有社团法人资格的跨地区、跨部门、跨所有制的全国性、行业性的非营利性社会组织。协会下设水污染治理、废气净化、电除尘、袋式除尘，锅炉炉窑除尘脱硫、固体废物处理利用、噪声与振动控制、环境监测仪器、机动车污染控制防治技术、城镇固体废物处理技术、循环经济等 11 个专业委员会和有机食品和保护臭氧层 2 个分会，分别开展各专业领域的技术活动。

二、国外相关学术组织

1．国际生态学会（The International Association for Ecology，INTECOL）

国际生态学会（http://www.intecol.net）成立于 1967 年，其会员来自 70 多个国家。国际生态学会每 4 年召开一次国际生态学会议——International Congress of Ecology。会议在交流生态学成就、讨论生态学热点问题、探讨生态学发展方向等方面发挥了重要作用，也是生态学家们交流和联络的最佳时机，所以特别为各国生态学家所重视。其网站不仅报道学会动态，还分类链接了国际生态学领域的学术团体、专家学者、研究机构、生态会议、生态灾难等信息。

2．英国生态学会（British Ecological Society，BES）

英国生态学会（http://www.britishecological.org）成立于 1913 年，是世界上最早建立的生态学会，会员来自 50 多个国家和地区。学会每年召开年会（BES Annual Symposium）、冬季会议（BES Winter Meeting）和特别专题会议等。网站提供生态学新闻、会议、时事通讯、期刊、专题论文集、丛书、研究报告、专家学者信息等。

3．美国生态学会（Ecological Society of America，ESA）

美国生态学会（http://www.esa.org）成立于 1915 年，会员来自 120 多个国家和地区，是目前国际上人数最多、对国际生态科学影响最大的专业学会，设有 5 个地区分会和 13 个专业组。学会定期召开年会并出版多种刊物，其中以 Ecology 和 Ecological Monographs 最著名，是生态学领域最高水平的刊物。其网站提供了机构介绍、生态学学术资源导航，出版物，会议，生态学教育等栏目。

4．国际固体废弃物协会（International Solid Waste Association，ISWA）

国际固体废弃物协会（http://www.iswa.org）是一个独立的非营利性国际组织，致力于在世界范围内促进和发展固体废弃物的可持续管理。

5．世界资源经济协会

世界资源经济协会（http://www.aere.org）创立于 1979 年，网站提供协会出版物和会议信息以及环境资源经济管理相关资源的链接。

6．国际环境法中心

国际环境法中心（http://www.ciel.org/reciel.html）是一个利用国际法律规则保护环境、改善人类健康，为保障建立一个公平的可持续发展社会的非营利性组织。其网站提供环境法律咨询、政策研究、分析、教育培训与能力建设资源。主要栏目包括：生物多样性、化学品、气候变化、人权与环境、国际金融制度、法律团体、贸易与可持续发展、知识产权与发展其他项目领域。

第五节　环境科学相关院校科研机构

一、中国环境科学与工程学科重点院系

1．清华大学环境学院

1977 年我国第一个环境工程专业在清华大学诞生；1984 年正式成立环境工程系；1997 年更名为环境科学与工程系；2011 年发展为环境学院。该院建立了以环境工程、环境科学、环境管理、市政工程、辐射防护与环境保护为重点的学科体系。其网站地址为 http://www.tsinghua.edu.cn/publish/env/index.html。

2．浙江大学环境与资源学院

浙江大学环境与资源学院由资源科学系、环境工程系和环境科学系组成，其网址为 http://www.cers.zju.edu.cn。

3．哈尔滨工业大学市政环境工程学院

哈尔滨工业大学市政环境工程学院下设建筑热能工程系、市政工程系、环境科学与工程系。其网址为 http://me.hit.edu.cn。

4．北京大学环境科学与工程学院

北京大学是我国最早开展环境科学教学和科研的机构之一。1982 年北京大学成立了环境科学中心；2002 年，环境科学中心和城市与环境学系、技术物理系合并成立了环境学院；2007 年，北京大学正式成立了环境科学与工程学院，下设环

境科学系、环境工程系和环境管理系。其网址为 http://cese.pku.edu.cn/index.asp。

5. 同济大学环境科学与工程学院

同济大学环境科学与工程学院是全国高等院校中最早以学院建制成立的环境教育和科研学术机构。其网址为 http://sese.tongji.edu.cn。

6. 南京大学环境学院

南京大学是全国最早开展环境科学研究和教学的单位之一。1978 年教育部批准成立环境科学研究所；1984 年成立环境科学系；1993 年更名为环境科学与工程系；1999 年成立环境学院，下设环境科学系和环境工程系。其网址为 http://hjxy.nju.edu.cn。

7. 北京师范大学环境学院

成立于 1983 年的北京师范大学环境科学研究所，是经教育部批准的全国高校首批从事环境科学研究与环境教育的基地之一。2003 年，环境学院在此基础上正式成立。环境学院下属“八所”，即水环境化学研究所、水生态研究所、水气环境模拟研究所、生态模拟与城市生态研究所、土壤环境研究所、环境管理研究所、水质控制工程研究所、水资源与河流研究所；“二中心”，即湿地与生态工程研究中心和环境影响评价中心；“二系”，即环境系统工程系和环境科学、政策与管理系。其网址为 http://env.bnu.edu.cn。

8. 南开大学环境科学与工程学院

南开大学环境科学与工程学院前身为 1973 年由化学系、生物系、物理系和元素有机化学研究所组成的环境保护专业；1983 年成立了我国综合性大学中最早的环境科学系；1998 年成立环境科学与工程学院，朱坦教授任院长。学院设有 10 个教学与研究机构：环境科学系；环境工程与管理系；环境科学研究中心；南开大学环境与社会发展研究中心；南开大学环境评价与规划所；南开大学泰达膜分离技术研究开发中心；南开大学城市公共安全研究中心；南开大学战略环境评价中心；南开大学清洁生产研究中心；南开大学循环经济研究中心。其网址为 http://env.nankai.edu.cn。

9. 天津大学环境科学与工程学院

天津大学环境科学与工程学院下设环境科学系、环境工程系、建筑环境与设备工程系 3 个教学单位，以及近海海洋环境研究所、水污染控制与资源化研究所、固体废弃物处理与资源化研究所、资源环境研究所、资源环境生态与社会可持续发展研究所共 5 个研究机构。其网址为 http://www.tju.edu.cn/see。

10. 中国海洋大学环境科学与工程学院

中国海洋大学环境科学与工程学院成立于 2001 年，设有环境科学系、环境工程系和海洋环境研究所等机构。其网址为 http://222.195.158.131/huanjing。

二、著名研究机构

1. 中国环境科学研究院

中国环境科学研究院（http://www.craes.cn）是环境保护部直属的国家级综合性环境科研机构，经过30多年的发展已经形成了以大气环境、水环境、生态环境、环境工程技术、环境安全、环境标准、化学品管理、清洁生产和循环经济研究为主的环境科学创新体系。

2. 环境保护部环境规划院

环境保护部环境规划院（http://www.caep.org.cn）简称“环境规划院”或“中国环境规划院”，成立于2001年，为独立法人事业单位。具体承担全国环境保护中长期规划与年度计划、流域或区域环境保护规划、全国污染物排放总量控制计划及实施方案，以及相关污染防治和生态保护专项规划的拟订工作，协助政府部门研究制定国家重大环境保护政策与管理措施，为地方政府和环保部门编制环境规划提供技术支持和服务，开展相关污染治理和生态保护项目的技术咨询。

3. 中国科学院生态环境研究中心

中国科学院生态环境研究中心（http://www.rcees.cas.cn）始建于1975年，前身为经国务院批准成立的中国科学院环境化学研究所。1986年与中国科学院生态学研究中心合并，改为现名。中心主要研究领域包括环境化学、环境工程学、环境生物学和系统生态学。编辑出版 *Journal of Environmental Sciences*、《生态学报》《环境科学》《环境科学学报》《环境工程学报》《环境化学》和《生态毒理学报》等7种自然科学学术期刊。其中，*Journal of Environmental Sciences* 被SCIE和EI收录。

4. 美国国家环境研究中心

美国国家环境研究中心（http://epa.gov/ncer/）主要从事环境科学、环境污染、环境保护、风险管理等方面的研究，并致力于促进美国环境相关领域的边缘课题研究。

5. 国际可持续发展研究所

国际可持续发展研究所（http://www.iisd.org）始建于1990年，是一个非营利性组织，总部设在加拿大。该所致力于通过政策研究、信息交流、技术分析以及宣传来促进人类社会、经济和生态的可持续发展。

6. 美国未来资源研究所

美国未来资源研究所（http://www.rff.org）始建于1952年，是一个非营利性机构。主要开展经济和社会方面环境、能源、自然资源方面的研究。

7．环境与发展国际研究所

环境与发展国际研究所（http://www.iied.org）始建于1971年，总部设在英国伦敦，是一个在研究全球可持续发展和公平发展的国际性研究机构和非政府组织。

思考题

什么是学科信息门户？通过本章的学习，了解并熟悉重要的环境科学信息门户网站，并通过这些资源进一步挖掘自己所感兴趣的相关资源，如重要组织机构站点、学术组织站点等。访问这些网络资源，尝试获取有参考价值的学术论文或期刊等出版物。

参考文献

[1] Christine Susan Bruce. The seven faces of information literacy[M]. Adelaide：Auslib Press，1997：3-15.

[2] 柯平. 信息素养与信息检索概论[M]. 天津：南开大学出版社，2005：20-66.

[3] 沈固朝. 网络信息检索：工具·方法·实践[M]. 北京：高等教育出版社，2004：15-86.

[4] 李谋信. 信息资源检索[M]. 北京：机械工业出版社，2004：8-26.

[5] 鞠美庭. 环境学基础[M]. 北京：化学工业出版社，2004：3-9.

[6] 沙振江. 试述网络法律信息的检索[J]. 现代情报，2005（5）：157-158.

[7] 赵志坚，等. 网络信息资源组织和检索[M]. 北京：人民邮电出版社，2004：20-75.

[8] 廖满春. EI Compendex Web 数据库检索方法与技术[J]. 郑州航空工业管理学院学报：社会科学版：2002（4）：71-73.

[9] 陈万忠. 当代信息素质教育论析[J]. 湘潭师范学院学报：社会科学版，2005（3）：139-141.

[10] 鄢百其，金晓祥. 中文期刊全文数据库检索方法与技巧[J]. 大学图书情报学刊，2004（2）：56-58.

[11] 李金庆，林振锋. 几种常用国外数据库检索方法比较[J]. 江苏图书馆学报，2002（2）：20-22.

[12] 宋晓军. 网上专利资源及其检索方法[J]. 齐鲁石油化工，2003（2）：136-138.

[13] 吴江. 如何网上检索中内外专利[J]. 现代情报，2004（2）：162-164.

[14] 葛郁葱. 学位论文的特点及其检索方法[J]. 现代情报，2003（9）：161-162.

[15] 于光. 网上科技报告信息资源[J]. 情报科学，2001（9）：960-963.

[16] 胡军，张明涛，杨晓农. 虚拟图书馆浅探[J]. 现代情报，2004（3）：27-29.

[17] 刘红泉. 虚拟图书馆建设探析[J]. 图书馆学刊，2005（3）：50-52.

[18] 刘霞. Internet 上参考工具书查询技巧[J]. 情报探索，2002（2）：38-40.

[19] 任翠娟. Sci 及其网络版的检索方法与技巧[J]. 现代情报，2003（9）：108-109.

[20] 程妮. 科学搜索引擎 Scirus 研究[J]. 现代图书情报技术，2005（3）：45-49.

[21] 刘海霞，李后卿. 更专、更深、更强——从 scirus 看搜索引擎的发展[J]. 医学情报工作，2004（6）：425-427.

[22] 王丹，潘淑春. 国内外数字图书馆专业信息门户网站现状与发展趋势[J]. 农业图书情报学刊，2003（5）：42-45.

[23] 黄丰. 网络环境下的电子图书及其特点[J]. 情报探索，2005（3）：25-27.

[24] 贾二鹏. 国内外全文数据库个性化服务比较研究[J]. 图书馆工作与研究，2009（9）：39-42.

[25] 中国教育图书进出口公司. OpenAccess 开放存取（开放获取）资源一站式检索服务平台——Socolar（2008-03-31）. http://www.Socolar.com.

[26] 孙炜. 开放存取期刊资源评介[J]. 中国科技期刊研究，2010（4）：413-416.

[27] 陈传夫，王云娣. 开放存取期刊的分布及获取策略研究[J]. 中国图书馆学报，2007（6）：82-87.

[28] 刘辉. 开放获取期刊的现状与评价分析[J]. 图书馆建设，2006（4）：44-47.

[29] 孙红娣. 开放存取——网络时代学术信息交流的新模式[J]. 情报资料工作，2005（5）：46-48.

[30] 但旺. 开放存取资源的集成者——教图公司 Socolar 平台介绍[J]. 浙江高校图书情报工作，2007（4）：12-15.

[31] 沈敏芳. 导航库建设的研究和实践[J]. 高校图书情报论坛，2008，7（2）：13-16.

[32] 徐佳宁. 网络资源的选择与评价[J]. 图书与情报，2003（6）：61-63.

[33] 张春红. 参考数据库. http://lib.cufe.edu.cn/ ppoint/xwcksjk.ppt.

[34] 田芳. 科学信息开放获取战略与政策国际研讨会在京召开[EB/OL].（2006-07-04）[2011-03-18]. http://libraries.csdl.ac.cn/book/list.asp?SelectID=409&C1assID=187.

[35] 环境保护部. 环境保护标准[EB/OL]. [2011-03-15]. http://kjs.mep.gov.cn/hjbhbz/index.htm.

[36] 超星公司. 读秀学术搜索使用帮助[EB/OL]. [2011-04-23]. http://edu.duxiu.com/help/help.html.

[37] Bo-Christer B，Patrik W，Mikael L，et al. Open Access to the Scientific Journal Literature：Situation 2009[J/OL]. [2011-04-22]. PLoS ONE，2010，5（6）：1-9 [2011-02-05]. http://www.socolar.com/man/NewsUpload/2010962135514143 81.pdf.

[38] University of Nottingham. open DOAR——About Open DOAR 2008-02-15. http://www.opendoar.org.

[39] University of Southampton. Welcome to Cogprints. [EB/OL].（2011-05-05）[2011-07-03]. http://cogprints.org.

[40] Lund University Libraries. About DOAJ. [EB/OL].（2011-02-28）[2011-05-11]. http://www.doaj.org.

[41] John Wiley & Sons，Inc. About Us Wiley Online Library. [EB/OL].（2011-07-28）[2011-08-16]. http://olabout. wiley. com/WileyCDA/Section/id-390001.html.

[42] Stevan H. What is Open Access? [EB/OL]. [2011-06-17]. http://www.eprints.org/openaccess.

[43] Elsevier B V. What is SciVerse? [EB/OL]. [2011-06-23]. http://www.sciencedirect.com.

[44] ProQuest LLC. About ProQuest[EB/OL]. [2011-04-17]. http://search.proquest.com/help/2052_zh_CN/webframe.html?Basic_Search.html.

[45] Thomson Reuters. Web of Science [EB/OL]. [2011-05-11]. http://science.thomsonreuters.com.cn/productsservices/webofscience.

附录 1　环境、资源生态与安全学科相关中文核心期刊及其影响因子表

期刊名称	编辑部联系方式	ISSN 号	出版周期	影响因子*	备注
生态学报	地址：北京海淀区双清路 18 号 邮编：100085 电话：010-62941099 传真：010-62941099 E-mail：shengtaixuebao@rcees.ac.cn	1000-0933	半月刊	1.812	免费全文：http://www.ecologica.cn/stxb/ch/index.aspx
植物生态学报	地址：北京香山南辛村 20 号 邮编：100093 电话：010-62836134 传真：010-82599431 E-mail：apes@ibcas.ac.cn，apesbotany@163.com	1005-264X	月刊	1.771	免费全文：http://www.plant-ecology.com/CN/volumn/current.shtml
应用生态学报	地址：沈阳市文化路 72 号 邮编：110016 电话：024-83970393 E-mail：cjae@iae.ac.cn	1001-9332	月刊	1.733	免费全文：http://www.cjae.net/CN/volumn/current.shtml
环境科学研究	地址：北京朝阳区安外北苑大羊坊 8 号院 邮编：100012 电话：010-84915128 E-mail：hjkxyj@vip.163.com	1001-6929	月刊	1.73	免费全文：http://www.hjkxyj.org.cn/
自然资源学报	地址：北京安外大屯路 3 号中科院地理所内（北京 9717 信箱） 邮编：100101 电话：010-64889771 E-mail：zrzyxb@igsnrr.ac.cn	1000-3037	月刊	1.616	免费全文：http://www.jnr.ac.cn/CN/volumn/volumn_1270.shtml#
大气科学	地址：北京 9804 信箱 邮编：100029 电话：010-82995051/82995052 传真：010-82995053 E-mail：dqkx@mail.iap.ac.cn dqkx@post.iap.ac.cn	1006-9895	双月刊	1.572	免费全文：http://www.iapjournals.ac.cn/dqkx/ch/index.aspx

期刊名称	编辑部联系方式	ISSN 号	出版周期	影响因子*	备注
土壤学报	地址：南京市北京东路 71 号 中国科学院南京土壤研究所 邮编：210008 电话：025-86881237 E-mail：actapedo@issas.ac.cn	0564-3929	季刊	1.451	免费全文：http://pedologica.issas.ac.cn/trxb/ch/index.aspx
环境科学	地址：北京市 2871 信箱（海淀区双清路 18 号） 邮编：100085 电话：010-62941102 传真：010-62849343 E-mail：hjkx@rcees.ac.cn	0250-3301	双月刊	1.45	唯一收入 EI 数据库的中文刊。免费全文：http://www.hjkx.ac.cn/hjkx/ch/index.aspx
湖泊科学	地址：南京市北京东路 73 号 中科院南京地理与湖泊所行政楼 402 邮编：210008 电话：025-86882041/86882040 E-mail：jlakes@niglas.ac.cn，jlakes@163.com，jlakesmail@gmail.com	1003-5427	双月刊	1.271	免费全文：http://www.jlakes.org/mulu/index.htm
水土保持学报	地址：陕西省杨凌区 中国科学院水利部水土保持研究所 邮编：712100 电话：029-87012707 E-mail：journal@ms.iswc.ac.cn	1009-2242	双月刊	1.184	
生态与农村环境学报（原名：农村生态环境）	地址：南京市蒋王庙街 8 号 邮编：210042 电话：025-85287052，85287036 E-mail：bjb@nies.org	1673-4831	双月刊	1.08	免费全文：http://www.nies.org/qkzz/qkzz.asp
生态环境学报（原名：生态环境）	地址：广州市天河区天源路 808 号 邮编：510650 电话：020-87024961 E-mail：editor@jeesci.com	1674-5906	双月刊	1.075	免费全文：http://www.jeesci.com/FullDocument.htm
环境科学学报	地址：北京 2871 信箱 邮编：100085 电话：010-62941073 E-mail：hjkxxb@rcees.ac.cn，	0253-2468	双月刊	1.073	免费全文：http://www.actasc.cn/hjkxxb/ch/index.aspx

期刊名称	编辑部联系方式	ISSN 号	出版周期	影响因子*	备注
资源科学	地址：北京市朝阳区大屯路甲 11 号 邮政编码：100101 电话：010-64889446 E-mail：zykx@igsnrr.ac.cn	1007-7588	月刊	1.072	免费全文： http://www.resci.cn/ch/index.aspx
中国环境科学	地址：北京市海淀区红联南村 54 号 邮编：100088 电 话：010-62215145 E-mail：zghj@chinajournal.net.cn	1000-6923	月刊	0.985	
环境污染与防治	地址：杭州市天目山路 109 号 邮编：310007 电话：0571-87986875/87998967	1001-3865	月刊	0.933	
长江流域资源与环境	地址：武汉市武昌小洪山西区 25 号 邮编：430071 电话：027-87198181 E-mail：bjb@mail.whlib.ac.cn	1004-8227	双月刊	0.925	
中国安全科学学报	地址：北京市和平里九区甲 4 号安信大厦 A306 室 邮编：100013 电话：010-64464782 传真：010-64464783 E-mail：csstlp@263.net cssj@cosha.org.cn	1003-3033	月刊	0.906	
中国生态农业学报	地址：石家庄市槐中路 286 号 邮编：050022 电话：0311-85818007 E-mail：editor@sjziam.ac.cn	1671-3990	双月刊	0.901	免费全文： http://www.ecoagri.ac.cn/ch/index.aspx
农业环境科学学报（原名"农业环境保护"）	地址：天津市南开区复康路 31 号 邮编：300191 电话：022-23674336/23006209 E-mail：caep@vip.163.com	1672-2043	双月刊	0.898	
应用与环境生物学报	地址：成都市人民南路 4 段 9 号 邮编：610041 电话：028-85237341 E-mail：biojaeb@cib.ac.cn	1006-687X	双月刊	0.795	免费全文： http://www.cibj.com
土壤通报	地址：沈阳市东陵路 120 号 邮编：110866 电话：024-88421117	0564-3945	双月刊	0.795	

期刊名称	编辑部联系方式	ISSN 号	出版周期	影响因子*	备注
气候与环境研究	地址：北京 9804 信箱 邮编：100029 电话：010-82995048/82995049 E-mail：qhhj@mail.iap.ac.cn	1006-9585	双月刊	0.728	全文免费：http://www.iapjournals.ac.cn/qhhj/ch/index.aspx
环境监测管理与技术	地址：南京市虎踞路 175 号 邮编：210013 电话：025-83701931 E-mail：hjjs@chinajournal.net.cn	1006-2009	双月刊	0.719	
Pedosphere	地址：南京市北京东路 71 号 邮编：210008 电话：025-86881235 E-mail：rmdu@issas.ac.cn，pedosphere@issas.ac.cn	1002-0160	双月刊	0.719	英文刊，SCI 来源刊
地理与地理信息科学（原名：地理学与国土研究）	地址：石家庄市西大街 94 号 邮编：050011 电话：0311-86054904 E-mail：dlxxkx@vip.163.com	1672-0504	双月刊	0.718	
环境化学	地址：北京 2871 信箱 邮编：100085 电话：010-62923569 E-mail：hjhx@rcees.ac.cn	0254-6108	月刊	0.704	免费全文：http://hjhx.rcees.ac.cn/published
城市规划汇刊	地址：上海市四平路 1239 号同济大学建筑与城市规划学院内 邮编：200092 电话：021-65983507 传真：021-65983507 E-mail：upforum@shtel.net.cn	1000-3363	双月刊	0.701	
土壤	地址：南京市北京东路 71 号 邮编：210008 电话：025-86881236 E-mail：soils@issas.ac.cn	0253-9829	双月刊	0.669	免费全文：http://soils.issas.ac.cn/tr/ch/index.aspx
安全与环境学报	地址：北京市海淀区中关村南大街 5 号北京理工大学 9 号教学楼 613 邮编：100081 电话：010-68913997 E-mail：aqyhjxb@bit.edu.cn，aqyhjxb@263.net	1009-6094	双月刊	0.666	

期刊名称	编辑部联系方式	ISSN 号	出版周期	影响因子*	备注
城市规划	地址：北京市三里河 9 号建设部北配楼中国城市规划学会 邮编：100037 电话：010-58323859/60/61 E-mail：bjb@planning.gov.cn	1002-1329	月刊	0.648	
化工环保	地址：北京市朝阳区北三环东路 14 号 邮编：100013 电话：010-59202216/64201560 E-mail：hghb.bjhy@sinopec.com	1006-1878	双月刊	0.615	
中国给水排水	地址：天津市和平区新兴路 52 号都市花园大厦 21 层 邮编：300070 电话：022-27836225/27835450 E-mail：cnwater@vip.163.com	1000-4602	半月刊	0.557	
环境工程学报，原名“环境科学丛刊”，曾用名“环境科学进展”、“环境污染治理技术与设备”）	地址：北京 2871 信箱 邮编：100085 电话：010-62941074 E-mail：cjee@rcees.ac.cn，	1008-9241	月刊	0.549	免费全文：http://www.cjee.ac.cn/teepc_cn/ch/index.aspx
环境科学与技术	地址：武汉市武昌八一路 338 号 邮编：430072 电话：027-87643502	1003-6504	双月刊	0.532	
中国人口·资源与环境	地址：济南市文化东路 88 号 邮编：250014 电话：0531-86182969/86182956 传真：0531-82963094 在线投稿：http://www.cpre.sdnu.edu.cn/Users/Index.aspx	1002-2104	月刊	0.527	
水资源保护	地址：南京市西康路 1 号 邮编：210098 电话：025-83786642 E-mail：bh@hhu.edu.cn，bh1985@vip.163.com	1004-6933	双月刊	0.513	免费全文：http://kkb.hhu.edu.cn/bh/index_bh.htm

期刊名称	编辑部联系方式	ISSN 号	出版周期	影响因子*	备注
中国环境监测	地址：北京市朝阳区安外大羊坊 8 号院（乙） 邮编：100012 电话：010-84943035/84943036 传真：010-84933225	1002-6002	双月刊	0.493	
环境与健康杂志	地址：天津市河东区华龙道 76 号 邮编：300011 电话：022-24333577/24333576 传真：022-24333577 E-mail：hjyjk@263.net	1001-5914	月刊	0.49	
水处理技术	地址：杭州市文一西路 50 号 邮编：310012 电话：0571-88935417/88935347 E-mail：editor@chinawatertech.com	1000-3770	双月刊	0.483	
水土保持通报	地址：陕西省杨凌区西农路 26 号 邮编：712100 电话：029-87018442 E-mail：bulletin@ms.iswc.ac.cn	1000-288X	双月刊	0.472	
中国安全生产科学技术	地址：北京市朝阳区惠新西街 17 号 邮编：100029 电话：010-64941258 传真：010-64914634 E-mail：oshms@chinasafety.ac.cn	1673-193X	双月刊	0.464	
自然灾害学报	地址：哈尔滨市学府路 29 号，中国地震局工程力学研究所 邮编：150080 电话：0451-86652429 E-mail：jnd@iem.net.cn	1004-4574	双月刊	0.457	
海洋环境科学	地址：大连市 303 信箱（凌水桥凌河街 42 号） 邮编：116023 电话：0411-84783126 E-mail：bjb@nmemc.gov.cn	1007-6336	双月刊	0.441	
工业水处理	地址：天津市红桥区丁字沽三号路 85 号 邮编：300131 电话：022-26689330/26512112	1005-829X	月刊	0.356	免费全文：http://www.iwt.cn/CN/article/showTenYearOldVolumn.do

期刊名称	编辑部联系方式	ISSN 号	出版周期	影响因子*	备注
水土保持研究	地址：陕西省杨凌区西农路 26 号 邮编：712100 电话：029-87012705 E-mail：research@ms.iswc.ac.cn	1005-3409X	双月刊	0.354	
环境工程	地址：北京市海淀区西土城路 33 号 邮编：100088 电话：010-82227638 E-mail：hjgctg@163.com	1000-8942	双月刊	0.321	
矿业安全与环保	地址：重庆市沙坪坝区上桥煤炭科学研究总院重庆分院内 邮编：400037 电话：023-65239221 E-mail：bianjibu@cqccri.com	1008-4495	双月刊	0.307	
环境保护	地址：北京市东城区广渠门内大街 16 号 邮编：100062 电话：010-67113764	0253-9705	月刊		

* 来源于 2010 年度《中国科技期刊引证报告》（CJCR）（按影响因子降序排序）。

附录 2 SCIE 来源刊、影响因子与等级分区 (Ecology)

期刊总数：129 种，本表列出 2010 年 JCR 影响因子最高的前 10 种期刊

刊名全称*	ISSN	影响因子**	分区***	出版周期	刊社地址	收录数据库
Ecology Letters	1461-023X	15.253	1	12/year	Wiley-Blackwell. Commerce Place，350 Main ST，Malden 02148，MA，England	Wiley Online Library；EBSCO
Trends in Ecology & Evolution	0169-5347	14.448	1	12/year	Elsevier Science London.84 Theobalds RD，London WC1X 8rr，England	Elsevier ScienceDirect Online
Annual Review of Ecology，Evolution and Systematics	1543-592X	10.698	1	1/year	Annual Reviews.4139 EL Camino way，PO BOX 10139，Palo Alto，CA 94303-0897，USA	EBSCO
Frontiers in Ecology and The Environment	1540-9295	8.820	1	10/year	Ecological Society of American. 1990 M Street NW，STE 700，Washington，DC 20036，USA	ESA
Molecular Ecology	0962-1083	6.457	1	24/year	Wiley-Blackwell. Commerce Place，350 Main ST，Malden 02148，MA，England	Wiley Online Library；EBSCO
Global Change Biology	1354-1013	6.346	2	8/year	Wiley-Blackwell. Commerce Place，350 Main ST，Malden 02148，MA，England	Wiley Online Library；EBSCO
ISME Journal：Multidisciplinary Journal of Microbial Ecology	1751-7362	6.153	1	12/year	Nature Publishing Group. 75 Varick ST，9th FLR，New York，NY 10013-1917，USA	EBSCO
Ecological Monographs	0012-9615	5.938	2	4/year	Ecological Society of American.1990 M street NW，STE 700，Washington，DC 20036，USA	ESA

刊名全称[*]	ISSN	影响因子[**]	分区[***]	出版周期	刊社地址	收录数据库
Evolution	0014-3820	5.659	2	12/year	Wiley-Blackwell. Commerce Place，350 Main ST，Malden 02148，MA，England	EBSCO
Global Ecology & Biogeography	1466-822X	5.273	2	5/year	Wiley-Blackwell. Commerce Place，350 Main ST，Malden 02148，MA，England	Wiley Online Library；EBSCO

* 来源于 2011 年 SCIE 网络版收录期刊；

** 来源于 2010 年 JCR 影响因子报告；

*** 来源于 2009 年中科院文献情报中心分区数据。

附录 3　SCIE 来源刊、影响因子与等级分区（Engineering，Environmental）

期刊总数：45 种，本表列出 2010 年 JCR 影响因子最高的前 10 种期刊

刊名全称*	ISSN	影响因子**	分区***	出版周期	刊社地址	收录数据库
Environmental Science & Technology	0013-936X	4.825	1	24/year	American Chemical Society. 1155 16th ST，NW，Washington，DC 20036，USA	ACS Journal Archives
Applied Catalysis B：Environmental	0926-3373	4.749	1	24/year	Elsevier Science BV.PO BOX 211，1000 AE Amstererdam，Netherlands.	Elsevier ScienceDirect Online
Water Research	0043-1354	4.546	2	20/year	Pergamon-Elsevier Science LTD. The Boulevard，Langford Lane，Kidlington，Oxford OX5 1GB，England	Elsevier ScienceDirect Online
International Journal of Greenhouse Gas Control	1750-5836	4.074	2	4/year	Elsevier Science LTD. The Boulevard，Langford Lane，Kidlington，Oxford OX5 1GB，Oxon England	Elsevier ScienceDirect Online
Journal of Hazardous Materials	0304-3894	3.723	2	22/year	Elsevier Science BV.PO Box 211，1000 AE Amsterdam，Netherlands	Elsevier ScienceDirect Online
The International Journal of Life Cycle Assessment	0948-3349	3.148	3	6/year	Springer Heidelberg.Tiergartenstrasse 17，D-69121 Heidelberg，Germany	SpringerLink
Environmental Modelling & Software	1364-8152	2.871	2	12/year	Elsevier Science LTD.The Boulevard，Langford Lane，Kidlington，Oxford OX5 1GB，Oxon England	Elsevier ScienceDirect Online
Journal of Clearner Production	0959-6526	2.425	2	18/year	Elsevier Science LTD.The Boulevard，Langford Lane，Kidlington，Oxford OX5 1GB，Oxon England	Elsevier ScienceDirect Online

刊名全称*	ISSN	影响因子**	分区***	出版周期	刊社地址	收录数据库
Waste Management	0956-053X	2.358	2	7/year	Elsevier Science LTD.The Boulevard，Langford Lane，Kidlington，Oxford OX5 1GB，Oxon England	Elsevier Science Direct Online
Ecological Engineering	0925-8574	2.203	2	12/year	Elsevier Science BV.PO Box 211，1000 AE Amsterdam，Netherlands	Elsevier ScienceDirect Online

* 来源于 2011 年 SCIE 网络版收录期刊;

** 来源于 2010 年 JCR 影响因子报告;

*** 来源于 2009 年中科院文献情报中心分区数据。

附录 4 SCIE 来源刊、影响因子与等级分区（Environmental Science）

期刊总数：192 种，本表列出 2010 年 JCR 影响因子最高的前 10 种期刊

刊名全称*	ISSN	影响因子**	分区***	出版周期	刊社地址	收录数据库
Frontiers in Ecology and The Environment	1540-9295	8.820	1	10/year	Ecological Society of American. 1990 M Street NW，STE 700，Washington，DC 20036，USA	ESA
Critical Reviews In Environmental Science and Techology	1064-3389	7.653	1	4/year	Taylor & Francis Inc. 325 Chestnut ST，Suite 800，Philadelphia，PA 19106，USA	
Global Change Biology	1354-1013	6.346	2	8/year	Wiley-Blackwell. Commerce Place，350 Main ST，Malden 02148，MA，England	Wiley Online Library；EBSCO
Environmental Health Perspectives	0091-6765	6.087	1	12/year	US DEPT Health Human Science Public Health Science. NATL INST Health，NATL INST Environmental Health Sciences，PO Box 12233，Res Triangle PK，NC 27709-2233，USA	DOAJ；EBSCO
Global Biogeochemical Cycles	0886-6236	5.263	1	4/year	Amer Geophysical Uinon. 2000 Florida Ave NW，Washington，DC 20009，USA	
Conservation Biology	0888-8892	4.894	1	6/year	Commerce Place，350 Main ST，Malden 02148，MA，England	wiley online library；EBSCO
Environmental Science & Technology	0013-936X	4.825	1	24/year	American Chemical Society. 1155 16th ST，NW，Washington，DC 20036，USA	ACS Journal Archives

刊名全称*	ISSN	影响因子**	分区***	出版周期	刊社地址	收录数据库
Environment International	0160-4120	4.691	1	8/year	Pergamon-Elsevier Science LTD. The Boulevard，Langford Lane，Kidlington，Oxford OX5 1GB，ENGLAND	Elsevier ScienceDirect Online
Journal of Toxicology & Environmental Health：Part B	1093-7404	4.041	2	8/year	Taylor & Francis Inc. 325 Chestnut ST，Suite 800，Philadelophia，PA 19106，USA	EBSCO
Journal of Hazardous Materials	0304-3894	3.723	2	22/year	Elsevier Science BV.PO Box 211，1000 AE Amsterdam，Netherlands	Elsevier ScienceDirect Online

* 来源于 2011 年 SCIE 网络版收录期刊；

** 来源于 2010 年 JCR 影响因子报告；

*** 来源于 2009 年中科院文献情报中心分区数据。

附录 5　SCIE 来源刊、影响因子与等级分区
（Soil Science）

期刊总数：32 种，本表列出 2010 年 JCR 影响因子最高的前 10 种期刊

刊名全称*	ISSN	影响因子**	分区***	出版周期	刊社地址	收录数据库
Soil Biology and Biochemistry	0038-0717	3.242	1	12/year	Elsevier Science LTD. The Boulevard，Langford Lane，Kidlington，Oxford OX5 1GB，Oxon England	Elsevier ScienceDirect Online
Plant and Soil	0032-079X	2.517	2	12/year	Springer.Van Godewijckstraat 30，3311 GZ Dordrecht，Netherlands	SpringerLink；EBSCO
Journal of Soils and Sediments	1439-0108	2.574	2	4/year	Springer Heidelberg.Tiergartenstrasse 17，D-69121 Heidelberg，Germany	SpringerLink
Applied Soil Ecology	0929-1393	2.122	3	9/year	Elsevier Science BV.PO Box 211，1000 AE Amsterdam，Netherlands	Elsevier ScienceDirect Online
Geoderma	0016-7061	2.461	2	12/year	Elsevier Science BV.PO Box 211，1000 AE Amsterdam，Netherlands	Elsevier ScienceDirect Online
Biology and Fertility of Soils	0178-2762	2.156	3	12/year	Springer. 233 Springer ST，New York，NY 10013，USA	SpringerLink
Vadose Zone Journal	1539-1663	2.133	2	12/year	Soil Science Society of American. 677 South Segoe Road，Madison，WI 53711 .USA	GSW；HighWire Press
Soil & Tillage Research	0167-1987	2.100	3	10/year	Elsevier Science BV.PO Box 211，1000 AE Amsterdam，Netherlands	Elsevier ScienceDirect Online
Journal of Plant Nutrition and Soil Science	1436-8730	1.969	3	6/year	Commerce Place，350 Main ST，Malden 02148，MA，England	Wiley Online Library；EBSCO
European Journal of Soil Science	1351-0754	1.932	3	4/year	Commerce Place，350 Main ST，Malden 02148，MA，England	Wiley Online Library；EBSCO

* 来源于 2011 年 SCIE 网络版收录期刊；

** 来源于 2010 年 JCR 影响因子报告；

*** 来源于 2009 年中科院文献情报中心分区数据。

附录 6　SCIE 来源刊、影响因子与等级分区 (Water Resource)

期刊总数：76 种，本表列出 2010 年 JCR 影响因子最高的前 10 种期刊

刊名全称*	ISSN	影响因子**	分区***	出版周期	刊社地址	收录数据库
Water Research	0043-1354	4.546	1	20/year	Pergamon-Elsevier Science LTD. The Boulevard，Langford Lane，Kidlington，Oxford OX5 1gB，England	Elsevier ScienceDirect Online
Water Resources Research	0043-1397	2.737	1	12/year	Amer Geophysical Uinon. 2000 Florida Ave NW，Washington，DC 20009，USA	
Journal of Hydrology	0022-1694	2.514	2	24/year	Elsevier Science BV.PO Box 211，1000 AE Amsterdam，Netherlands	Elsevier ScienceDirect Online
Advances in Water Resources	0309-1708	2.470	2	12/year	Pergamon-Elsevier Science LTD. The Boulevard，Langford Lane，Kidlington，Oxford OX5 1gB，England	Elsevier ScienceDirect Online
Hydrology and Earth System Sciences	1027-5606	2.463	1	12/year	Copernicus Gesellschaft MBH .Bahnhofsallee 1E，Gottingen 37081，Germany	DAOJ
Water Resources Management	0920-4741	2.201	2	6/year	Springer.Van Godewijckstraat 30，3311 GZ Dordrecht，Netherlands	SpringerLink；EBSCO
Vadose Zone Journal	1539-1663	2.133	2	12/year	Soil Science Society of American. 677 South Segoe Road，Madison，WI 53711 .USA	GSW；HighWire Press
Journal of Contaminant Hydrology	0169-7722	2.124	2	12/year	Elsevier Science BV.PO Box 211，1000 AE Amsterdam，Netherlands	Elsevier ScienceDirect Online

刊名全称*	ISSN	影响因子**	分区***	出版周期	刊社地址	收录数据库
Irrigation Science	0342-7188	2.113	3	4/year	Springer. 233 Springer ST，New York，NY 10013	SpringerLink
Hydrological Processes	0885-6087	2.068	2	26/year	Commerce Place，350 Main ST，Malden 02148，MA，England	Wiley Online Library；EBSCO

* 来源于 2011 年 SCIE 网络版收录期刊；

** 来源于 2010 年 JCR 影响因子报告；

*** 来源于 2009 年中科院文献情报中心分区数据。

附录 7 SCIE 来源刊、影响因子与等级分区 (Toxicology)

期刊总数：83 种，本表列出 2010 年 JCR 影响因子最高的前 10 种期刊

刊名全称*	ISSN	影响因子**	分区***	出版周期	刊社地址	收录数据库
Annual Review of Pharmacology & Toxicology	0362-1642	19.238	1	1/year	Annual Reviews. 4139 EL Camion Way，PO Box 10139，Palo Alto，CA 94303-0139，USA	EBSCO
Mutation Research/Reviews in Mutation Research	1383-5742	8.741	1	6/year	Elsevier Science BV.PO Box 211，1000 AE Amsterdam，Netherlands	Elsevier ScienceDirect Online
Toxicological Sciences	1096-6080	5.093	1	12/year	Oxford University Press. Great Clarendon ST，Oxford OX2 6DP，England	HighWire Press
Journal of Environmental Science & Health，Part C - Environmental Carcinogenesis & Ecotoxicology Reviews	1059-0501	4.840	3	2/year	Taylor & Francis Inc. 325 Chestnut ST，Suite 800，Philadelophia，PA 19106，USA	EBSCO
DNA Repair	1568-7864	4.293	2	12/year	Elsevier Science BV.PO Box 211，1000 AE Amsterdam，Netherlands	Elsevier ScienceDirect Online
Chemical Research in Toxicology	0893-228X	4.148	2	12/year	American Chemical Society. 1155 16th ST，NW，Washington，DC 20036，USA	ACS Journal Archives
Archives of Toxicology	0340-5761	4.041	3	12/year	Springer. 233 Springer ST，New York，NY 10013	SpringerLink
Journal of Toxicology & Environmental Health：Part B	1093-7404	4.041	2	8/year	Taylor & Francis Inc. 325 Chestnut ST，Suite 800，Philadelophia，PA 19106，USA	EBSCO

刊名全称*	ISSN	影响因子**	分区***	出版周期	刊社地址	收录数据库
Toxicology and Applied Pharmacology	0041-008X	3.993	2	24/year	Academic Press INC Elsevier Science.525 B ST，STE 1900，San Diego，CA 92101-4495	Elsevier ScienceDirect Online
Mutagenesis	0267-8357			6/year	Oxford University Press. Great Clarendon ST，Oxford OX2 6DP，England	HighWire Press

* 来源于 2011 年 SCIE 网络版收录期刊;

** 来源于 2010 年 JCR 影响因子报告;

*** 来源于 2009 年中科院文献情报中心分区数据。

附录 8 SCIE 来源刊、影响因子与等级分区
(Public Environmental & Occupational Health)

期刊总数：140 种，本表列出 2010 年 JCR 影响因子最高的前 10 种期刊

刊名全称*	ISSN	影响因子**	分区***	出版周期	刊社地址	收录数据库
Annual Review of Public Health	0163-7525	8.609	1	1/year	Annual Reviews. 4139 EL Camion Way，PO Box 10139，Palo Alto，CA 94303-0897，USA	EBSCO
Epidemiologic Reviews	0193-936X	8.238	1	1/year	Oxford University Press INC.Journals DEPT，2001 Evans RD，Cary，NC 27513	HighWire Press
Environmental Health Perspectives	0091-6765	6.087	1	12/year	US DEPT Health Human Science Public Health Science. NATL INST Health，NATL INST Environmental Health Sciences，PO Box 12233，Res Triangle PK，NC 27709-2233，USA	DOAJ; EBSCO
Epidemiology	1044-3983	5.866	1	6/year	Lippincott Willams & Wilkins. 530 Walnut ST，Philadelophia，PA 19106-3621，USA	
International Journal of Epidemiology	0300-5771	5.759	2	6/year	Oxford University Press. Great Clarendon ST，Oxford OX2 6DP，England	HighWire Press
American Journal of Epidemiology	0002-9262	5.745	1	24/year	Oxford University Press INC.Journals DEPT，2001 Evans RD，Cary，NC 27513	HighWire Press
Bulletin of The World Health Organization	0042-9686	5.459	2	12/year	WHO：Marketing and Dissemination，CH-1211 Geneva 27，Switzerland	DOAJ; EBSCO
European Journal of Epidemiology	0393-2990	4.535	2	12/year	Springer.Van Godewijckstraat 30，3311 GZ Dordrecht，Netherlands	SpringerLink; EBSCO

刊名全称*	ISSN	影响因子**	分区***	出版周期	刊社地址	收录数据库
Cancer Epidemiology Biomarkers & Prevention	1055-9965	4.190	2	12/year	American Association of Cancer Research. 615 Chestnut ST，17th Floor，Philadelphia，PA 19106-4404	HighWire Press
American Journal of Preventive Medicine	0749-3797	4.110	2	12/year	Elsevier Science INC. 360 Park Ave South，New York，NY 10010-1710	Elsevier ScienceDirect Online

* 来源于 2011 年 SCIE 网络版收录期刊;

** 来源于 2010 年 JCR 影响因子报告;

*** 来源于 2009 年中科院文献情报中心分区数据。

附录 9 SCIE 来源刊、影响因子与等级分区（Geology）

期刊总数：48 种，本表列出 2010 年 JCR 影响因子最高的前 10 种期刊

刊名全称*	ISSN	影响因子**	分区***	出版周期	刊社地址	收录数据库
Geology	0091-7613	4.026	1	12/year	Geological Society of America. PO Box 9140，Boulder，Co 80301-9140	GSW
Journal of Metamorphic Geology	0263-4929	3.418	1	9/year	Commerce Place，350 Main ST，Malden 02148，MA，England	Wiley Online Library；EBSCO
Geomorphology	0169-555X	2.352	2	28/year	Elsevier Science BV.PO Box 211，1000 AE Amsterdam，Netherlands	Elsevier ScienceDirect Online
Journal of Sedimentary Research	1527-1404	2.302	2	9/year	Sepm-SOC Sedimentary Geology. 6128 East 38th ST，Ste 308，Tulsa OK 74135-5814	GSW
Journal of Geology	0022-1376	2.238	1	6/year	University of Chicago Press. 1427 E 60th ST，Chicago，IL 60637-2954，USA	EBSCO
Sedimentology	0037-0746	2.229	2	6/year	Commerce Place，350 Main ST，Malden 02148，MA，England	Wiley Online Library；EBSCO
Newsletters on Stratigraphy	0078-0421	2.200	3	3/year	Gebruder Borntraeger.Johannesstr 3A，D-70176 Stuttgart，Germany	
Proceedings of The Geologists Association	0016-7878	2.156	3	4/year	Elsevier Science LTD. The Boulevard，Langford Lane，Kidlington，Oxford OX5 1gB，England	Elsevier ScienceDirect Online

刊名全称[*]	ISSN	影响因子[**]	分区[***]	出版周期	刊社地址	收录数据库
Ore Geology Reviews	0169-1368	2.079	2	4/year	Elsevier Science BV.PO Box 211，1000 AE Amsterdam，Netherlands	Elsevier ScienceDirect Online
Permafrost and Periglacial Processes	1045-6740	1.912	2	4/year	Commerce Place，350 Main ST，Malden 02148，MA，England	Wiley Online Library

* 来源于 2011 年 SCIE 网络版收录期刊;

** 来源于 2010 年 JCR 影响因子报告;

*** 来源于 2009 年中科院文献情报中心分区数据。

附录 10　SCIE 来源刊、影响因子与等级分区（Energy & Fuels）

期刊总数：78 种，本表列出 2010 年 JCR 影响因子最高的前 10 种期刊

刊名全称*	ISSN	影响因子**	分区***	出版周期	刊社地址	收录数据库
Progress in Energy and Combustion Science	0360-1285	10.362	1	6/year	Pergamon-Elsevier Science LTD. The Boulevard，Langford Lane，Kidlington，Oxford OX5 1GB，England	Elsevier ScienceDirect Online
Energy & Environmental Science	1754-5692	9.446		12/year	Royal Society of Chemistry. Thomas Graham House，Science Park，Milton Rd，Cambridge CB4 0WF，Cambs，England	RSC
Energy Education Science and Technology	1301-8361	9.333		4/year	Sila Science. University of Mah，Mekan Sok No 24，Trabzon 00000，Turkey	
Progress In Photovoltaics	1062-7995	5.627	2	8/year	Commerce Place，350 Main ST，Malden 02148，MA，England	Wiley Online Library；EBSCO
Biofuels Bioproducts & Biorefining-Biofpr	1932-104X	5.515	1	6/year	Commerce Place，350 Main ST，Malden 02148，MA，England	Wiley Online Library；EBSCO
Chemistry and Physics of Carbon	0069-3138	4.750	2	1/year	CRC Press-Taylor & Francis Group. 6000 Broken Sound Parkway NW，Ste 300，Boca Raton，FL 33487-2742	CRC
Solar Energy Materials and Solar Cells	0927-0248	4.593	2	12/year	Elsevier Science BV.PO Box 211，1000 AE Amsterdam，Netherlands	Elsevier ScienceDirect Online
Renewable & Sustainable Energy Reviews	1364-0321	4.567	1	4/year	Pergamon-Elsevier Science LTD. The Boulevard，Langford Lane，Kidlington，Oxford OX5 1GB，England	Elsevier ScienceDirect Online

刊名全称[*]	ISSN	影响因子[**]	分区[***]	出版周期	刊社地址	收录数据库
Bioresource Technology	0960-8524	4.365	2	24/year	Elsevier Science LTD. The Boulevard，Langford Lane，Kidlington，Oxford OX5 1GB，England	Elsevier ScienceDirect Online
Journal of Power Sources	0378-7753	4.283	2	24/year	Elsevier Science BV.PO Box 211，1000 AE Amsterdam，Netherlands	Elsevier ScienceDirect Online

* 来源于 2011 年 SCIE 网络版收录期刊;

** 来源于 2010 年 JCR 影响因子报告;

*** 来源于 2009 年中科院文献情报中心分区数据。

附录 11 参考文献著录范式

参考文献是科技论文的一个重要组成部分，一篇完整的学术论文，必须规范地著录其所引用的文献。国家标准化管理委员会自 1987 年发布实施《文后参考文献著录规则》（GB/T 7714—87）以来，于 2005 年 3 月 23 日，发布了修订版的《文后参考文献著录规则》（GB/T 7714—2005），规定了各个学科、各种类型出版物的文后参考文献的著录格式，作者撰写学术论文和投稿时，均应遵照本规则。本附录即列出几种主要参考文献类型的著录格式。

1．专（译）著

专著指以单行本或多卷册形式在限定期限内出版的非连续出版物，包括普通图书、会议文集、会议录、汇编、多卷书、丛书等。其著录格式为：

[序号]主要责任者．题名：其他题名信息[文献类型标志]．其他责任者（如译者）．版本项．出版地：出版者，出版年：引文起止页码．获取和访问路径（联机文献必备）．

示例：

[1] 卜欣欣．环境科学信息检索[M]．北京：中国环境科学出版社，2005：179-193.

[2] 徐晓白，戴树桂，黄玉瑶．典型化学污染物在环境中的变化及生态效应[M]．北京：科学出版社，1998：28-76.

[3] 中国环境科学学会．2007 年中国环境科学学会学术年会优秀论文集[C]．北京：中国环境科学出版社，2007.

[4] Alan G. Environmental Economics：A Critical Overview[M]．USA：John Wiley & Sons，Inc.，2007：122-209.

[5] Rosenthall E M. Proceedings of the Fifth Canadian Mathematical Congress，University of Montreal，1961[C].Toronto：University of Toronto Press，1963：2-5.

[6] Ganha V G，Mayer E W，Vorozhtsov E V. Computer algebra in scientific Computing：CASC 2000：Proceedings of the Third Workshop on Computer Algebra in Scientific Computing，Samarkand，October 5-9，2000[C].Berlin：Springer，c2000：56-89.

2．普通图书、会议论文集等专著中析出的文献

[序号]析出文献主要责任者．析出文献题名[文献类型标志]．析出文献其他责任者//专著编者．专著题名：其他题名信息．版本项．出版地：出版者，出版年：析出文献的起止页码．获取和访问路径（联机文献必备）．

示例：

[1] 陈晋镳，张惠民，朱士兴，等．蓟县震旦亚界研究[M]．//中国地质科学院天津地质矿产研究所．中国震旦亚界．天津：天津科学技术出版社，1980：56-114.

[2] Aaron H J. Social Security：International Comparison[M]. //O. Eckstein. Studies in the Economics of Income Maintenance. Washington，DC：Brookings Institution，1967：13-49.

[3] Jones K. Wood smoke markers to characterize winter season contribution of residential wood combustion to $PM_{2.5}$[C].//Air and Waste Management Association. Symposium on Air Quality Measurement Methods and Technology 2010，November 2-4，2010. University of Southern California，Los Angeles，California. New York：AWMA，c2010：v2：855-860.

3．连续出版物（期刊等）

[序号]主要责任者．题名：其他题名信息[文献类型标志]．年，卷（期）-年，卷（期）．出版地：出版者，出版年[引用日期]．获取和访问路径（联机文献必备）．

示例：

[1] 中国地质学会．地质论评[J]．1936，1（1）-．北京：地质出版社，1936.

[2] American Association for the Advancement of Science. Science[J]. 1883,(1)-. Washington，D. C.：American Association for the Advancement of Science，1883-.

4．连续出版物中析出的文献（期刊文章、报纸等）

[序号]析出文献主要责任者．析出文献题名[文献类型标志]．出版物名称，年，卷（期）：析出文献起止页码．获取和访问路径（联机文献必备）．

示例：

[1] 李晓东，张庆红，叶瑾琳．气候学研究的若干理论问题[J]．北京大学学报：自然科学版，1999，35（1）：101-106.

[2] 李慧明，卜欣欣．绿色国际贸易与绿色国际贸易壁垒[J]．南开大学学报：哲学社会科学版，2000（4）：36-41.

[3] 傅刚，赵承，李佳路．大风沙过后的思考[N/OL]．北京青年报，2000-04-12（14）[2005-07-12]. http://www.bjyouth.com.cn/Bgb/20000412/GB/4216%5ED0412B140.htm.

[4] Olson D A，Norris G A. Chemical characterization of ambient particulate matter near the World Trade Center：Source apportionment using organic and inorganic source markers[J]. Atmospheric Environmental，2008，42（31）：7310-7315.

5．专利

[序号]专利申请者或所有者．专利题名：专利国别，专利号[文献类型标志]．公告日期或公开日期[引用日期]．获取和访问路径．

示例：

[1] 姜锡洲．一种温热外敷药制备方案：中国，88105607.3[P]．1989-07-26.

[2] 河北绿洲生态环境科技有限公司．一种荒漠化地区生态植被综合培育种植方法：中国，01129210.5[P/OL]．2001-10-24 [2002-05-28]．http://211.152.9.47/sipoasp/zlijs/Hyjs-yxnew.asp?recid=01129210.5&leixin.

6．学位论文

[序号]作者．论文题名[文献类型标志 D]．机构所在地：授予单位，授予年．

示例：

[1] 陈伟琪．水环境中砷的化学甲基化和微生物[D]．天津：南开大学环境科学与工程学院，1995.

7．标准

[序号]标准发布单位．技术标准代号．技术标准名称[文献类型标志 S]．出版地：出版者，出版年：起止页码．

示例：

[1] 中国国家标准化管理委员会．GB/T 7714—2005．《文后参考文献著录规则》[S]．北京：中国标准出版社，2005-03-23．

8．科技报告

[序号]责任者．报告题名报告编号[文献类型标志 R]．机构所在地：机构名称或代号，出版年：起止页码．

示例：

[1] U. S. Department of Transportation Federal Highway Administration. Guidelines for bandling excavated acid-producing materials，PB 91-194001[R].Springfield：U.S.Department of Commerce National Information Service，1990.

9．电子文献

[序号]主要责任者．题名：其他题名信息[文献类型标志]．出版地：出版者，出版年：（更新或修改日期）[引用日期]．获取和访问路径．

示例：

网页文献：

[序号]作者．网页文章标题[EB/OL]．（发布年-月-日）[引用年-月-日]．完整网址．

[1] 张鸣岐．天津子牙循环经济产业区建北方最大“城市矿山”[EB/OL]．（2009-06-15）[2011-10-25]. http://news.022china.com/2009/06-15/93209_0.html.

[2] 李嘉伟，韩志伟，张仁健．2010 年春季东亚地区沙尘气溶胶和 PM_{10} 的模拟研究[J/OL]. 中国环境科学，2011，31（10）：1600-1609[2011-06-21] . http://211.154.163.73/Jweb_zghjkx/CN/article/downloadArticleFile.do?attachType=PDF&id=12257.

电子图书：

[序号]作者．书名[M/OL]．出版地：出版者，出版年（更新年-月-日）[引用年-月-日]．完整网址．

[1] Turcotte D L .Fractal sand chaos in geology and geophysics [M/OL]. New York：Cambridge University Press，1992[1998-09-23]. http://www.seg.org/reviews/mccorm30.html.

电子期刊论文：

[序号]作者. 期刊论文题名[J/OL]. 刊名，出版年，卷（期）：起止页码（更新年-月-日）[引用年-月-日]. 完整网址.

[1] Christine M. Plant physiology：plant biology in the Genome Era [J/OL]. Science，1998，281：331-332[1998-09-23]. http://www.sciencemag.org/cgi/collection/anatmorp.

网上会议论文：

[序号]作者. 论文名[C/OL].//会议主办单位，会议地址，会议时间月日，年：会议名称文集名（更新年-月-日）[引用年-月-日]. 完整网址.

[1] Metcalf S W. The Tort Hall air emission study[C/OL].//The International Congress On Hazard us Waste，Atlanta Marriott Marquis Hotel，Atlanta，Georgia，June5-8，1995：impact on human and ecological health[1998-09-22]. http://atsdrl.atsdr.cdc. gov：8080/cong95.html.

网上的报告：

[序号]作者. 网页文章标题. [R/OL].（发布年-月-日）[引用年-月-日]. 完整网址.

[1] The University of Iowa. The Center for Global and Regional Environmental Research 2006 Annual Report[R/OL]. [2006-07-30]. http://www.cgrer.uiowa.edu/Publications/Annual%20report/2006_Annual_Report.pdf.

[2] Scitor Corporation. Project scheduler [CP/DK]. Sunnyvale，Calif.：Scitor Corporation，c1983.

表 B-1 文献类型和标志代码

文献类型	普通图书	会议记录	汇编	期刊文章	报纸文章	学位论文	报告	标准	专利	参考工具	数据库	计算机程序	电子公告（网页）
标志代码	M	C	G	J	N	D	R	S	P	K	DB	CP	EB

表 B-2 电子文献载体和标志代码

载体类型	磁带	光盘	磁盘	联机网络
标志代码	MT	CD	DK	OL

图书在版编目（CIP）数据

环境科学信息资源检索/卜欣欣编著. —2 版. —北京：中国环境出版社，2012.1（2018.1 重印）
ISBN 978-7-5111-0784-8

Ⅰ. ①环… Ⅱ. ①卜… Ⅲ. ①环境科学—情报检索—高等学校—教材 Ⅳ. ①G252.7

中国版本图书馆 CIP 数据核字（2011）第 243604 号

出 版 人 武德凯
责任编辑 丁 枚
责任校对 扣志红
封面设计 玄石至上

出版发行 中国环境出版社
（100062 北京东城区广渠门内大街 16 号）
网 址：http://www.cesp.com.cn
联系电话：010-67112765（总编室）
发行热线：010-67125803，010-67113405（传真）
印 刷 北京中科印刷有限公司
经 销 各地新华书店
版 次 2005 年 12 月第 1 版 2012 年 2 月第 2 版
印 次 2018 年 1 月第 3 次印刷
开 本 787×960 1/16
印 张 15.5
字 数 285 千字
定 价 29.00 元
